采购与供应链管理

采购成本控制和供应商管理实践

柳　荣◎著

PROCUREMENT & SUPPLY
CHAIN MANAGEMENT
SUPPLIER VENDOR MANAGEMENT &
PROCUREMENT COSTS CONTROL PRACTICE SCHEME

人民邮电出版社
北京

图书在版编目（CIP）数据

采购与供应链管理：采购成本控制和供应商管理实践 / 柳荣著. -- 北京：人民邮电出版社，2018.9
ISBN 978-7-115-49008-7

Ⅰ．①采… Ⅱ．①柳… Ⅲ．①采购管理②供应链管理
Ⅳ．①F25

中国版本图书馆CIP数据核字(2018)第175752号

内 容 提 要

在中国经济转型的大背景下，本土企业的生存发展面临着巨大挑战。过去跑马圈地、粗放扩张的模式已经一去不返，采购与供应链精细化管理的竞争已然成为企业竞争的主要模式，采购与供应链的优势也成了领先企业的核心价值。随着电商的迅猛发展，行业对采购和供应链管理人才的需求越来越旺盛，"专精尖"的行业人才炙手可热。可以预见，未来采购和供应链管理将会非常热门。

但是，供应链是一个复杂的系统，很多企业在招纳相关人才的时候，往往会发现，相关人才只熟悉供应链的某个或某几个环节，缺乏整体的把控和格局。而企业领导和这些岗位上的人员，也因为缺少相应的培训和学习而无法做到精益化。

本书致力于解决供应链管理过程中的核心问题——采购成本控制与供应商管理，以帮助行业从业者厘清采购和供应链管理中的诸多细节和操作方法，找到精益化管理策略。本书作者柳荣先生有丰富的生产制造管理系统和采购物流管理提升的导入经验，在行业内深耕多年。在本书中他将以自己丰富的经验手把手教授读者学习和实践采购成本控制与供应商管理的相关知识。书中既有理论观点，也有操作方法，易懂易学。

◆ 著　　　　柳　荣
　　责任编辑　李士振
　　责任印制　周昇亮

◆ 人民邮电出版社出版发行　　北京市丰台区成寿寺路 11 号
　　邮编　100164　　电子邮件　315@ptpress.com.cn
　　网址　https://www.ptpress.com.cn
　　涿州市殷润文化传播有限公司印刷

◆ 开本：720×960　1/16
　　印张：21　　　　　　　　　　　2018 年 9 月第 1 版
　　字数：428 千字　　　　　　　　2025 年 1 月河北第 29 次印刷

定价：79.80 元

读者服务热线：(010)81055296　印装质量热线：(010)81055316
反盗版热线：(010)81055315
广告经营许可证：京东市监广登字 20170147 号

拿到柳荣老师的作品，非常欣喜也非常感动。

国内采购与供应链领域的专著不多，这和我国的经济实力极不匹配。国外的相关专著虽然较多，但因为背景和现状差异，很多内容并不适合中国企业发展的需要。

个人觉得，柳荣老师的这本书正好填补了国内供应链相关著作量少的缺口。柳荣老师在这本书中，从采购出发，详细讲述了采购与供应商关系管理，并在供应链和价值链上为读者构建起清晰的采购战略。书中有方法，有理论，值得行业内人士仔细研读。

美国管理学大师迈克尔·哈默说，在自己企业的四壁之内能够取得的效益是有限的。下一轮的巨大机遇，在于拆除企业和用户之间，以及和上下游伙伴之间的围墙。

的确，供应商管理是采购战略的核心话题，它不仅决定了企业未来的成长空间，也决定了企业发展的健康程度。随着供应链思维不断普及，供应商管理也由原来的策略性、交易型导向，转移到公司战略能力实现与竞争力优势建设上。

越来越多的采购经理人发现，对供应商有效管理不仅必要，而且是企业的一项竞争优势。将供应商视为企业的运营资源，思考如何通过有效管理并协同外部供应商资源提升企业竞争优势，全力在执行层面进行转化，这不仅是采购经理人考虑的问题，更是企业最高决策者需要考虑的问题。

看看国外，供应链做得很棒的跨国企业不少。曾在苹果公司负责供应链管理的 Bill Bant 说过："必须做好产品发布后的供应链监管工作，避免某一环出现问题影响全局。"正因为苹果公司如此重视供应商，所以其能仅仅依靠 6 个电子表格和每天详细的检查，就对所有供应商形成有效监管，22 家工厂、10 亿美元的采购额得到充分监督。

放眼国内，诸多大型企业在供应链管理方面，无论是理论还是实践，都仍然较为落后。在很多企业管理者看来，采购的意义只在于交易本身，它既非一门管理科学，更不可能成为战略重点。这就导致企业管理者对采购的基础理论缺乏研究，更别说管理和运营整个供应链了。

无论从哪个角度看，国内供应链管理、采购与供应商管理等，都急需本土化的理论和实践，来帮助更多的企业在技术转型和经济转型过程中，快速构建适合自己的供应链架构和管理、运营模式。目前，国内的一些专家已经开始行动，他们不但推进了供应链领域内的教育培训活动，更出版了很多专著，影响了无数人，这是值得欣慰的。

2014 年，我们在成立广东省采购与供应链协会时，有幸认识柳荣老师，我对他的敬业精神和专业水平非常钦佩。尤其难能可贵的是，柳老师能深入浅出、旁征博引地让学员进入上课状态，正确地去思考采购本身的价值，并且在供应链管理思维上超越局限，以全局观清晰地看待整个供应链工作。相信上过柳老师课的人都会兴趣盎然地提及课程里的"段子"（精彩案例），并早已将相关理论与方法付诸实施。

在这本书中，柳荣老师总结了他多年授课与实践的经验，可以说是浓缩了柳老师研究与思考的精华。这本书是一部具有战略高度的采购与供应链管理的教科书和工具书，对采购与供应链从业者来说，是一本能够放在案头，随时学习与参考的工具书。

我相信，本书能让读者酣畅淋漓地感受采购与供应链从战略到战术，从客户到用户，从计划到交付的一系列不同维度的精彩理论。同时，我们总说知易行难，很多图书偏理论、缺乏落地和执行的路线和方法，而本书有大量的落地细则、案例和方法，能够极为落地地教会读者如何行动。

我期待读者和我一样在阅读本书的时候收获满满，也期待柳荣老师不断有新作出版，为我国供应链管理领域的不断升级与进化贡献更多力量。

广东省采购与供应链协会秘书长　魏祁蔚

于中大蒲园

2018 年 7 月 6 日

自序

在我的心里，这本书不求让你醍醐灌顶、茅塞顿开，但求在实际的供应链管理实践中，当你遇到供应商与降本增效矛盾的困惑时，它能在系统的供应链竞争力上，提供给您更多视角选择和努力方向。

"一入采购深似海，从此假期是路人"，这是采购职业人的自嘲与调侃，其实也透露出这一职业实际工作状态——忙碌，这其中有客观情况，但也不能隐匿主观原因。

由于种种因素，我国企业采购职业人多为"半路出家"，专业知识积累不足。加上很多人对采购认知比较原生态：采购即为"买东西"；采购岗位为"无专业、无技能、无要求"的"三无"岗位。其实这是对采购这一职业的严重误解。

随着市场竞争加剧，供应市场变幻莫测，如果企业管理者缺乏系统化的供应布局与思考，仅仅把采购当成是"买东西的"，那这样的企业模式根本无法满足企业发展与获取竞争资源、可持续盈利的市场需求。

要知道，一家普通制造企业收入的 60%，甚至更大比例的营收，是由采购与供应部门"花"出去的。如果"花钱"的采购人员缺乏系统化知识与专业化训练，企业缺乏采购与供应链战略、采购管理体系设计，那这样的企业岂能持续盈利？如此粗放与草率的管理，只能让企业一步步进入亏损深渊。

在我看来，企业经营无非三件事：左手研发，右手营销，中间就是供应链管理。我从事采购与供应链管理培训与咨询项目多年，接触各类企业，看见过一些产品技术领先、营销人员也很努力，但采购与供应链管理几乎"摸着石头过河"的企业，这些企业往往因为供应链问题而错失发展机遇。

我也看到过，不少企业虽然引入各种采购与供应链管理学习与咨询，但大多缺乏战略设计与系统性理论支撑，最终难免落入华而不实的拼凑型"解决方案"陷阱。

"用管理骆驼的方式管理兔子"这样荒谬的管理方式，在不少企业屡屡上演，但很多企业并不自知。

基于这些不合理的企业现状，以及采购人不断滋生的迷茫，我决定将个人多年的经验与思考整理出来，希冀给大家一种思考的方式与方向。

本书专注于采购与供应链管理的两个关键点——供应商管理与采购成本管控。供应商管理基于战略系统化思考，成本管控基于具体做法，这是本书的最大特点。

本书通过供应链与采购战略，构筑供应商管理的原理与操作技术，让读者能系统地理解供应商管理是一项基于战略竞争优势的行动方案。通过完整的供应商开发、评估、筛选、绩效管理、关系管理等，努力向读者呈现清晰的供应链理论与布局执行架构。而我通过实践案例与方法，努力向读者呈现成本管控的细节。

此外，本书通篇结合国际成熟企业的成功经验，结合中国工业化进程阶段现状，依据国家版权 OTEP 模型理论层次化阐述，只希望能够让读者更好理解。

在行业内，浸染已久，我也开设了公众号"采购与供应链专栏"，工作之余写点工作感悟，坚持下来，也获得了近五万位来自全国采购与供应链管理朋友的关注。大家纷纷留言，希望我能出版一本系统化、专业化、实用性强的采购与供应链管理图书供大家学习。

现在，愿望终于实现了。故在写这本书的时候，我就给自己立了一个要求：内容通俗易懂，抛弃纯理论说教，尽量使用案例说法，方法要能实操、接地气。

本书在出版过程中，获得很多企业和朋友的关心与支持，如云南白药集团采购中心的朋友们，就为我收集与整理了诸多具有参考价值的案例，在这里向他们表示衷心感谢！

希望你通过阅读而享受思考，通过思考后采取行动，通过行动获得回报！

柳荣

引言

采购与供应链管理，在大数据、人工智能、电子商务、新零售、万物互联的今天，显得格外重要。

根据《2016—2020 年中国供应链管理服务行业市场前瞻与商业模式分析报告》，我国物流及供应链相关市场潜力很大，70% 的物流及供应链外包服务提供商在过去三年中，年均业务增幅都高于 20%。同时，随着我国汽车、医疗、通信等行业趋于利好。根据前瞻产业研究院对我国供应链管理服务市场规模的预测，2020 年我国供应链市场规模将达到 3.1 万亿美元。

市场的猛涨，意味着人才需求的增加。可我国供应链领域发展还很不充分，人才缺口大，产业链不完善，相关的服务还远远不能满足需求。

这就需要市场来培育人才，为企业提供供应链相关的专业人才。

其实，国内有很多在采购与供应链领域深耕的专家，只不过他们在默默深耕的时候，没有被大众熟知。现在，我们就在做这样的工作，找出供应链领域内顶尖专家，将他们的思想与实践方法完整地展现给读者，让市场产生更多人才，让中国的企业不再忍受采购与供应之痛。

本书作者柳荣作为实战派专家，他的授课轻松自然、深入浅出，适合各个层次的学员。本书内容立足于柳荣先生的课程体系，专注于采购成本控制与供应商管理，内容上难易结合、理论与实战结合、案例与方法结合，力求成为行业内低、中、高各个层次读者的指导用书。

本书具体逻辑如下。

1. 本书适合的读者有以下几类。

（1）大、中、小企业的采购总监。

（2）大、中、小企业的采购管理人员。

（3）电商、物流、零售等行业供应商从业者。

（4）供应链相关专业的学生与专业人员。

（5）供应链与采购、供应商等领域的专业爱好者。

2. 本书脉络清晰，内容主要集中在采购价格、成本与供应商管理等方面，如图 I 所示。

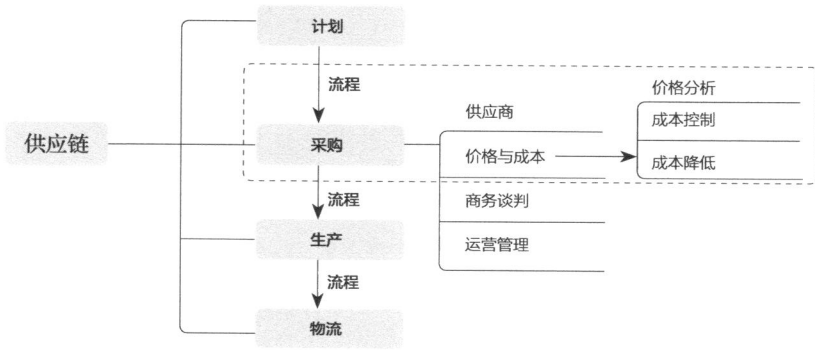

图 I 本书主要内容

3. 本书提供了 115 张示意图及流程图，37 张实操性极强的表格，并融入了诸多大、中、小企业的实际案例，可读性强，实操性强。

4. 本书不谈虚空，只说实用性较强的知识经验和工作方法等，将柳荣先生十多年来课程精华尽最大可能呈现给读者。全书内容框架如图 II 所示。

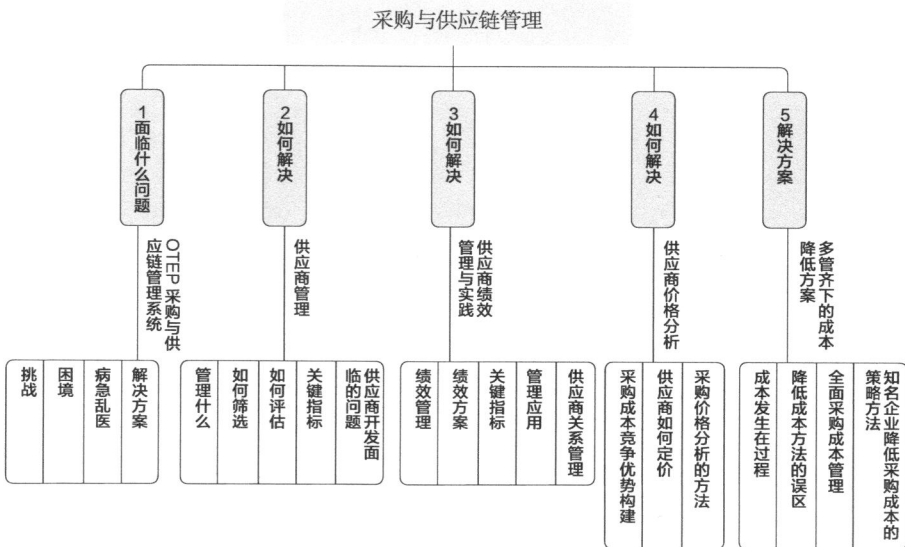

图 II 全书内容框架

目录

第一章 | 基于企业可持续的 OTEP 采购与供应链管理系统

　　电商、云计算、人工智能、工业互联网等新生事物，已经让供应链的地位日益凸显，但诸多企业依然不懂得如何进行采购与供应商管理、如何进行供应链运营。精细化运营时代已经到来，病急乱投医式的管理和粗放式的运营，只能让企业万劫不复。跳出盈利困境，做好采购战略与战略采购，才有可能拥抱时代变局。

第二章 | **供应商管理：上接战略，下接绩效**

理解竞争战略 / 客户，理解供应链，寻找战略匹配资源。

通过对企业市场品类分析的竞争战略，层层分解到供应链战略方案、制造 / 服务战略方案，最后形成四种采购战略方案：协同型采购战略、集成型采购战略、响应型采购战略与反应型采购战略，每一种采购战略驱动点的差异，自然有不同的采购策略、供应商管理、绩效管理、人才培养、价格与成本等整套方案运营方案。

第三章 | 供应商价值整合的 DNA——绩效管理与应用实践

管理，需要往前走，也要回头看。

回头看就是绩效管理。

你设立什么样的指标，就得到什么。

建立合理的指标体系，来引导个人和组织的行为，达到预期的目标，是目标管理的基本出发点，贯穿现代管理的每个环节，也适用于供应商管理。

第四章 | 供应商价格分析——价格是否合理

企业赢利，不仅靠"开源"，更要靠"节流"，如果成本损耗过大，企业赢利就是一句空谈。因此，明白供应商如何定价，明白如何进行采购价格分析，采购成本才可能进入精细化运营轨道。

第五章　多管齐下成本降低实践方案

成本发生在过程，而非结果。

今日，企业不外乎从技术、市场与成本这三个方面获得竞争优势。

由于行业竞争激烈，企业非常希望采购价格能够降低，这也许是绝大多数企业对采购工作重要的期许，毕竟采购供应链成本占据制造企业成本 50%~80%。采购成本必然成为降本增效的重中之重。

第一章

基于企业可持续的 OTEP
采购与供应链管理系统

　　电商、云计算、人工智能、工业互联网等新生事物，已经让供应链的地位日益凸显，但诸多企业依然不懂得如何进行采购与供应商管理、如何进行供应链运营。精细化运营时代已经到来，病急乱投医式的管理和粗放式的运营，只能让企业万劫不复。跳出盈利困境，做好采购战略与战略采购，才有可能拥抱时代变局。

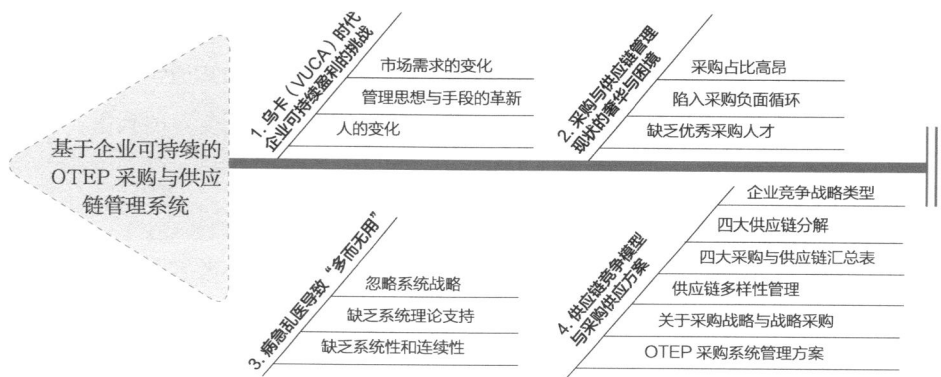

基于企业可持续的
OTEP 采购与供应
链管理系统

1. 乌卡（VUCA）时代
企业可持续盈利的挑战
市场需求的变化
管理思想与手段的革新
人的变化

2. 采购与供应链管理
现状的精华与困境
采购占比高昂
陷入采购负面循环
缺乏优秀采购人才

3. 病急乱医导致"多而无用"
忽略系统战略
缺乏系统理论支持
缺乏系统性和连续性

4. 供应链竞争模型
与采购供应方案
企业竞争战略类型
四大供应链分解
四大采购与供应链汇总表
供应链多样性管理
关于采购战略与战略采购
OTEP 采购系统管理方案

1.1 乌卡（VUCA）时代企业可持续盈利的挑战

经济寒冬已经悄然来临：疯狂扩张的公司突然沉寂，抱团取暖的"独角兽"公司却扎堆死亡，所谓的风口不过一年已成往事……当很多企业主还在谈论互联网改革该如何开展时，大数据、共享经济、人工智能、区块链、工业 4.0 等，一个个时髦概念横空出世，令人眼花缭乱，这让很多在供给侧改革背景下淘汰的落后产业，仿佛看到了一个弯道超车的机会。

改革开放以来，中国 GDP 以每年以 8%~10% 的增速狂奔 30 多年，在巨大劳动力资源与低成本运营环境下，让众多企业沉浸在产业高速增长的甜蜜时代中。然而自 2010 年开始，在市场竞争、产品同质化、各种成本持续上涨等要素的影响下，不少劳动密集型产业面临巨大的生存压力。

在互联网广泛应用与新技术不断推陈出新的情况下，新经济环境与竞争形式日新月异，低效、粗放的管理方式遭遇巨大挑战，一个个知名企业轰然倒塌、一间间工厂停机倒闭，深处巨大的焦虑中,选择前进还是保守、颠覆还是被颠覆?

笔者想起了一个人：彼得·圣吉（Peter M. Senge），被称作学习型组织之父。早在 1990 年其出版了《第五项修炼：学习型组织的艺术和实务》，后来成就了 2000 年前后开始风靡中国的《学习型组织》，大家开始知道学习的重要性，因为"知识改变命运"。然后其在 2001 年出版了《领先于变革时代》，很奇怪的是中国市场反应平平……

现在想来很容易理解：学习简单，转型何其难，甚至恐惧。

笔者在做采购供应链项目咨询过程中感受深刻，企业知道不改变是不行的，但又担心改变的后果。

"这是最好的时代，这是最坏的时代。"我们已经正式进入一个轰轰烈烈的不确定性时代——"乌卡（VUCA）"时代，而更多人身处其中却不自知。

所谓乌卡（VUCA），即易变（Volatile）、不确定（Uncertain）、复杂（Complex）、模糊（Ambiguous），如图 1-1 所示。

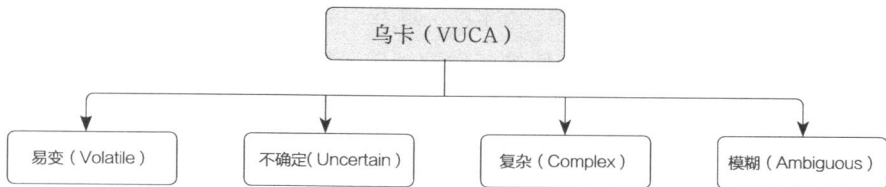

图 1-1 乌卡（VUCA）

乌卡（VUCA）时代的变化经常呈现出跳跃性和震荡性的特征，甚至产生诸多"破坏性"的现象，如信息爆炸、突发事件、资源紧缺、变量新常态等。在这样的时代，如果组织不能及时调整方向，适应新的环境，还是"依葫芦画瓢，照经验开方"等，很可能因错误的假设而迷失方向，继而错失发展机会，甚至付出惨痛代价。

在经济高速增长的时代，因为企业规模的快速扩大，国内企业大多不会对供应链采取精细化管理，即使出现一些浪费或缺陷，也会被巨大的增长所掩盖。然而，时至今日，国内 GDP 增长已经回落到"6 时代"。此时，很多企业的发展乃至生存，都面临着巨大的挑战。

"退潮的时候，才知道谁在裸泳"，经济增速放缓，才知道企业的健康与否。

过去裸奔的粗放式、经验化管理，必然导致当今时代企业面临的最大挑战——如何健康持续经营与可持续盈利。

具体从供应链来看，结合采购与供应链 OTEP 模型（后面会具体讲到），这样的挑战主要体现在以下三个层面。

1. 市场需求的变化

客户是供应链管理焦点，企业竞争战略切分客户群落。

市场是一切的根源，这是其可爱也是其可恨之处。可爱是因为需求曾经成就企业，可恨是它经常变化，让企业捉摸不定而心力交瘁。

改革开放以后，面对国内巨大的物质产品需求，众多企业只需不断扩大生产规模，将更多的产品投放市场即可。我们将那个时代叫"工厂时代"——推式生产。然而，在乌卡（VUCA）时代，消费者的需求却愈趋多变与多样化。

在这样的市场需求变化下，很多企业仍然深陷工厂时代的同质化竞争当中。同行之间的产品大同小异，甚至完全相同。这些产品只能通过价格战以低价销售，而当价格降至冰点时，就只能凭借各种营销手段推动了，而这又进一步压缩了盈利空间。尤其近几年互联网应用技术的广泛使用，跨界"打劫"重塑利益相关者，商业与供应链模式完全被颠覆，部分行业只能被淘汰。

乌卡（VUCA）时代的消费者已经不再将性价比作为单一核心需求，开始关注外观、品牌、价值观等多元化附加价值。其个性化与多变性的消费需求也不断凸显，企业因传统的供应链管理无法满足消费者的动态性需求，客户体验太差而逐渐被市场冷落。因此，很多企业纵使坐拥十分庞大的经营规模，获得所谓的"成本规模效应"，但一旦市场需求改变，却毫无还击之力，无论是生产线，还是生产人员，都难以快速转型应对，只能坐以待毙。

2. 管理思想与手段的革新

企业运营需要遵循一定的逻辑，OTEP模型里面提到：紧扣企业竞争战略，构建采购思维（Procurement thinking），也称之为"采购精神"，同时赋予绩效提升手段（Procurement performance）方可完成。

市场的变化必然导致供应链管理思想与手段的变化。没有顺应市场的革新，企业终将被时代所淘汰；但如果革新手段不适应市场或自身，则可能加速企业的灭亡。

"不变是等死，变是找死"，整个市场出现"温水煮青蛙"效应。

在乌卡（VUCA）时代的急剧变化下，当有些企业开始内部改革，很多企业家也开始疑惑：究竟变还是不变？

不可否认，中国企业愿意学习。从传统的垂直化供应链、精细化供应链管理，到柔性供应链管理、"互联网＋供应链"……笔者从2003年开始做职业化顾问，十多年以来服务企业近万家，做咨询与培训是能切身感受到企业学习的热情的。

在确定需要革新管理思想的基础上，企业则需要考虑如下问题：供应链整体层面是否需要革新？哪些部门可以优化？革新的方向与方法又是怎样的……这些都需要从战略维度着眼，从系统角度思考。

华为总裁任正非曾经对采购与供应链管理提出以下四点要求。

（1）要形成战略纵深，不要仅仅盯着供应商谈判等细节上。

（2）要提高计划性。

（3）加强风险管理，保障供应安全是第一位的，不要计较一时的储备成本。

（4）与最优秀的供应商建立战略合作伙伴关系。

就采购与供应链管理咨询与学习的问题，很多企业的培训项目仅仅是基于人力资源（HR）部门的年度规划或者某个事件触发的，并未结合企业竞争战略与岗位配置"道"的层面，仅仅做一个"孤立"的技能化"术"培训，这只能在工具层面做优化。华为公司任正非对采购人员也提出以下四点要求。

（1）要清楚战略结构，有意识地培养战略洞察能力和战役管控能力。

（2）要具有广博的知识，像"八爪鱼"一样，深入四面八方，触及的每个领域要博采众家之所长。

（3）要学会在确定性工作中找到不确定性，在不确定性工作中找到确定性，从而增强采购工作的计划性。

（4）要深入现场了解业务，踏踏实实提高专业技能。

管理思想与手段的优化革新从只有深入思考企业竞争与发展需要，并将之与市场环境、企业情况相结合，才能让管理手段的转型革新，成为企业可持续盈利的助力。

3. 人的变化

企业就是一个天然的生命体，其生存离不开"阳光雨露"——市场，离不开思想与工具，更离不开人。

当下环境，人几乎成了最大的变量。越来越多的企业 HR 抱怨不好招聘、不好留人、更不好用人等。

对于这一点，很多企业主也都深有感触，诸如"'90 后'员工"、人才招聘竞争、离职率与忠诚度等，其实都是在描述企业环境的深刻变化。但在具体认知中，很多企业却未能透过现象看本质。

社会结构中人在变，而企业不变，必然导致人才流动。我们知道人在一个企业有三个基本需求，即获得报酬、获得快乐和获得成长，如图 1-2 所示。

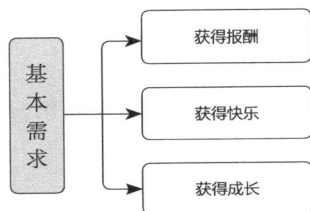

图 1-2 人在企业的三个基本需求

这三点若只做到一点，流动率相对高；若能做到两点，员工稳定性强；若能做到三点，员工忠诚度可以用"鞠躬尽瘁死而后已"的精神来形容。

可以这么说，很多企业在薪酬维度花了重金，但员工离职率还是很高，对于某些技术性岗位，企业损失很大。这主要是因为管理者管理方法简单粗暴，如训斥员工等，让员工没有快乐与归属感。最重要的是没有成长，员工在企业纯属一个机械化的"螺丝钉"。显然对"90 后"员工来说，他们容易失去工作兴趣。笔者曾在一家企业讲课，课间了解到，其中一个采购员在公司工作 12 年，竟然这次是其第一次有机会参加这样的培训，可见采购人员的成长多么被忽视。

在企业环境的变化下，无论是管理者的经营思路，还是行业、供应链的竞争合作，都需要重新思考认识。否则，企业主只能哀叹一句"时代变迁"，最终则只能被"大浪淘沙"。

1.2 采购与供应链管理现状的奢华与困境

在乌卡（VUCA）时代，可持续盈利已经成为企业的首要挑战目标。但在这样的挑战面前，在采购与供应链管理方面，很多企业的手笔却堪称"奢华"。

之所以将采购与供应链管理现状称作"奢华"，一个关键原因就在于：根据调查数据，企业年销售额的 50%~80%，都是从采购人员手中流出，用于物料采购及相关费用的。这是一个庞大的数字，企业耗费九牛二虎之力创造的销售额中，超过 50% 要通过采购之手花出去。

企业管理者是否想过：

我们的钱有多少是被错误、低效地花出去的呢？

有多少钱无数次重复"交学费"？

又有多少钱，能够在采购环节省下来？

国内企业的采购人员几乎没有科班出身的，大部分采购人员的技能成长都是靠自己摸爬滚打出来的。说团队完全缺乏采购技能并不客观，但团队缺乏系统的采购供应链知识与专业技能训练是普遍存在的现象。

因此，一方面，每一次团队成长都要支付高额看不见的"学费"，另一方面，在成本管理上缺乏策略、技能与方法支持导致采购成本增加，且交易风险增加。企业在面临巨大压力下寻求成本"节流"，却遭遇采购供应链运营者在成本改善性方面的难题，使采购不仅缺乏实现短期内成本业绩能力，而且对未来也缺乏有持续进步的能力。

如此一来，针对市场环境来看，采购人员难以对不同的供应市场采取不同的采购运营策略，也无法达成设想的采购目标，更无法根据采购商与供应商最优化经济关系，运用有差异化的采购策略与采购方法，进而对供应商的经济状况和贸易推动力最优化理解的基础上找出成本解决方案。

而对企业都关注的采购成本来说，降低采购成本是一个系统工程，需要从采购战略出发，系统架构采购运营管理系统，实现供应价值链无缝对接，进而构建富有竞争力的采购商与供应商之间的关系总价值。同时，规划并设计产品形成过程中的诸多成本要素：设计、采购、生产、工艺、品质、物流仓储与配送，关注企业总成本降低。

当采购人员缺乏足够的专业素养，也就难以将采购与供应链管理上升至战略层面，只能停留于关注采购价格降低的单一战术层面。而这种短视的采购决策，却可能带来质量风险和更多的运营成本，正所谓"按下葫芦浮起瓢"。

聚焦国内，大部分企业都陷于"采购负面循环"，如图1-3所示。

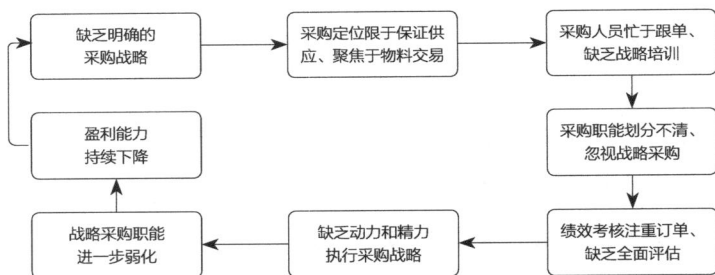

图1-3 采购负面循环

在这样的负面循环中，企业越关注采购单价，战略采购职能也越被弱化，最终导致企业盈利能力持续下降。

而由于历史原因企业一直将采购当成"买东西"的后勤辅助工作，导致企业采购供应体系建设落后以及团队技能滞后，在采购运营"靠天吃饭"的粗放式管理下采购成本基本处于毫无管理章法的境地，任凭公司歇斯底里地要求降本，采购也只能"头痛医头、脚痛医脚"地应对……采购成本成为采购与供应链职业人心里"永远的痛"。

钱不仅是赚来的，更是省下的。采购的战略意义，就在于比竞争对手更聪明地花钱！因此，采购成本，管得好，赚钱；管不好，亏钱。

如果企业将年销售额的 50%~80% 交由非专业人士去使用，这无疑是件很奢华的事情。而这其实也是众多国内企业面临的一大困境，即市场缺乏足够多的优秀采购人才。即使很多企业对采购成本控制高度重视，通过采购管理与优化降低成本，以达到企业利润增长与可持续竞争的效用，但现实的情况是缺乏系统设计导致"按下葫芦浮起瓢"的现象发生，企业大量的收益仍然被采购成本所吞噬，且惨不忍睹。

因此，在现有市场环境下如何破局采购困境，则成为众多企业不得不面对的一大难题。

1.3 病急乱医导致"多而无用"

在乌卡（VUCA）时代的挑战下，大多数企业都开启了属于自己的"求生之路"。当越来越多企业开始将目光投注到自身供应链管理、关注起"花大钱"的采购时，缺乏系统的供应链管理与专业采购人才的困境，却再次给了他们迎头一棒。

在这样的困局中，该如何突破呢？

我们能够看到，近年来企业外出学习非常常见，今天听这个老师的课程，明天听那个老师课程。由于老师职业背景与工作经历的差异，其对事情的看法、角度与观点也有差异，致使企业听完诸多个老师课程后，自己无法从企业战略与系统整合的角度进行思考，且更多是停留在"术"的层面，自己仅仅成为"供应链知识"的搬运工，而无法形成企业的系统解决方法，效果自然可想而知。网络曾热传一篇文章《读完 MBA 总裁班，公司终于垮了》，就不难理解了。

从采购与供应链咨询来看也是这样：国内采购与供应链咨询机构多，其顾问背景也大多来自美国、日本、欧洲等的各大名企采购与供应链高管。笔者曾在客户的企业看到某知名咨询团队忽视企业实际战略目标，直接拷贝某企业的流程制度乃至行为规范。这种忽略企业战略与本身运营价值链的实际情况、各自出招的效果自然大打折扣，还容易造成战略与资源内耗。

在很多人看来，顾问拥有丰富的行业从业经验，先进的采购管理理论，必然能够为企业带来适合的咨询服务。但事实上，其中却存在着三个非常严重的问题。

问题一：忽略系统战略，重视经验，无法给予针对性的咨询。

在企业寻求形式各样的采购咨询服务时，咨询顾问通常的做法是：根据咨询者的行业和企业特性，拿出大企业的相关案例，并将大企业的核心方法提供给企业，让企业学习、复制。

对于咨询顾问而言，这种方法十分快捷、便利，而且能给企业主可靠的感觉。然而，每个企业都有自己的独特特性，以及自身的战略、战术和痛点，这就需要更具针对性的系统咨询服务。

每家企业都有各自的成功经验，每个行业也都有独特的采购办法，这些经验或方法，都具有有效性，但却并不一定适合每个企业。因此，全盘复制或者移植，在采购管理中的效用并不明显，甚至可能产生负作用。

问题二：方法易复制，文化难移植，缺乏系统理论支持。

最初学习精益生产时，理论上还将之称为"丰田生产方式"，即 TOYOTA Production System（TPS）。当时，很多企业管理者的案头都有一本 TPS 图书，但最后却都发现效果有限。原因是什么呢？

因为 TPS 的内涵其实包括两部分，即精益生产（Lean Production）和丰田企业文化（TOYOTA Culture），即：

TOYOTA Production System= Lean Production+ TOYOTA Culture

只有在两部分的协同运作下，TPS 才能发挥最大的效用。然而，丰田企业文化却独属于丰田自身，其他企业很难移植。因此，TPS 的概念逐渐淡化，故国内现在推行的是精益生产（Lean Production）。

在各式各样的培训中，他们确实拥有很好的方法或经验，这些方法或经验可能也适用于企业。但即使企业规模、行业特性等方面都适合，企业文化上却存在隔阂，而缺乏文化支撑的方法，所能发挥的作用也可想而知。

问题三：缺乏系统性和连续性。

乌卡（VUCA）时代的多变性、跳跃性、震荡性等特征，使得企业颠覆乃至行业颠覆，都成为市场常态。因此，由于供应链运营与商业模式构建关联度很强，很多企业也就特别急迫于采购与供应链优化或革新。

在供应链优化中，需要从上层设计开始，然后层层分级，考虑运营体系的可能风险，夯实基础。尤其是涉及人的要素，因为需要人从思想、心理、技能等方面做好准备。如果过于急迫，采购与供应链优化效果有限，企业就会产生质疑，甚至直接停止。如此一来，企业的采购与供应链管理改造，自然也就缺乏系统性和连续性。

一般而言，系统的可靠方法是对企业进行系统调查和战略调查，再制定相关策略与战略。这其中必然存在长期性的过程，难以产生立竿见影的效果。

1.4 供应链竞争模型与采购供应方案

在市场竞争中，每个企业都有独属于自己的企业竞争战略。战略将企业资源汇总并凝聚成系统力量，全力以赴参与获得竞争优势地位。一旦企业竞争战略确定，企业的任何经营运转，都应当为战略实现而服务。采购与供应链也同样如此。

从采购环节来看，采购战略是为生产制造与服务战略而服务的，而生产制造与服务战略则是为市场竞争战略服务的。因此，当"采购—生产—销售"连成一环时，再加入计划环节，事实上也就是内部供应链的概念，整个供应链才能为实现企业战略服务。因此，在讨论如何借助采购供应，实现企业可持续盈利之前，企业首先要将目光放大至全局，从企业竞争战略角度思考问题。

1.4.1 企业竞争战略类型

企业的战略是什么？简单说：活下来，赚钱，发展下去。另外的说法：战略即取舍，简单理解就是舍弃无关的专注，以盈利为导向。但赚钱的前提是企业必须有价值竞争优势。

说到底，企业战略第一要务就是，赚钱。但企业凭什么赚钱？竞争优势是什么？

全球范围企业构建竞争优势的方式很多，系统归类不外乎四种，如表 1–1 所示。

表 1–1 各类型企业的竞争优势归纳

竞争优势	代表企业
技术创新	苹果手机
客户体验	IMAX 电影、奔驰汽车
产品质量	雷克萨斯
成本领先	小米手机

从我国企业现状来看，由于工业化进程相对比较慢，工业基础相对比较薄弱，面对全球化竞争，大多数企业采用直接而有杀伤力的第四种成本领先优势——低成本竞争型竞争优势。从产业转型带与工业化进程维度看，这也符合我国还处于成本敏感型阶段的特点，否则低价（劣质）产品不会横行电商平台。

但随着互联网与新技术的应用，很多企业出现差异化的战略竞争势头，这就要我们认真思考：企业当前与未来的战略是什么？

确定好了企业竞争战略，接下来就思考战略协同与传承，只有这样企业才能集中所有资源与力量获取最大化绩效。企业竞争战略导出供应链战略，供应链战略决定制造与服务战略与采购战略等，其结构如图 1–4 所示。

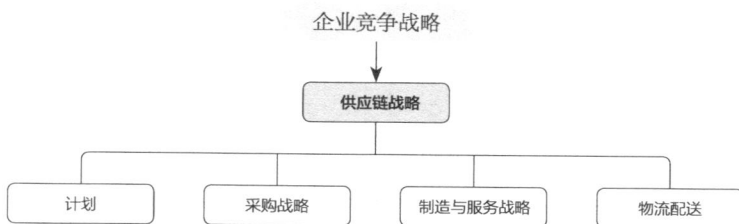

图 1-4 采购战略逻辑图

1.4.2 基于企业竞争战略的四大供应链分解

战略确定好了，需要供应链运营方式，亦可称之为商业模式来支持，从而有效梳理制造与服务模式、订单处理模式与采购模式。

为了更好地解释与对比，我们结合市场需求的产品与数量的品类策略，直观地绘制四象限图来理解，如图 1-5 所示。

结合图 1-5 中的内容，我们再以表的形式展现不同的竞争区别，如表 1-2 所示。

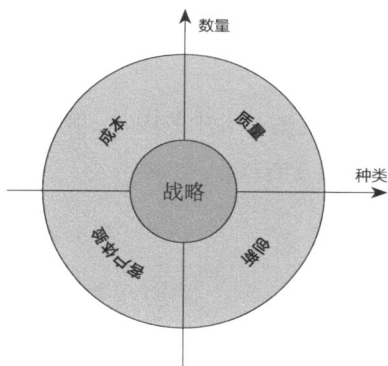

图 1-5 四象限图

表 1-2 不同的竞争区别

象限	产品需求种类	产品需求数量	竞争定位
第一象限	多	多	质量
第二象限	少	多	成本
第三象限	少	少	客户体验
第四象限	多	少	创新

从图 1-5 和表 1-2 可以看出，依据企业制造与服务的产品品类差异，企业应寻找出适合自己差异化竞争的立足点参与市场竞争。

同时，我们也可以根据"种类—数量"的关系，确立四种战略定位，由差异化的战略定位导出供应链的差异，如图 1-6 所示。

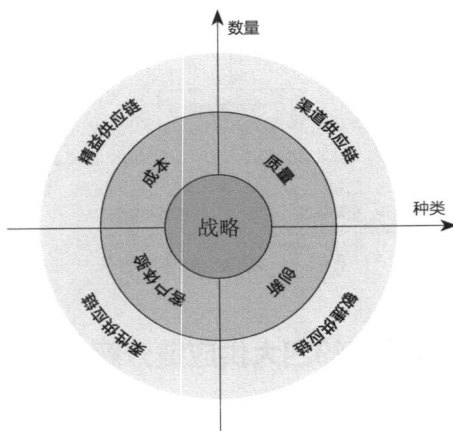

图 1-6 供应链模式

结合图 1-6 中的内容，我们再以表的形式展现不同的竞争情形下的供应链，如表 1-3 所示。

表 1-3 不同的竞争情形下的供应链

象限	产品需求种类	产品需求数量	竞争定位	供应链类型
第一象限	多	多	质量	渠道供应链
第二象限	少	多	成本	精益供应链
第三象限	少	少	客户体验	柔性供应链
第四象限	多	少	创新	敏捷供应链

由企业的"种类—数量"推演出来的战略，如何有效参与市场竞争，导出四种不同的供应链支持其企业战略。

1. 渠道供应链

产品数量多、种类也多，企业供应链需要一个庞大的团队来管理，并对产品质量、交期、服务、成本等要素进行管控。由于涉及产品线丰富，管理成本高且效果大打折扣，很多企业采用将产品品类有共性的产品汇聚几个渠道商管理，以节约成本，提高效率，如沃尔玛的采购品种多、数量也大，往往会委托给渠道商采购等。

2. 精益供应链

产品数量多、种类少，这种市场需求通常竞争比较激烈，最后只能拼价格决定胜负。这种市场竞争下的供应链强调总成本导向，如丰田汽车等。

3. 柔性供应链

产品数量少、种类也少，这种市场需求通常是个性化定制商业模式，由于个性化市场，通常需要供应链柔性响应，如高端定制品行业等。

4. 敏捷供应链

产品数量少、种类多，这种通常就是我们常说的大规模定做、模块化生产，需要个性化与快速响应，如 DELL 计算机等。

由于战略关注点不同导致供应链支持方式不同，将供应链竞争优势及供应链相结合，并不断推演至制造与服务战略如图 1-7 所示，为供应链竞争模型。

结合图 1-7 及表 1-4，可以看出，

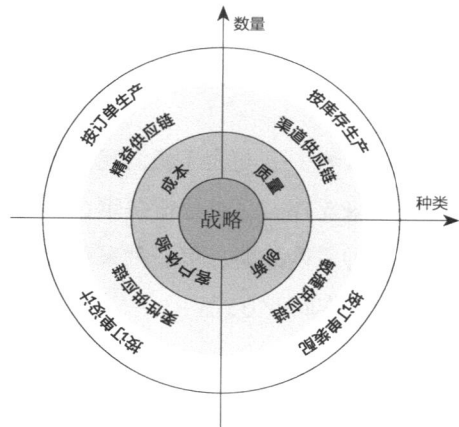

图 1-7 供应链竞争模型

不同的供应链运营，通常需要匹配不同的生产与服务方式来支持。

表 1-4 供应链竞争对比

象限	产品需求种类	产品需求数量	竞争定位	供应链类型	生产与服务方式
第一象限	多	多	质量	渠道供应链	按库存生产
第二象限	少	多	成本	精益供应链	按订单生产
第三象限	少	少	客户体验	柔性供应链	按订单设计
第四象限	多	少	创新	敏捷供应链	按订单装配

将供应链竞争优势及供应链，乃至采购供应方案相结合，并不断细化，也就能够得到采购与供应链竞争模型，如图 1-8 所示。

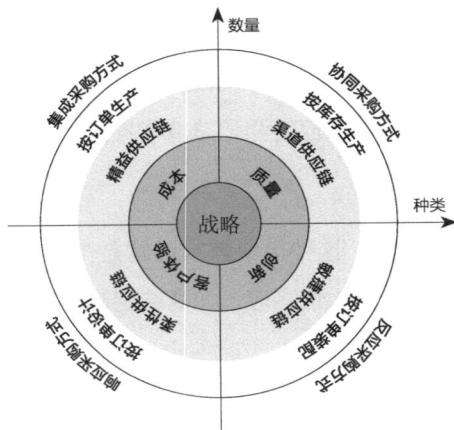

图 1-8 采购与供应链竞争模型

结合图 1-8 与表 1-5，我们非常清楚，不同的企业竞争战略要有不同的采购战略来支撑。品类分析决定企业的竞争战略，最终通过供应链战略推导出企业的四种采购战略，每一种采购战略有各种采购策略、供应商管理、成本管控方案与合作商务方式。

表 1-5 采购与供应链竞争模型对比

象限	产品需求种类	产品需求数量	竞争定位	供应链类型	生产与服务方式	采购战略
第一象限	多	多	质量	渠道供应链	按库存生产	协同采购
第二象限	少	多	成本	精益供应链	按订单生产	集成采购
第三象限	少	少	客户体验	柔性供应链	按订单设计	响应采购
第四象限	多	少	创新	敏捷供应链	按订单装配	反应采购

如果是以质量为竞争导向的企业，尽量采用协同采购方式、开发供应商，关注质量与价格，也因此会妥协服务与交期。否则要求供应商物美价廉且多快好省，这不但无法达成战略资源协同的目标，给采购管理者与执行者带来工作困扰，且费时费力，还容易闹僵供应关系。

所以说，战略就是取舍，有所为，有所不为。

1.4.3 基于企业竞争战略的四大采购与供应链汇总表

我们将以上提到的几个表格进行汇总，就可以得到下面的表格，如表 1-6 所示。

表 1-6 采购与供应链各模式汇总对比

象限	产品需求种类	产品需求数量	竞争定位	供应链类型	生产与服务方式	采购战略	产品特性	整体关注点
第一象限	多	多	质量	渠道供应链	按库存生产	协同采购	功能性产品（如纸巾、餐盒、桌子、水盆等）	效率、成本最低和供应链可计划性
第二象限	少	多	成本	精益供应链	按订单生产	集成采购		
第三象限	少	少	客户体验	柔性供应链	按订单设计	响应采购	创新性产品（如时尚品、高科技电子产品等）	利润率高，更新速度快，需求难以预测，反应迅速，最大化服务水平，订单满足水平
第四象限	多	少	创新	敏捷供应链	按订单装配	反应采购		

为了更好理解四种采购战略诉求差异，现简要罗列，如表 1-7 所示。

表 1-7 四种采购战略诉求差异

采购战略	采购关键诉求	QCDS 关注点
协同采购方式	追求功能 质量至上 品种相对单一 规模化效益 生产成本低 快速满足需求	Q ☺☺☺ C ☺☺☺☺ D ☺☺☺ S ☺☺
集成采购方式	在协同基础上 库存水平低 精益化制造 上下游集成 反应时间慢	Q ☺☺☺☺ C ☺☺☺☺ D ☺☺☺ S ☺☺☺
响应采购方式	个性化 多品种 小批量 快速捕捉 快速满足	Q ☺☺☺ C ☺☺☺ D ☺☺☺ S ☺☺☺☺
反应采购方式	供应链延迟 大规模定制 标准化模块 快速反应	Q ☺☺☺ C ☺☺☺ D ☺☺☺☺ S ☺☺☺

注：QCDS（品质 Quality、成本 Cost、交期 Delivery、服务 Service）

1.4.4 基于企业竞争战略下供应链多样性管理

阅读完上面内容的朋友可能会有一个疑问：一个企业是否只需有一个供应链即可？答案是否定的。

供应链的确定来自于企业的竞争战略与品类战略（"数量—品质"管理关系总和），而非来自企业这个主体本身。例如沃尔玛，针对海鲜类产品供应链与家纺类产品供应链，它们显然分属不同的供应链，所以两条供应链运营标准与绩效目标差异甚远。

故企业一定要依据自己的品类做充分的分析，结合公司的竞争战略，对于供应链、计划、采购策略等重新设计，形成差异化，而不是生搬硬套。不分青红皂白，"眉毛胡子一把抓"，不但没有效率，而且损害企业战略绩效资源。

值得注意的是，随着企业竞争变化，乌卡（VUCA）时代的多品少量导致市场整体对供应链的柔性与敏捷性要求更高，现在大多数企业以协同采购方式为基础向另外三种采购战略转移。

1.4.5 关于采购战略与战略采购

依据供应链竞争模型，企业就能形成完整的采购战略与采购策略的整套方案，以战略采购制胜乌卡（VUCA）时代。但在实践过程中，企业经常将"战略采购"与"采购战略"两词混淆。

采购战略是关于采购需求、供应商分析、采购策略与交付商务等带有指导性、全局性、长远性的整体管理方案。而战略采购是一种系统性的、以数据分析为基础的，以最低总成本获得企业竞争所需外部资源支配权的采购方法。故两者无论是内容、重点和目的完全不同，如图1-9所示。

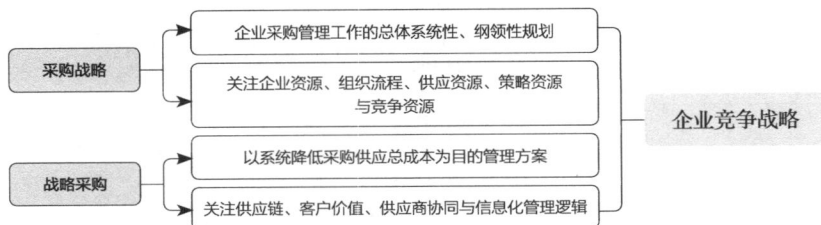

图1-9 采购战略与战略采购

战略采购既是基于供应链系统角度系统化降低采购供应成本的，也是基于企业长期供应构建竞争力环境的，其主要是从三个角度即竞争价值定位、供应链运营以及采购组织与流程管理定义的。

1. 竞争价值定位

一个企业立足于市场竞争，一定有其竞争战略，即：

（1）客户是谁？

（2）客户为什么选你？

（3）你能够给客户提供哪些差异化的价值？

这三个问题能回答清楚，表示企业有明确的竞争战略方案，这里面也包含了为了获得客户满意企业所需要的所有资源准备。就如奔驰（Mercedes-Benzes）轿车定位于高端尊贵商务型汽车，而比亚迪（BYD）轿车定位于普通老百姓出行代步工具等。同样的汽车，其定位差异导致企业产品实现全过程，即从市场定位、产品策划、功能实现、供应商策略、生产运营、交付商务、库存物流等的价值趋向不同，而整条价值链不能出现任何成本浪费与冗余。

这也让笔者想起多年前的一件事：某知名企业做供应链成本改善项目，其中该产品设计寿命 7 年，但我们做 VE/VA（价值工程/价值分析）后发现，产品有 1/3 的配件设计寿命 15 年，而且还有部分配件的附加值很高，明显高于其产品的市场定位，进行了有针对性的调整后，导致企业相关部门采购成本居高不下的问题瞬间被攻破。

采购供应链职业人明确企业竞争价值定位，这意味着企业决策基于客户价值满意度并从系统角度全局化筹划产品总成本安排，以避免与供应商纠缠于价格而降低其供应的积极性。

2. 供应链运营

定位清楚了，接下来就是运营了。

通用电器（GE）前总裁杰克·韦尔奇曾说过："企业最大的成本是信任"。

没错，在工业化进程处于初级阶段的中国，由于上下游企业的信任增加的商务交易成本几乎占到企业售价的 10%~15%，但这常常是企业管理者与供应链运营者所不易觉察的。

由于供应链管理与运营水平有限，企业与企业之间缺乏基本的数据与信息共享，导致企业间的交易成本每经过一个环节，无形中都会增加相应的成本；每经过一个供应链环节，都增加一个交易成本。

例如，在供应链构建不成熟的情况下，企业都有近 10% 的营销成本，6%的采购运营成本，即在供应链中，每增加一个环节就涉及供应商的营销成本、采购商的评估、认证、识别、交通等一系列成本，如图 1-10 所示。而这些成本最终转化为产品价格转移到最终客户处，降低了交付效率，拉长了供应周期。

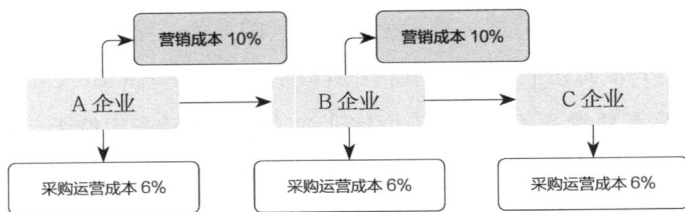

图 1-10 供应链成本累积示意图

3. 采购组织与流程管理

官渡之战，是东汉末年"三大战役"之一，也是中国历史上著名的以弱胜强的战役之一。当年曹操以不到 2 万士兵打败袁绍 11 万汹涌而至的大军绝非简单兵力资源对决，而是组织布阵与调度管理的对决。

很多企业采购组织基于职能分工的传统架构模型，虽说这种架构下分工明确、目标清晰，就如很多企业的组织架构图为生产部、研发部、采购部、品质部等一样。但基于公司关键绩效指标（KPI）考核下，完全基于自身部门利益最大化，各部门都会不考虑企业整体竞争力的协同，难免出现部门间指标与利益冲突，最后耗费企业宝贵经营资源的同时，还会牺牲企业整体经营目标，增加供应商接口的沟通与确认周期。因此，设置合理的采购组织与管理流程，对提高采购效率与绩效，改善供应环境极为有利。

随着市场竞争加剧，客户订单多品种、少批量的脉冲式市场模式来临，企业的运营方式和流程应该有所调整以迎接市场化更多的挑战。因此，无论是扁平化组织架构还是项目制运营方式，都是为了更好地满足客户需求，以最有效的方式调度企业资源，确保企业采购供应系统运营顺畅。

因此，企业总效能取决于企业竞争价值、供应链运营和组织运营三大核心板块。故无论是内部效率，还是外部资源整合与管控，都将体现在企业运营的总效率与总成本中。企业运营的总效率与总成本最终会体现在产品价格之上，直接影响企业的最终竞争力。

1.4.6 基于企业竞争战略的 OTEP 采购系统管理方案

从竞争战略到采购战略，需要基于品类战略来分解；从采购战略到采购方案，需要 OTEP 模型来支撑与落地。

无论从理论方面，还是从实践方面，我国企业的采购管理仍然较为落后。在很多企业管理者看来，采购的意义只在于交易本身，它既不是一门管理学科，更不是战略重点。与此同时，企业管理者对采购的基础理论也缺乏研究，无法科学地指导企业的采购实践。

1.4.6.1 采购与供应链 OTEP 模型架构

在实现采购战略降成本时提到，采购团队缺乏系统技能成为一个巨大的障碍，笔者曾对多家企业（31 家企业：25 家制造型企业 +3 家全球性贸易型企业 +3 家服务型企业）进行现场与团队调查，并建立采购与供应链管理 OTEP 模型（因其主要从采购组织（Purchasing organization）、采购思维（Procurement thinking）、采购操守（Procurement ethics）与采购绩效（Procurement performance）四个维度建设，因此也可简称为"OTEP 模型"）如图 1-11 所示，搭建立体坐标图，从而形成优秀卓越的采购矩阵运营体系。

图 1-11 优秀卓越的采购供应体系

1. 采购组织（Purchasing organization）

组织力就是生产力。采购制度滞后影响客户需求响应？采购腐败与漏洞防不胜防？建设基于公司战略服务目标与绩效管控的采购组织与制度流程，规范采购体系，降低采购风险，实现采购能力。

具体工作任务与目标：

（1）协助采购组织明确组织任务与职能。

（2）协助规范采购组织目标、流程、制度与跨部门信息反馈。

（3）协助构建基于组织绩效目标的采购组织体系与考核系统。

（4）辅导采购组织接地气，实现采购能力。

2. 采购思维（Procurement thinking）

采购思维即为采购精神。采购部是成本中心还是赢利中心？采购甲方心态是什么？为何说采购赢利投资回报高？企业与供应商是怎样的关系？采购如何从被动操作转化为主动采购决策？

具体工作任务与目标：

（1）理顺采购财务认识：采购赢利。

（2）清楚构建采购与供应链逻辑，协助采购工作者立体、全面地看到采购任务与目标。

（3）建设赢利性采购思维，建设采购心态。

（4）辅导企业采购实际案例，充分认识采购的组织财务价值，实现职业采购思维。

3. 采购操守（Procurement ethics）

采购职业化操守，即鉴于采购职业的特殊性，采购职业活动中必须遵从的最低道德底线和行业规范。它具有"基础性"和"制约性"特点，凡采购从业者必须做到。

具体工作任务与目标：

（1）建设健康的采购职业化规划。

（2）明确采购企业伦理与职业伦理。

（3）理解采购力主动与被动。

（4）构建知识产权、秘密信息、技术资料和其他资源的规范管理。

（5）辅导企业规定操守准则：始终坚持成全价值，个人诚实守信，实在做事。

4. 采购绩效（Procurement performance）

采购绩效是采购的核心。采购工作者实现采购价值链绩效需要何种能力？实现采购价值的工具有哪些？构建采购工作者的绩效能力雷达图，实现采购人的绩效财务指标。

具体工作任务与目标：

（1）理顺采购战略与采购任务的关系。

（2）培养采购工作的供应商开发、筛选、评估与管理能力。

（3）培养采购成本降低与商务谈判能力。

（4）构建系统绩效，涉及计划、仓储、生产、配送工艺、调度等部门。

（5）辅导采购人的工具与方法，实现技能落地。

综合对四个维度进行对比，结果如表 1-8 所示。

表 1-8 OTEP 模型维度比较

OTEP 模型维度	俗解	简称	团队构建
采购组织 Purchasing organization	组织化	有体系	有德有才，破格重用 有德无才，培养使用 无德有才，限制使用 无德无才，坚决不用
采购思维 Procurement thinking	有想法	有才	
采购操守 Procurement ethics	职业化	有德	
采购绩效 Procurement performance	有办法	有才	

OTEP 采购模型依据供应竞争战略，从采购组织与流程体系设计到德才兼备的人才团队构建，所涉及的所有绩效与技能，都是基于企业战略的当前竞争与长期可持续的发展需要的，通过内部系列化设计与优化，汇总企业资源，支撑企业的最终战略。

1.4.6.2 OTEP 人才绩效：采购能力模型和采购任务模型

在模型体系中，采购职业化人才绩效又划分为两个模型，即采购能力模型和采购任务模型。

采购能力模型，简单地说就是职业采购人在满足采购目标过程中所呈现的特质和动机、价值观、行动表现以及技能，它规划了要实现企业整体采购战略目标所必需的行为，技能和知识配置。因此，采购能力模型是企业采购与供应链关键成功领域中核心竞争力的具体表现，如图 1-12 所示。

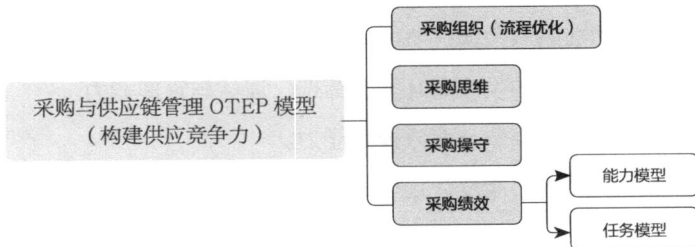

图 1-12 采购与供应链管理 OTEP 模块关系

同时，理解企业远景和发展战略，明确企业供应任务目标，界定供应成功关键因素，明确核心能力并对这些能力进行清晰的定义和描述，然后进行能力分解与分级，最后形成职业采购人六段能力模型库。在采购能力模型里面将职业采购人分成"六段"采购，如表 1-9 所示。

表 1-9 职业采购人六段能力模型库

段数	目标/任务	动机	价值观	AK 配置方向
一段采购	买东西	执行计划	无我	人际/计划
二段采购	买价格最低的东西	价格竞争	利我	人际/计划/议价
三段采购	买性价比最好的东西	当前评比	量我	人际/商务/谈判/物控
四段采购	买 Q/C/D/S 好的东西	指标系统比	评我	团队/谈判/物控/计划
五段采购	获得总成本（TCO）最低的东西	价值响应	联我	团队/价值/整合/商务
六段采购	以最低的总成本（TCO），获取外部竞争资源	增值竞争响应	链我	供应链协同/竞争/共赢

注：四段采购中，买 Q/C/D/S 好的东西，其中 Q 指质量（Quality）、C 指成本（Cost）、D 指交期（Delivery）、S 指服务（Service）。

六段采购根据动机、表现、技能以及行为标准，具体描述如表 1-10 所示。

表 1-10 六段采购具体描述

	特质动机	行动表现	知识技能	行为标准
一段采购	买东西	执行购买	人际互动，计算机基础，计划协调等	分析需求与计划 网络搜索信息 比价议价 下单/跟单/交付入库 商务结算 合作反馈
二段采购	买价格最低的东西	货比三家、询价议价、讨价还价	人际互动，计算机基础，商务能力，计划能力，财务基础等	价格指挥棒，价比三家 市场行情 商务议价 行为与表情夸张 协同跟进
三段采购	买性价比最好的东西	横向价格参照、纵向质量评估	人际互动，商务谈判能力，物控与计划管理能力等	采购需求分析 价格调查/市场行情收集 跨部门协同生产/品质/研发/计划等 统计学 质量管理

	特质动机	行动表现	知识技能	行为标准
四段采购	买 Q/C/D/S 好的东西	多维比较，理性假设，择优选择	团队管理，商务谈判，物流计划，品质交付等	分析采购需求 制定采购策略 评估并选择合适供方 过程跟进与绩效反馈 跨部门协调 采购绩效优化
五段采购	获得总成本（TCO）最低的东西	数据建模，系统分析，综合评估	团队管理，价值流识别，商务整合，物控计划等	企业战略分解与市场竞争 采购策略制定与实施 采购跨部门/团队协调 价值分析与整合 供应链合作 信息化与流程
六段采购	以最低的总成本（TCO）获得企业最具竞争力的外部资源	价值链优化与整合，系统化竞争资源	团队管理，商务管理，供应链管理，计划物流，价值分析，法律合同等	企业战略与供应战略 采购策略与方案制定 供应设计与计划 系统化对外接口（INTERFACE） 物流优化与管理 采购体系建设与管理优化 价值增值服务，不断学习、自我完善

采购任务模型，简单地说就是采购人满足采购绩效目标的任务综合，其主要基于以下五个任务。

1. 确保供应交付

收集市场资讯，掌握市场的需要及未来的趋势，与供应商谈判出最有利的供货条件（包括：质量、包装、品牌、折扣、价格、进货奖励、广告赞助、促销办法、订货办法、订货数量、交货期限及送货地点等），以满足公司采购要求的采购标准达成供应与交付的目标。

2. 总成本最低

战略采购的核心内涵就是以最低总成本建立服务供给渠道的过程，它注重的是最低总成本，而非单一最低采购价格。

在低价格的背后，往往最终是付出更高的总成本，但这却很容易被企业忽视。例如笔者看到某些企业为了防止所谓的腐败风险，成立专门审价的"审计部"，最后审计部脱离企业采购实际情况，一味追求低价采购，否则就得让采购花大量时间用于寻找并周旋内部审计部门需要的低价"证明"之中。如此否定采购的专业性,降低采购团队的价值归属感。

成本战略采购循环涉及供应商、采购部门、生产研发部门,乃至售后部门等多个部门,因此,企业必须遵循总成本最低的原则,对整个采购流程中涉及的关键成本和其他相关成本进行管控。

3. 建立共赢关系

不同的企业,适用于不同的采购方法。有的企业注重良好的合作关系,有的企业倾向于竞争性定价,有的企业则认可采购外包……但无论如何,战略采购并非零和博弈的过程,而是商业协商的过程。

如果企业执着于利用采购杠杆逼迫供应商妥协,企业也绝不可能成为受益者。因此,企业要遵循建立共赢关系的原则,基于对原材料市场的充分了解和企业自身战略,实现所有利益相关方的共赢。

笔者曾在帮助某企业进行成本改善项目时,通过与供应商构建良好的共赢关系,实现采购数据、工艺计划、模具安排、研发改进和品质协同,经过 3 个月不到的时间在准时交付率提升到 98% 的同时,采购综合成本下降了 11.5%。

4. 完善采购能力

采购不只是交易行为,因此,战略采购所需的能力也不只是询价和谈判。理想的采购能力涵盖三大方面:采购精神、采购绩效、采购职业化。其又可细分为六大能力:采购逻辑、采购战略能力、供应商整合与关系管理能力、品质管控与计划能力、成本建模与管控能力、商务协同与谈判能力,如图 1-13 所示。

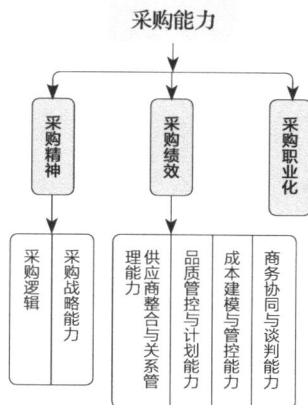

图 1-13 采购能力涵盖的能力

很少有企业能够同时做到以上六点,但企业仍然应该不断完善自身的采购能力,并争取做到其中三点,即成本建模与管控能力,为建立战略采购循环奠定基础;采购战略能力,推动采购由战术性行为转变为战略性行为;供应商整合与关系管理能力,确保实现利益相关方的共赢合作。

5. 制衡与合作

供应链是动态的。采购方与供应商之间虽非零和博弈，但也存在相互比较、相互选择的现象，双方都具有议价的优势。如果采购方对供应商业务战略、运作模式、竞争优势等信息具有充分的了解和认识，就有助于企业发现机会，在共赢合作中找到平衡。

即使选择单一供应商，企业也应当遵循制衡与合作的原则，持续关注自身行业及相关行业的发展，考虑如何借助与供应商的深入乃至先期合作，来降低成本、增强竞争力。

第二章

供应商管理：
上接战略，下接绩效

理解竞争战略/客户，理解供应链，寻找战略匹配资源。

通过对企业市场品类分析的竞争战略，层层分解到供应链战略方案、制造/服务战略方案，最后形成四种采购战略方案：协同型采购战略、集成型采购战略、响应型采购战略与反应型采购战略，每一种采购战略驱动点的差异，自然有不同的采购策略、供应商管理、绩效管理、人才培养、价格与成本等整套方案运营方案。

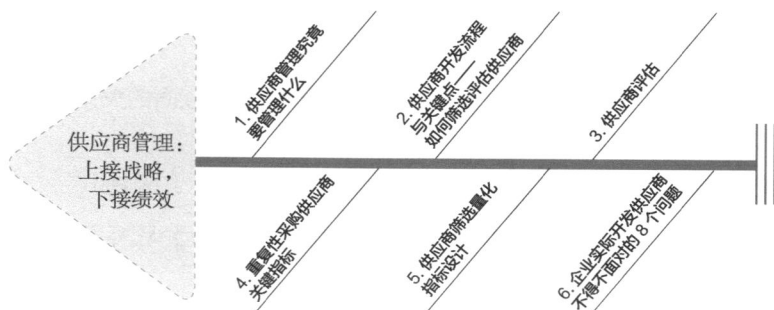

供应商管理：
上接战略，
下接绩效

1. 供应商管理究竟要管理什么
2. 供应商开发流程与关键点——如何筛选评估供应商
3. 供应商评估
4. 最具共性采购供应商关键指标
5. 供应商筛选量化指标设计
6. 企业实际开发供应商不得不面对的8个问题

2.1 供应商管理究竟要管理什么

采购战略与实施方案是基于一个公司战略与品类决定的，当产品属性与差异化战略不同时，可以有的不同的采购方案，甚至交融的采购方案。例如基于功能性产品的协同采购战略与集成采购方案相互影响，基于创新型产品的响应采购战略与反应采购战略相互穿插等。

甚至随着产品定位的变化，采购战略需要颠覆。如手机行业，这本来是一个功能型产品，但现在已经变成一个创新型的产品，故采购策略的整套方案需要优化甚至改变，以达成新的企业绩效需求。

选择谁合作？合作的路径是什么？达成怎样的资源整合方案？这是一系列需要深度思考的问题。

供应商管理是采购战略的核心话题，它不仅决定了企业未来的成长空间，也决定了企业发展的健康程度。随着供应链思维崛起，其管理功能也由原来的策略性、交易型导向转移到公司战略能力实现与竞争力优势建设。越来越多的采购经理人发现对供应商的有效管理不仅必要，而且是企业的一项竞争优势，将供应商视为企业的运营资源，思考如何通过有效管理与协同外部供应商资源提升企业竞争优势，并且全力在执行层面进行转化。

关于这点，我们经常用恋爱婚姻关系来形容企业与供应商的关系：

恋爱管理：始于颜值，限于才华，忠于人品，安于陪伴！
供应管理：始于需求，限于成本，忠于精诚，安于战略！

供应商管理涉及要点：

（1）企业竞争战略与采购战略分解。

（2）基于企业战略与竞争需要，构建竞争供应与策略化供应商管理体系。

（3）将采购与供货管理作为一个利润中心来建立，配备顶尖人才与业务功能整合。

（4）根据供应市场原理适配大部分产品和服务，优化供应商绩效管理制度。

（5）为压缩成本降低供应风险，并持续改进、测量与监督供应商绩效。

（6）建立差异化策略性供应商管理和供应商网络，并努力与重要供应商建立长期紧密关系。

供应商管理基于企业质量、成本、客户体验和创新等四大企业战略，层层分级至采购战略，再将采购战略分解为供应策略、供应商的选择、开发的准入管理、绩效与关系管理，有效支撑整个企业的竞争战略。公司供应商管理的内容如图 2-1 所示。

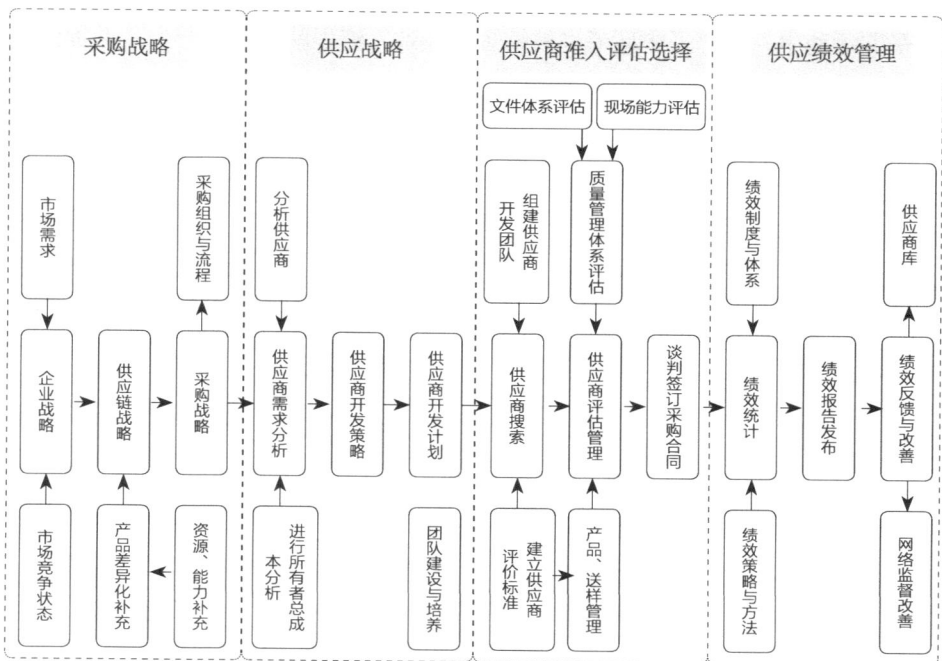

图 2-1 公司供应商管理内容

2.1.1 供应商管理为何堕落为货源管理

供应商管理是指对基于企业战略所进行的供应商开发、评估、筛选、绩效、关系与辅导改善管理等综合性工作的总称。在现代供应链管理中，供应商资源是企业战略资源，从这个意义上说它是采购战略的重要内容。

但在实际操作中，笔者却发现，很多企业都热衷于庞大的供应商数量，企业自以为是的供应商管理，其实已经堕落为货源管理，这又是为什么呢？

经过调研发现，其背后的逻辑惊人地相似：如果企业能够同时在多家供应商中进行选择，首先能够保证供应的连续性，其次能在供应商的相互竞争中获得价格好处。此时，企业甚至可以通过分配采购数量，对供应商加以控制。这种完全忽略企业战略竞争需求的长期利益，纯粹是基于当前"货源屠户"需要买卖的方式，只顾眼前利益，自然谈不上整体成本规划与策略布局，更不谈上下游供应逻辑设计与交易流程（物流、资金流和信息流）优化了。

正是因此，企业与供应商大多保持一种短期业务合同关系。在这种一次性的采购活动中，整个采购环节也被缩短到极致，流程就简单到一个：供货！如图 2-2 所示。

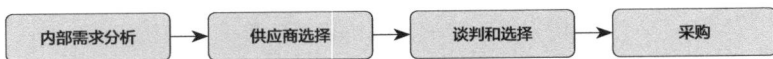

| 内部需求分析 | → | 供应商选择 | → | 谈判和选择 | → | 采购 |

图 2-2 采购环节被缩短到极致

在竞争高度发达的供应市场，企业通常可以轻易找到大量供应商，采购方处于相对优势的地位，很多企业能够只将供应商看作单纯的货源，在短期内感觉也不会受到明显损害。殊不知这种采购方式花费大量时间非但获得不了良好的采购绩效，还会损害良好的供需关系，一旦遇到市场波动，前期获得的所谓的"好处"全部都得吐回来。

再加上由于历史原因，很多国内企业对采购职责的认识就仅是"买东西"，目的就是确保企业需求的物料或服务。那么企业如何确保连续性的物料来源呢？大多数企业最初都会做出同一个选择——扩大供应商规模。由于没有导入战略分析与供应商优化，扩大供应商规模最终也会堕落为货源管理。

在巅峰时期，克莱斯勒的供应商超过 2500 家，施乐公司的供应商数目则高达 5000 家。

施乐公司曾经长期在世界复印机市场保持垄断地位，但随着日本经济的腾飞，在不知不觉间，佳能公司成为施乐公司最具威胁的竞争对手。佳能公司推出的产品价格，甚至逼近施乐公司的成本价。

在这样的价格竞争中，施乐公司的复印机全球市场份额从 82% 骤降至 35%。通过大量的竞争情报研究，施乐公司发现了佳能公司的秘诀——优化供应商深度合作关系，缩减积压在供应链中的资金。

之所以如此，并非因为施乐公司各部门的工作出现失误，主要原因其实是各部门工作目标的相互冲突，使得各部门的采购需求不尽相同。

为了确保物料供应的连续性，施乐公司的供应商由此不断增至 5000 家，时间、精力、效率等大量"资金"也由此被"埋葬"。

通过对比，施乐公司专门成立了"物流与资产管理中心"，对整个公司的采购环节进行了改革。其供应商数量从原来的 5000 家减少至 400 家，汇聚公司采购资源，加强与供应商的深度合作，最后公司的竞争力反而由此得到显著提升。

然而，正如施乐公司的处境一样，一旦竞争对手采用完善的供应商管理措施，他们就能在采购成本上建立绝对的优势。此时，企业也将陷入困境，甚至迅速被竞争对手拉开距离。

事实上，即使我们不考虑竞争对手的因素，从长期来看，在货源管理的逻辑下，企业与供应商的合作缺乏战略灵魂指导，也将停留在商务表面，很多企业也就陷入了供应商管理价格的误区。

1. 无节制压低单价

在货源管理下，每家供应商在企业眼中都只是"之一"，企业的采购原则也变成单纯的比价。基于"价低者得"的原则，供应商很可能为了生存而以次充好，甚至因为无利可图，直接停止供货。企业的货源也由此中断，因而付出高昂的代价。

2. 只做审核监管

供应商能力低下，货源品质差、交货慢……企业总是对供应商存在诸多抱怨。面对各种问题，企业的应对办法则是更严格的审核监管，为了达到品控目的，甚至对供应商采用重罚手段。

然而，缺乏系统"组合拳"，只做审核监管的措施，只会加剧供需双方的不信任感。一旦发生问题，企业与供应商的焦点则会集中于责任推诿，而非处理问题、提升水平上。

3. 一味拖欠货款

为了避免采购挤占流动资金，很多企业会将"拖欠货款"看作采购能力的重要组成部分，甚至将之纳入采购工作的绩效考核。于是，拖欠货款成为采购环节的常态，有些企业还会专门"鸡蛋里挑骨头"，以品质不良、交货延迟等理由，延迟支付或打折支付。

这种做法确实会帮助企业赢得一些流动资金，但却会使企业信用和形象严重受损。

4. 频繁更换供应商

"这家不行就换一家。"这是不少企业采购人的心理。

当供应商被看作货源时，企业并不在意由谁提供物料，其只在意单次采购的价格、品质或服务。此时，企业可以根据每次的采购需求，选择相对合适的供应商，从而获得一定的实惠。

然而，这种做法的缺陷也显而易见，企业无法与供应商建立稳固的采购关系，对供应链整体提升也毫无助益，甚至会引起供应商的不信任，以"一次性交易"的态度对待企业。

货源管理确实能够在短期内为企业带来一些收益，但由此产生的一系列采购误区，却不利于企业整体实力的提升，也不利于企业的可持续发展，阻碍企业在市场竞争中建立优势。

2.1.2 国内企业供应商管理重点的错位

在进行采购工作时，我们究竟是在开发供应商，或只是选择一个货源？

供应商关系管理一直是供应商管理的核心内容，但由于历史原因，大多数采购供应链职业人对供应商关系理解为"交易关系"与"竞争关系"。殊不知，用这种粗放对立式"关系"不但障碍双方的合作，更构成了企业采购供应链战略难以实现的先天性缺陷。

供应商管理应与企业整体战略相协调，形成一个以竞争战略为基底、以总成本为核心的"采购战略金字塔"，如图2-3所示。

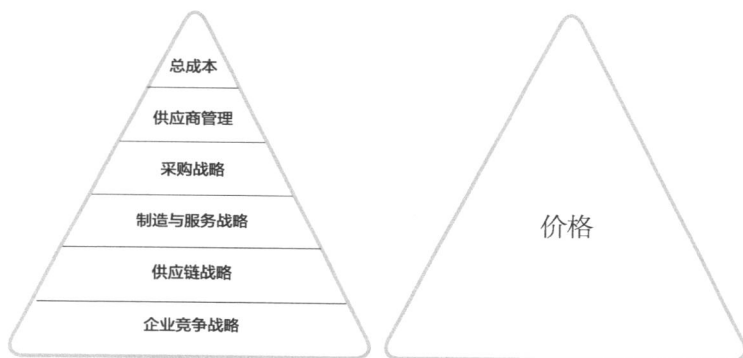

图2-3 采购"战略金字塔"构成价格

但在当下，国内不少企业供应商管理却简化为"价格—货源"的二元管理结构，仅将供应商管理看作货源，在采购中也只看中价格要素。其实，企业此时已经输在竞争战略的起跑线上了。

长期以来，云南白药彩印纸盒主要的问题有色差、上机不畅、混淆以及监管码喷码等问题，其中色差和喷码问题占比50%。色差作为胶印行业的行业问题长期得不到根本解决，严重影响了云南白药公司的品牌形象。能否建立可视数字化的交付标准，同时由云南白药牵头借助外力帮助供应商建立印刷过程的色彩控制操作规范手册，从供应商提升的角度来完成提高产品质量的目标？

云南白药 PSA 纸盒色彩管理项目于 2014 年 7 月启动，由采购中心牵头，在云南白药市场部门、质量部门的积极配合下，通过 PSA 印刷专家的技术指导，经过 8 家纸盒印刷厂、2 家纸张供应商的积极努力，项目一期阶段已于 2016 年年底正式结项。该项目完成的白药纸盒《包装产品质量检验手册》在色彩质量标准、评分送检方法、检验工具及标准等方面均做出了具体规范，为国内制药企业建立了数字化的印刷品产品标准，同时帮助下游纸盒供应商建立了色彩管理标准和操作规范。

当云南白药在与供应商的深入合作中，从纸盒、印刷等各方面提升产品竞争力时，很多其他企业仍然只将供应商看作货源，甚至与之维持对立关系。在讨论基于企业竞争战略的供应商开发策略时，企业应认清供应商管理与竞争战略之间的强相关关系。

企业竞争战略的质量、成本、客户体验和创新等四大方向，根据各企业的战略选择，其侧重点也有所不同。云南白药的"纸盒革命"正是以协同与集成为核心的采购战略，该战略也得到了集成供应商的协同反应，云南白药进而也成了国内首家建立了数字化印刷品产品标准的制药企业。

不同的企业竞争战略，必然导向不同的采购方式，如图 2-4 所示。

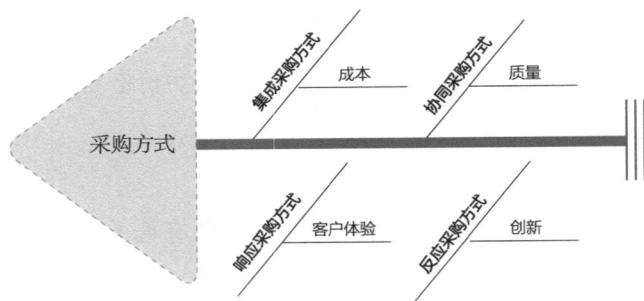

图 2-4 企业竞争战略下的采购方式选择

在实际操作中，企业的供应商管理、采购方式选择却与企业竞争战略发生了错位。很多国内企业的采购方式选择并未跟随竞争战略。例如以质量为驱动的战略核心企业，应当以协同采购的方式，与优质供应商建立良好、稳定的合作关系，从而确保供应质量。但如果企业盲目追求供应商的快速响应，则可能导致战略错位的谬误。

　　只有以企业竞争战略为基础，企业才能制定正确的采购战略、供应商管理方案，从而统筹资源实现总成本的有效控制，进而为企业竞争战略服务，提升企业的竞争优势。

　　如果企业无法产生这样的认知，就很容易导致供应商管理的重点错位，因而被竞争对手甩在身后。

2.1.3 物美价廉与多快好省下的供应商开发乱象

　　市场竞争是残酷的，尤其功能性产品面临巨大的市场价格压力，大多企业不是系统思考企业的成本优化，仅仅靠从供应商处获取价格更低、质量更好的产品来满足企业竞争需要。

　　于是，物美价廉与多快好省，无疑是很多企业对采购的美好期望。但事实上，"又要马儿跑得快，又要马儿不吃草"，这样的想法是不客观的。更何况价格便宜、响应速度快、质量好分属不同的供应链竞争管理方案，这种缺乏战略系统资源统筹、战术策略匹配针对性，违背客观规律的事情让采购如何能扛起这个责任？

　　乙公司是一家金属冲压件工厂，负责为甲公司供应相应的汽车配件。由于乙公司老板出身于甲公司，曾在甲公司供职10年以上，对甲公司产品、员工乃至管理层都非常熟悉。

　　在签订长期合同之后，乙公司老板每次都会亲自陪同送货上门，甚至直接帮助甲公司仓管员把货拉进仓库。为了确保供应及时，乙公司老板还会顺便清点自家产品的库存，并根据经验判断下次送货的物料品种与数量。

　　对于甲公司采购与仓管而言，这样的合作模式既省时、省力，又能够节省大量采购成本，无异于一段双赢的供应关系。

　　然而事情总有双面性，非内部员工随意进出仓库，搬运物料，甚至利用仓库人员的个人关系不按规交货，有可能会影响到整个采购流程的标准化管理、导致泄露公司最新商业秘密……甲公司或许能够享受到一时之利,但这明显不利于企业全面进行采购、供应、运营管理,甚至会掩饰可能存在的问题,影响企业战略落地执行。

如果企业一味追求物美价廉、多快好省,企业就很容易陷入短期收益的陷阱,最终引发各种供应商开发乱象,进而导致企业因小失大。

之所以如此,正是因为物美与价廉、多快与好省之间存在天然的矛盾。根据企业在供应商开发中的重点期望,笔者制作了这样一张简图,如图2-5所示。

从根本上来说,质量好、交付快、价格低,是供应商开发的核心期望,但三者相互间的重叠部分是什么呢? 质量好、交付快,必然意味着价格贵;质量好、价格低,则需要面临交付慢;交付快、价格低,

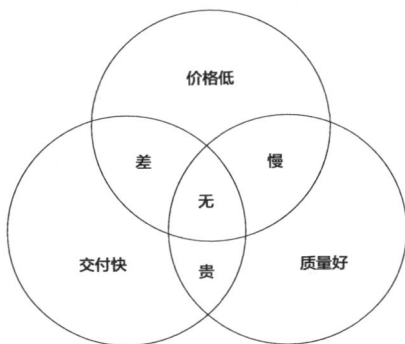

图2-5 物美与价廉、多快与好省之间存在天然的矛盾

那自然质量差;至于三者的交集,那更是绝对理想化的结果,不可能实现。

总结而言,在对物美价廉、多快好省的盲目追求中,国内企业的供应商开发乱象主要有八个方面,笔者也针对这八个方面提出了解决对策,如表2-1所示。

表2-1 供应商开发乱象及解决对策

供应商开发乱象	解决对策
缺乏系统、有效的运作	建立一套开发供应商标准、流程和计划
开发供应商周期长	落实供应商开发计划和数量
缺乏规范化地开发供应商	建立供应商评估组织
评估标准各说各的道理	建立供应商评估标准
评估小组专业性不强	加强专业学习和调研技巧
缺乏供应商开发信息与渠道	建立企业内部供应商信息收集系统并不断更新
采购人员对供应商开发出现职业风险担心和惰性	形成"多做不错、不做大错"的观念,设定供应商发展目标
供应商淘汰"藕断丝连"	建立公平、公正、公开、客观的淘汰标准

2.1.4 缺乏整体思考后的亡羊补牢

将供应商看作货源管理，确实能为企业带来一些短期效益，帮助企业在采购数量分配中，获得供应商竞争的价格好处，并通过高压严防确保供应的连续性。然而，作为一种短视、片面的管理方式，货源管理也使企业竞争缺乏整体思考，难以实现企业的长期效益。

在过去很多企业内部采购人员的甲方心态非常严重，认为对供应商就是"卡、打、欺、压"，且不遵守承诺，甚至认为这是甲方正常合理不过的标配。

笔者有一次在某企业做采购咨询项目时，见到一个供应商来拜访该企业，而该企业的采购人员明知手头工作不紧张，也要装出很忙的样子，将供应商"晾"在接待室2个多小时……这种对供应商不尊重的做法，怎么可能获得供应商高度配合呢？

更有一次，一个垄断供应商采购经理通过各种关系邀请到某企业做一次深度沟通，恰巧当供应商快到的时候，采购经理临时需要参加总经理的一个急会，于是安排采购主管先期接待一下，结果那位采购主管在供应商面前说话相当生硬且强势，结果供应商不到10分钟就借故离开了该企业……

这些现象看起来好像是采购人员的个人问题，其实是采购体系与供应链管理规划与实施落地做得欠缺所致，更是企业进行供应链策略的无效准备的惯性。

随着市场竞争的日趋激烈，更多企业开始发现采购环节的优化空间，着手开始供应商管理方面的"亡羊补牢"工作，以期寻找到控制采购供应链风险、探寻资源合作的新边界，提升采购收益的方法。

2.1.5 为什么说供应商是企业绩效竞争力的延展

随着经济的发展和企业竞争的加剧，企业间竞争的关键要素也在发生转变，供应链正在取代技术和管理，成为企业竞争力的核心。作为供应链管理的重要环节，供应商也成为企业绩效竞争力的延展，成为企业竞争的重要战略资源。

在新时代下，谁拥有最优质供应商，谁就能赢得竞争优势；在日新月异的经营环境下，企业的采购需求也在不断提升。日新月异的经营环境如图2-6所示。

然而，在笔者与众多企业家的沟通中，仍有许多人对此表示无法理解。

持续不断地获得高质量、低价格、及时交付的物料，是采购工作的核心目标。而要实现这一目标，就离不开优秀而忠诚的供应商。当今时代，无论我们如何选择供应商，其根本目的都在于实现资源和能力上的互补，从而提升企业竞争力。

所谓优秀的供应商，不仅能够满足企业的采购需求，也能够持续改善自身能力，以应对企业不断提升的物料需求。

所谓忠诚的供应商，则要与企业站在同一战线上，以稳固、双赢的合作关系，互相推动对方的发展与提升。

然而，现实情况却是：

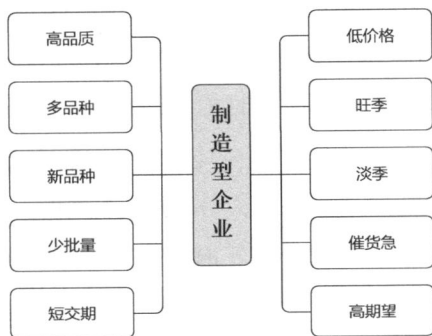

图2-6 日新月异的经营环境

优秀的供应商往往不够忠诚，忠诚的供应商又不够优秀。

于是，企业只能不断开发新供应商、更换旧供应商。

在供应商的频繁更换中，物料质量、价格和交期也处于经常性波动中，服务质量自然差强人意。

无论采购部门如何努力，仍然无法脱离困境，既难以与供应商建立稳固双赢的合作关系，也无法满足自身持续增长的采购需求。

无论是优秀还是忠诚，企业都需要绩效管理的推动。因此，在看待供应商时，企业千万不要采取轻视的态度，而应以整合的思维推动供应商的发展，以此实现双赢。只有在合适的绩效激励下，企业才能通过供应商对质量、服务、交付及成本的不断改进，来确立全面材料供应链的专业化管理，从而获得明显的竞争优势。

1. 将供应商看作企业的延伸

站在供应链角度来看，位于上游的供应商是企业采购活动的对象，也直接关系企业的采购成本和产品开发。企业的成功，既离不开自身的战略与执行，也离不开供应商的良好表现。因此，供应商与企业之间不仅应该建立同盟关系，企业更应将供应商看作是企业的延伸。

2. 合理的供应商绩效指标

供应商是企业的延伸，也是企业绩效竞争力的延展。只有在完善的绩效管理下，供应商才能与企业建立稳固的合作关系，并不断提升供应能力，从而推动供应链发展。

因此，在制定供应商绩效指标时，企业更应注重合理性，在激励供应商发展的同时，统一供应商与企业的战略目标。

在制定供应商绩效指标体系时，企业应将之与下游顾客的需求特性相结合，分别如图 2-7 和图 2-8 所示。

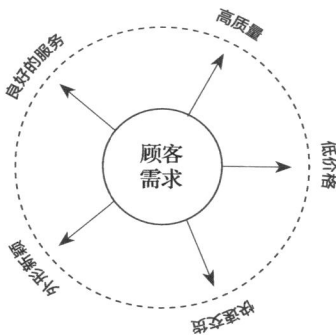

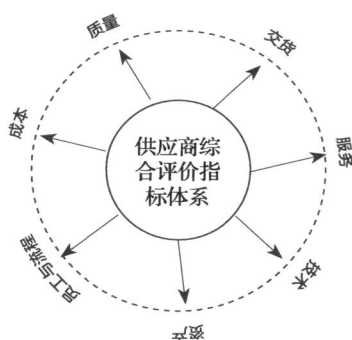

图 2-7 顾客最关心产品特性的指标　　图 2-8 供应商综合评价指标体系

根据顾客最关心的产品特性，即高质量、低价格、快速交货、良好的服务和外形新颖，企业的绩效管理也应以此为核心，而延展到供应商环节，则可归纳为七点：成本、质量、交货、服务、技术、资产、员工与流程。

2.1.6 供应商管理——选择大于管理

"男怕入错行，女怕嫁错郎"，做采购最怕选错供应商。

我经常将供应商管理比喻为婚姻管理，而在婚姻管理中有这样一句话："嫁得好，天天过情人节；嫁得不好，天天过劳动节。"供应商管理也同样如此，一旦选择供应商出错，对企业而言无异于一场灾难，尤其是当供应商转换成本较高时更是如此。因此，在讨论如何有效进行供应商管理之前，企业首先要学会如何选择合适的供应商。

供应商管理是采购战略的核心内容。在对供应商的有效管理中，企业应与供应商建立资源、能力的互补关系，达成战略实现与协同，从而推动供需双方共同进步、实现双赢。

企业采购战略需要与供应商相匹配，这是战略落地的关键部分。很多企业与供应商签订的合同并非单次采购合同，而是根据生产计划制定的中、长期合作合同。此时，如果在合作之后，企业才发现供应商并不符合自身需求，例如生产能力、供应能力或合作态度差等，供应目标难免会遭遇艰难。与此同时，如果企业在生产计划当中，突然更换供应商也会对生产计划的有序推进产生不利影响。

在实际调研中，且不谈供应商选择是否与企业采购战略相匹配，很多企业的供应商开发程序甚至都存在漏洞。此时，供应商选择的结果也就不言而喻了。

下面是某企业的供应商开发程序规定，如图 2-9 所示。

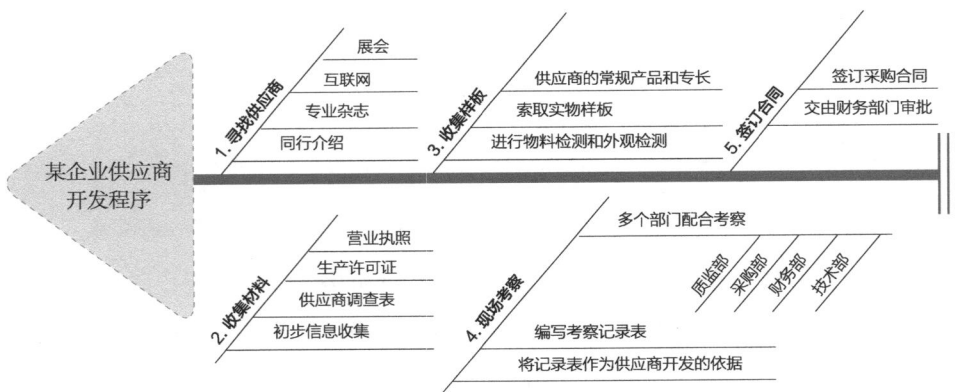

图 2-9 某企业供应商开发程序

上图所述供应商开发流程看似完整，但仔细看来却存在诸多漏洞。

1. 供应商筛选标准要明确

面对数量众多的供应商，企业想要提高供应商开发效率，就必须事先制定明确的供应商筛选标准，包括初选标准和详细标准等。只有如此，采购人员才能在搜索潜在供应商时，据此快速定位目标供应商。

2. 供应商评审标准要量化

在对潜在供应商资质进行评审时，企业需要制定完整的量化标准，以确保供应商的可靠性，从而确保后期合作的有序展开。

例如在样板测试中，企业需要对各测试要素进行量化，如质量、外观、颜色等；当样板通过测试时，企业也可提出个性化要求，要求供应商重新打样，以验证供应商的生产能力。

3. 供应商管理要分级进行

对于不同的供应商，其承担的供应责任也有所不同，相应的评估标准和绩效管理自然也存在区别。因此，在供应商开发中，企业要建立供应商分级管理机制，并将供应商纳入企业的供应商库，制定合适的绩效管理方案。

2.1.7 基于采购战略的供应商开发策略

在谈论国内企业供应商管理的重点错位时，我们很清楚供应商管理应以企业竞争战略为基础。因此，在制定供应商开发策略时，企业也应将之与采购战略相匹配，实现企业各部门间的协同发展。

根据"采购战略金字塔"，结合企业战略四大方向，企业应制定相应的采购战略，如图 2-10 所示。

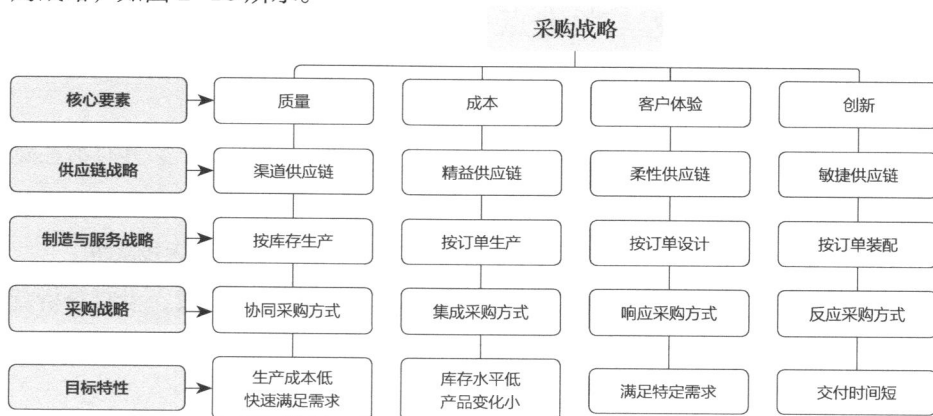

采购战略				
核心要素	质量	成本	客户体验	创新
供应链战略	渠道供应链	精益供应链	柔性供应链	敏捷供应链
制造与服务战略	按库存生产	按订单生产	按订单设计	按订单装配
采购战略	协同采购方式	集成采购方式	响应采购方式	反应采购方式
目标特性	生产成本低 快速满足需求	库存水平低 产品变化小	满足特定需求	交付时间短

图 2-10 企业采购战略制定

不同的驱动战略核心，导向不同的采购战略；而在不同的采购战略下，企业对于供应商的需求也有所差异，这又会导出不同的供应商开发策略。需要明确的是，采购战略并非单独发生作用，而是根据核心要素，以"组合拳"的方式推动企业战略的达成。

例如很多企业将成本驱动作为企业战略的核心要素，因而采取集成采购方式，按照订单向供应商大批量采购，从而获得更多的价格优惠；但在成本控制的要求下，供应商管理同样要更加关注库存水平的控制，按照生产计划实现准时制（JIT，Just In Time）供应，在降低采购成本的同时，削减库存成本。

以客户体验为核心的响应采购方式，也同样如此。在响应采购战略下，供应商管理则以定制化生产为核心，供应商必须有能力满足企业提出的各种产品需求。与此同时，在企业快速满足客户体验的需求下，供应商管理的反应效率也不能忽视。但如果此时，企业选择了产品变化小的精益供应链，那企业的战略需求自然难以得到满足。

无论采用何种采购战略，企业的供应商开发策略都必须以此为基础。否则，如果企业选择的供应商资质不符合企业战略需求，供应商管理也将陷入僵局。届时，企业可能需要付出高昂的供应商转换成本，进而丧失了建立竞争优势的时机。

2.2 供应商开发流程与关键点——如何筛选评估供应商

供应商是企业的延伸，也是企业绩效竞争力的延展。

在市场竞争中，供应商的影响作用越发凸显，因此，选择一家具有潜在竞争力的供应商，也成为推动企业发展的核心问题。如果供应商选择失误，企业也将面对各种困境，诸如生产计划中断、库存成本增加、物料缺货残次等。

如何选择正确的供应商？正所谓，"没有调查就没有发言权，没有分析就没有裁定权"，企业必须掌握供应商开发流程及其关键点，通过调查分析筛选出合适的供应商。

2.2.1 企业供应链竞争模型分析：渠道 / 敏捷 / 精益 / 柔性

供应商管理必须被纳入供应链管理当中，才能形成整体思考和全局思维。因此，在开发供应商之前，企业首先要对供应商竞争模型进行分析。

根据定义，供应链是指围绕核心企业，从配套零件开始，制成中间产品以及最终产品，最后由销售网络把产品送到消费者手中的将供应商、制造商、分销商直到最终用户连成一个整体的功能网链结构。

在成功的供应链管理中，供应链的所有活动都能够得到协调与整合，从而实现无缝连接的一体化运转。

供应商开发虽然只是采购的一环，但却必须对企业供应链竞争模型进行分析。

在对供应链竞争模型的分析中，我们已经提到，精益、渠道、柔性和敏捷是供应链战略的四大类别，如图2-11所示。通过识别，其主要包含六大指标，只是不同供应链在各指标的权重有所差异。

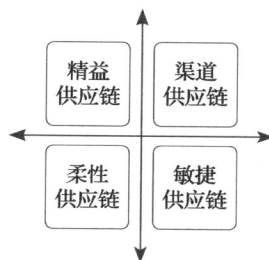

图 2-11 供应链战略选择

（1）成本：指供应链中变换为单位产品的费用。

（2）库存水平：包括原材料库存、生产过程中的中间产品库存和最终产品库存。

（3）质量：指设计、出售、生产、交付产品的质量，以及售后服务和信息传递的优良程度。

（4）速度：指原材料、零部件、最终产品，以及信息流经过供应链的快慢程度。

（5）柔性：指响应市场需求变化的能力，主要包括设计柔性和生产柔性。

（6）服务：指规定交货期内的产品交付率，对于未及时交付情况的处理方式，以及售后服务态度等用户服务的质量。

六大指标驱动不同的供应链，在不同的供应链考评中可有差异化。企业也可以以此为目标，不断提升供应链竞争力，推动企业、供应商乃至经销商、最终用户的共赢。

2.2.2 企业竞争战略需求识别——我是谁

在分析供应商资质之前，企业首先要明确需要怎样的供应商。这就需要先对自身竞争战略需求进行识别，也即"我是谁"的准确回答，如图 2-12 所示。企业只有基于自身独特的竞争战略，才能真正确定对于物料采购乃至供应商的需求。

图 2-12 企业对自身竞争战略需求进行识别过程

这一点，云南白药作为国内知名的龙头企业，在自我定位与供应链驱动定位，立足于自身需求识别并发展供应商等方面有不少作为。

云南白药牙膏自 2004 年上市以来，经过 14 年的飞速发展，取得了傲人的市场业绩，成为中国牙膏市场的第一民族品牌。由于云南白药牙膏在市场上备受欢迎，市场上相继出现了假冒伪劣产品，且近几年来，该现象尤为频繁。为了实现防伪和降成本两大目标，采购中心通过供应链上、下游的沟通，并深入市场调研，分步制定了包装盒的优化策略。通过牙膏盒印刷纸张更换、取消独立说明书、防伪纸取代普通纸等优化手段，实现了防伪、降低成本、供应商成品率提高等目标。

蓝芯防伪纸自 2010 年启用以来，与全息激光标共同起到了较好的牙膏纸盒防伪效果。由于专利到期和造纸技术的不断发展，在 2016 年出现了仿冒的蓝芯纸假货，严重损害了消费者利益，也给公司的打假工作造成了巨大的困扰。全息激光标取消，蓝芯纸防伪失效，品牌形象和市场共同对采购提出了寻找新一代防伪产品的迫切需求。

对此，采购中心与上游纸厂和中间纸加工供应商一起开展了专项工作，防伪只有高技术门槛、高经济门槛才能保证一定时间周期的防伪效果。所以项目组将着眼点放在纸厂造纸环节上，经过大量的技术筛选和测试，最终选定了具有专利保护和特殊技术含量的芯层喷字防伪纸，成功解决了纸盒用纸的防伪问题，并且取得了芯层喷字防伪纸在国内牙膏行业的独家使用及保护权，在满足防伪要求的同时保证了产品的独特性。

企业竞争战略并非一成不变。因此，随着市场变化，企业竞争战略会随之调整与优化，采购管理也需通过企业竞争战略需求识别，改变采购战略，从而推动企业竞争战略的落地，进而有效提升企业竞争力。

对此，企业可根据物料对生产的影响，通过对采购物料的需求分析，选择合适的采购策略。只有基于这样的采购策略制定模式，企业才能在"以我为先、供需匹配"的采购战略中，评估出真正具有潜在竞争力的供应商。

企业只有知道"我是谁"，才能更加清晰地认识到"谁更适合你"。在供应商开发中，很多企业都希望通过强强联合，在相互提升中实现共赢。这是正确的思维，但如果缺乏清晰的自我认知，企业也就难以找到"门当户对"的供应商。

2.2.3 供应商市场竞争分析

"知己知彼，百战百胜。"

基于采购战略与供应商开发，不能忽视其所处的市场环境，否则，企业在供应商开发中就难以做到理性、客观。因此，供应商评估的第一步就在于供应商市场竞争分析，其分析内容包括供应商所处行业、供应商企业以及供应价格、供应风险等多项内容。

为了降低采购战略风险，采购需要多维度从高到低，从宏观到微观，全面扫描并分析供应市场可能出现的风险。

1.PEST 分析

PEST 分析是指宏观环境的分析，P 是政治（ Politics ），E 是经济（ Economy ），S 是社会（ Society ），T 是技术（ Technology ），如图 2-13 所示。在分析一个行业、产业或企业所处的背景的时候，企业通常是通过这四个因素来进行分析的，并在采购战略分解时将其作为一个行业判断的标准。

2018 年，在"青山绿水就是金山银山"的国家环保政策下，很多高污染、高能耗的行业遭遇政策维度的调整，如包材行业的停业整顿给大量企业的正常采购供应带来了巨大的挑战等。

2. 波特五力模型分析

波特五力模型属于中观分析，是迈克尔·波特（Michael Porter）于 20 世纪 80 年代初提出的。他认为行业中存在着决定竞争规模和程度的五种力量，这五种力量综合起来，影响着产业的吸引力以及现有企业的竞争战略决策。这五种力量分别为同行业内现有竞争者的竞争能力、潜在竞争者进入的能力、替代品的替代能力、供应商的讨价还价能力以及购买者的讨价还价能力。

波特五力模型分析的内容很多，笔者就不一一赘述了。波特五力模型的意义在于，五种竞争力量的抗争中蕴含着企业战略与中观竞争环境的互动关系。

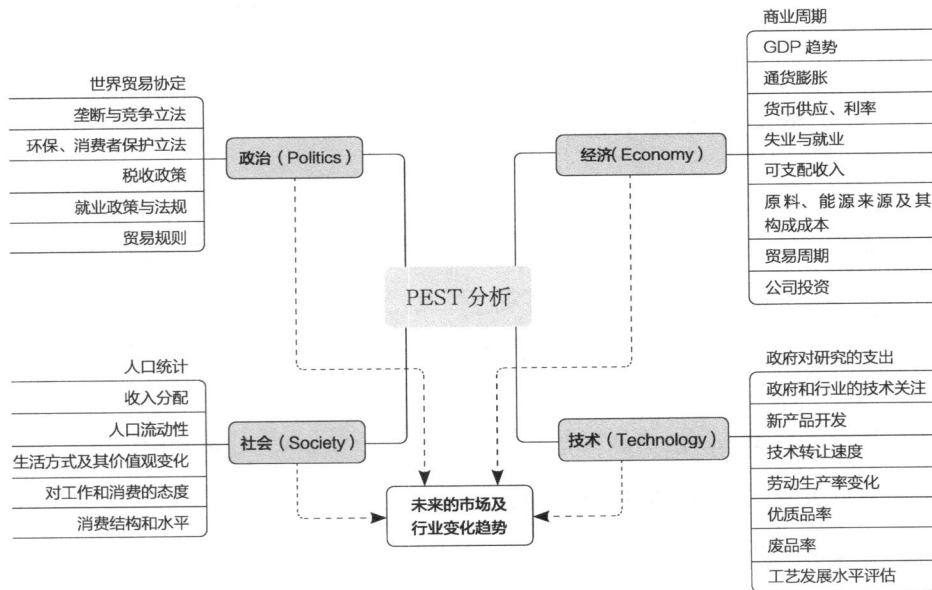

图 2-13 PEST 分析

同时，采购人员通过分析供应商的五力模型，能探寻更好的合作路径，不但能突破偶发僵局，还能开拓更多的合作领域。

3. 微观综合分析

经典营销学把市场竞争分为四种：垄断市场、垄断性市场（寡头市场）、完全竞争市场与非完全竞争市场。采购人员可以依据企业不同的驱动战略与竞争市场制定差异化的供应商开发与发展策略。

供应商市场竞争分析的内容十分丰富。从分析周期来看，这项活动既可能是周期性的，也可能是以项目为基础的；从分析内容来看，其既可能是关于供应商行业趋势及发展的定性分析，也可能是关于各种渠道获得的大量数据的定量分析；从分析目标来看，供应商市场竞争分析既可以是营销战略分析，也可以是营销策略分析。

目前，IBM、本田和飞利浦电子等公司相继引入"公司商品团队"的概念，其职责就是在全球范围内的战略采购，采购对象包括各种战略部件和材料，并为此寻找第一流的供应商。

起初，该职责都由公司专业分析人员承担。但由于与供应商市场相距较远，分析结果通常也停留于理论层面，无法对供应商市场和供应商产生深入认识。因此，在后续发展中，各大公司逐渐将该职责下放至采购团队，由一线采购人员负责供应商市场的相关研究活动。

针对不同的企业以及不同的需求，供应商市场竞争分析的形式也存在较大差异。因此，关于供应商市场竞争分析，并不存在一种通用的标准方法。但一般而言，我认为其分析重点呈现在两个方面。

1. 全面的供应市场研究

先通过宏观的 PEST 分析，再通过波特五力模型分析给供应商一段时间内做一个定位。然后从市场环境角度观察供应商所处的市场有何特性，基于这些特性，企业又该采取怎样的策略等。由于各行各业的市场环境各不相同，每个地域的行业特性也存在差异，具体的供应商市场竞争分析首先要对相应的供应市场进行研究。供应市场研究的主要内容如图 2-14 所示。

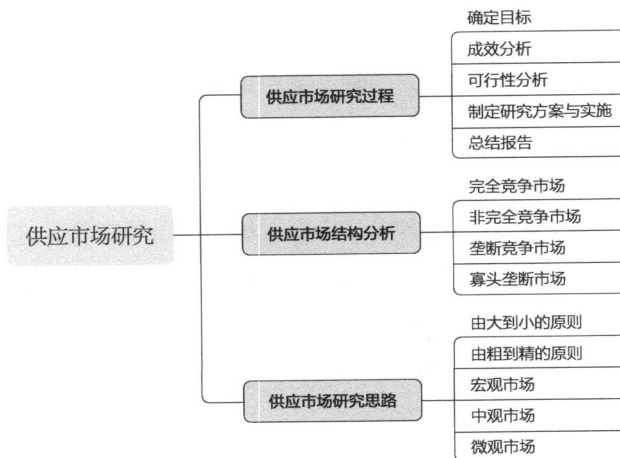

图 2-14 供应市场研究的主要内容

2. 完善的供应市场风险分析

随着供应风险的降低，企业采购成本也能有效降低。因此，在供应商市场竞争分析中，企业需要进行完善的供应市场风险分析，此部分工作也应当前置到新供应商评估之前。

供应风险分析可划分为四个阶段：准备阶段、分析评价阶段、行动改进阶段和总结提高阶段。

在完善的供应商市场竞争分析下，企业能够对供应商产生更加客观的认知，也能理性决定供应商管理的策略。尤其是在垄断竞争市场或寡头垄断市场中，当市场被少数几家供应商所垄断时，企业就要摒弃采购方惯有的"高高在上"的姿态了。

2.2.4 完整的供应商开发流程

良好的开始，是成功的一半！供应商管理亦如此。

如何保证供应商管理成功，让供应商管理活动得到有效地展开并可控风险，建立一个完整的供应商开发、评估、筛选与管理的框架性流程显得非常重要。

经过多年的调查与研究，OTEP 模型构建了一套完整的供应商管理框架流程，如图 2-15 所示。

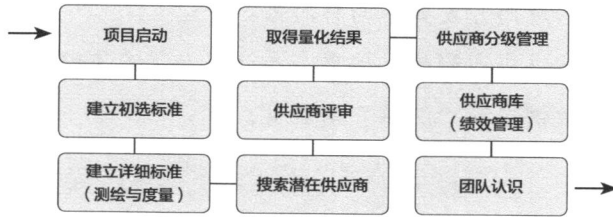

图 2-15 完整的供应商管理流程

从框架流程可以看出，"项目启动—建立初选标准—建立详细标准（测绘与度量）—搜索潜在供应商—供应商评审—取得量化结果"这部分为供应商开发与评估，"供应商分级管理—供应商库（绩效管理）—团队认识"这部分为供应商合作绩效管理。

在建立标准的过程中，OTEP 模型将标准建设分为两个步骤完成，先"建立初选标准"，然后"建立详细标准（测绘与度量）"，原因有二。

（1）先粗后精，广中选粗，粗中选精，有利于提高效率。

（2）通过初选，便于发现不妥，给后续修改调整留有余地。

值得注意的是，供应商 OTEP 的开发流程与现在很多企业实际的开发流程有差别，分别如图 2-16 和图 2-17 所示。

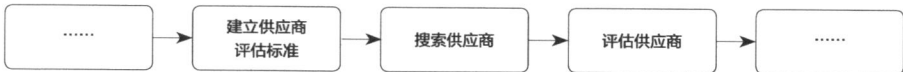

图 2-16 供应商 OTEP 的开发流程

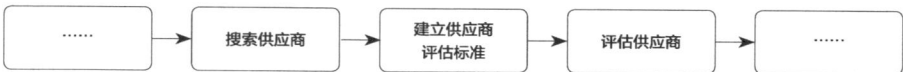

图 2-17 某企业实际的开发流程

两者的差别在于是先"搜索供应商"还是先"建立供应商评估标准"。OTEP 模型建议先"建立供应商评估标准"，这样做有以下几个好处。

（1）明确开发目标，对接采购战略。

（2）提高供应商开发效率与针对性。

（3）防止被供应商影响，偏离品类开发与供应策略。

（4）防止被供应商"洗脑"与教育。

2.2.4.1 项目启动

基于企业采购战略与品类供应要求，企业应结合市场供应状况成立供应商开发小组。该小组通常由采购、研发、生产、财务、品质等部门组成。当然依据开发的要求有时其至也会邀请客户参与供应商开发工作。部分企业还会成立一个供应商开发小组，其主要工作如下：

（1）识别企业采购战略需求。

（2）建立品类供应商开发策略。

（3）研究供应商市场状况。

（4）完善供应商评估标准。

（5）实施评估，现场调查、取样与确认。

（6）汇总统计。

（7）提交评估报告。

2.2.4.2 供应商开发评估标准建设

开发评估标准建设是供应商管理的核心要件。合格的供应商首先要在各方面满足企业需求，而这就离不开一套完善的供应商开发标准，其是采购战略、品类分析、供应市场分析的综合结果的体现。

总体来说，与供应链竞争模型价值渠道分析类似，供应商开发的基本准则是"Q、C、D、S"原则，也就是质量、成本、交付与服务差异化驱动原则。

特别强调的是，笔者经常遭遇不少采购经理索要其他企业供应商开发评估标准，以进行参考的事情，我通常会拒绝其要求。

不同企业之间的评估标准可以借用吗？答案是否定的。

如果直接把 TOYOTA 的精益采购驱动的评估标准，或者把 DELL 的敏捷采购驱动的评估标准拿到自己的企业应用，后果将难以想象。春秋战国的"东施效颦"就是说的这个道理：简单套用和模仿别人，不但效果不好，反而容易有负影响。

任何一家企业都有自己的企业竞争战略与市场战略，所有的职能战略必须以此为基础，而不是仅靠想法。如图2-18所示，企业需求的标准并不等同于脑子的想法。所以，企业自身的采购战略必须基于企业差异化竞争的需要，这也是战略管理要求战略的一致性与传承性。即战略的分解符合最终竞争目标要求而非一时的想法。

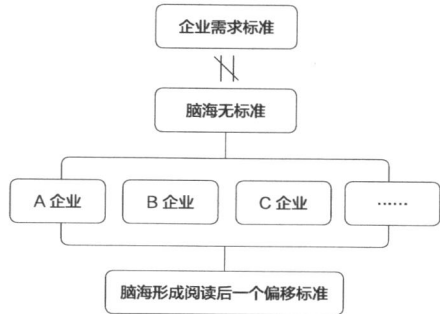

图 2-18 企业需求标准并不等同于脑子的想法

采购评估标准必须基于企业自身的逻辑关系，对症下药，企业才能获得最佳匹配的供应商资源。

简单的模仿只能让企业失去标准，而影响企业竞争战略。很多时候，哪怕只是简单的外表性模仿，也可能会出现执行过程中的误解。

因此，在项目启动之后，企业首先要建立一套匹配企业需求的供应商开发标准。

根据企业战略需求的不同，这套标准的细节需要每个企业详细讨论，例如供应商战略、质量计划、生产能力、客户满意度、设备规模、经营面积，以及是否有运输车队等要素，如表2-2所示。

表 2-2 匹配企业需求的供应商开发标准

战略类别	协同采购战略	集成采购战略	响应采购战略	反应采购战略
关注驱动点	质量 > 价格 > 客户体验 > 个性创新	价格 > 质量 > 个性创新 > 客户体验	客户体验 > 质量 > 个性创新 > 价格	个性创新 > 价格 > 质量 > 客户体验
共性关注	领导作用、质量计划、组织能力、人力资源、环保政策、能力管理、决策文化、品质战略、客户满意度、硬件基础等			

战略类别	协同采购战略	集成采购战略	响应采购战略	反应采购战略
差异化 关注维度	一体化工厂计划 与排程 高周转低库存 原材料和制造流 程标准化 面向制造设计与 采购	品质系统方案 在产品和批量上可 追溯 已售产品全生命周 期管理 人员、设备、流程、 环境等资源保障	客户订单可视化 客户协同计划 客户参与设计 客户化反馈 互动界面与接口 柔性化优化	面向供应商设计 供应商协同创新与 计划 模块化应用 单元制方案 产品集成能力 新产品导入 (NPI) 计划

注：驱动点将质量排在后面不是质量不重要，而是质量弱化为基础要素。

具体指标可以依据企业行业特点、公司策略、产品特点综合评估设计。再重复强调一点，千万不可复制其他企业的评估表格，因为这样非但不专业，还浪费企业评估资源。

供应商开发标准建设的总原则，是全面、具体、客观。企业建立和使用的供应商开发标准，必须能够对供应商做出全面、具体、客观的评价。

而在这个总原则之下，企业还需关注以下四大原则。

1. 简明科学性原则

在无法拿到充足供应商数据的前提下，供应商开发标准需要以简明科学性为原则，通过简单的供应商评价和选择，找到合适的供应商目标。

2. 灵活可操作性原则

由于缺乏足够的数据，供应商所处的环境也各不相同。因此，供应商开发标准也要保持一定的灵活操作性，以免在实际操作中难以变通。

3. 稳定可比性原则

一旦供应商开发标准得到确定，就要按此标准对供应商进行评比，减少主观因素的作用。

4. 学习更新原则

随着企业采购需求的变化和评估技术的更新，供应商开发标准也应随之更新。

需要明确的是，在供应商初选过程中，企业难以拿到充足、具体的供应商数据，因此，初选标准通常较为简单。但在制定供应商开发标准的同时，企业也要在初选标准的基础上，不断完善数据，从而建立起一套详细标准，以便于后期的供应商评估。

2.2.4.3 供应商搜索潜渠道

在战略层面上，企业已完成了供应商市场竞争分析和企业竞争战略需求识别；在战术层面上，企业已完成了供应商开发标准建设。此时，企业则可以开始着手搜索潜在供应商了。

供应商搜索环节的关键问题就在于搜索渠道的拓展。如果供应商搜索渠道狭窄，可供企业选择的供应商自然有限。在这种情况下，想要找到最具竞争力的供应商也十分困难。

针对这一难点，我为企业总结了22种供应商搜索潜渠道，企业可根据自身情况进行选择。

1. 国内外采购指南

这种带有专业特性的采购传统媒体到今天还是很流行的，尤其是对于某些专项领域，如钟表行业、纺织行业、石油行业等，都有其领域内的采购指南刊物和杂志。

2. 国内外产品发布会

这种发布会经常开展，尤其是对于市场叫板能力强、影响力大的企业，其经常将此作为市场推广方式。例如，苹果公司每发布一款产品都会做这样的发布会，此外也有很多公司在展销会上做新品发布等。

3. 国内外新闻传播媒体（报纸、杂志、广播电台、电视等）

这种带有传统色彩的媒体，在如今仍占有较大份额，尤其是在专业领域或垂直细分领域，传统媒体提供的供应商信息也非常丰富。

4. 互联网

互联网是最经济、最快捷，也是目前运用最广的途径。无论是搜索引擎、各类专业企业与企业交易（B2B）网站、网络展销会，还是新媒体等，都可用于供应商开发。

事实上，互联网正在改变传统供应商的开发模式，乃至合作模式。但互联网的虚拟性以及互联网公司的逐利性，也让互联网渠道存在虚假信息等风险。因此，采购人员需要通过其他手段做补充和认证。

5. 电话簿

从业多年的老采购人员对此大多十分熟悉。这曾是一种使用十分广泛的供应商开发渠道，如114台和电信黄页等。时至今日，电话簿同样能够帮助企业找到许多供应商信息。

6. 国内外产品展览会

展会是国际采购职业人开发供应商的标准模式。一般而言，传统企业的采购人员，每年可能有3个月都在参加各类相关展会。

7. 政府组织的各类商品订货会

由当地政府组织的，或者带有政府特色的产品订货会，一般具有国家特性或区域特性，甚至带有文化特性，如宁夏的"中国—阿拉伯国家博览会"等。企业可根据自身情况参加，以寻找合适的供应商。

8. 国内外行业协会

行业协会掌握了大量同类企业会员的名录，对会员企业的经营状况、产品、口碑的了解较为全面，因此，企业可以借此选择更加优质的供应商。

9. 国内外各种厂商联谊会和同业工会

这种联谊会类似商会特性，也聚集了以行业或者地区为代表的优秀供应商，企业可保持参与和沟通。

10. 政府相关的统计报告和刊物

在政府相关的统计报告和刊物中，可以挖掘出当期企业的优秀或典型代表，这些供应商通常具有较好的资质和较强的合作性。

11. 专业第三方机构

第三方采购或第三方信息平台（如小蜜蜂采购在线等），作为专业的采购团队或者数据信息共享方，有大量的供应商资源可供企业选择。根据企业的个性化采购需求，第三方机构也能做出合适的推荐。

12. 厂商介绍

每天有大量主动上门推荐的销售人员，这也是采购开发供应的渠道之一。

13. 内部员工

内部员工介绍在国内使用较为普遍。但由于涉及内部员工，企业在此时一定要坚持公平、公正、公开的方式进行选择，避免因为内部关系出现标准倾斜，或被其他供应商诟病。

14. 竞争对手供应商

从竞争对手那里看看其供应商资源同样是一种方法。尤其是对于市场竞争力较强的竞争对手，企业可以通过与其供应商合作，以提升自身竞争力。

15. 招标采购

通过招标公告的方式发布采购需求，通过法定的招标程序进行评选，选择自己合适的供应商。

16. 竞赛

采购方通过竞赛的方式，选择自己中意的合作者，如法拉利车型设计大赛等。以举办竞赛的方式，吸引供应商参与，并在这一过程中选出最佳的供应商，与其达成合作关系。

17. 关系网

基于资源的集聚性，企业主或采购人员可从自身关系网着手，寻找相关供应商。

18. 市场宣传

通过市场宣传的方式，企业可将自身的采购需求进行公示，以吸引潜在的供应商。

19. 供应商介绍

向合作供应商发送正式信息索取函，可让其帮助推荐合适的供应商。

20. 在线商品交易所

某些物料采购市场已形成成熟的在线商品交易所，企业可登录这些平台，寻找供应商。

21. 客户供应商

借助客户的供应商渠道，采购方也可"顺藤摸瓜"，找到潜在供应商。

22. 定制

如产品特殊，客户需求量大，难以找到专门的供应商，采购方也可以通过有能力的供应商定制。

在供应商开发过程中，企业并非必须用尽每一种方法，选择哪种方式根据自身对信息源的获取难易程度来决定。

当然，随着信息技术与大数据的出现，供应商开发将有更多的选择渠道。届时，也将进一步考验采购供应链整合者的智慧。

2.2.4.4 评估供应商

供应商搜索的过程，也是企业初筛的过程，而评估标准正是企业建立的供应商开发标准。为了确保后期筛选过程的简便，在供应商评估过程中，企业也要视情况启用详细标准，对供应商进行深度评估。

关于详细标准的建立，企业可以通过对初选标准的完善、细化进行。在这一过程中，企业要继续遵守全面、具体、客观的原则，对各评估要素进行筛选和细化。

1. 制定评估计划，明确相关的潜在评估要素

评估需要制定详细的评估计划，包括时间、地点、参与人员、交通、食宿安排、会议要求以及准备的文案资料等。

评估应依据计划开展，从评估的大项来分，供应商评估分为五个方面：

（1）战略计划、客户满意度计划、管理团队评估。

（2）管理运营体系，包括质量管理体系的文件评估。

（3）现场评估，包括规模、能力、质量、技术等。

（4）产品评估，包括样品确认、批量确认和订单确认。

（5）基于企业自身关注的其他内容。

当然，每一个指标都可以细化，下面是一些企业参考的指标，如图 2-19 所示。

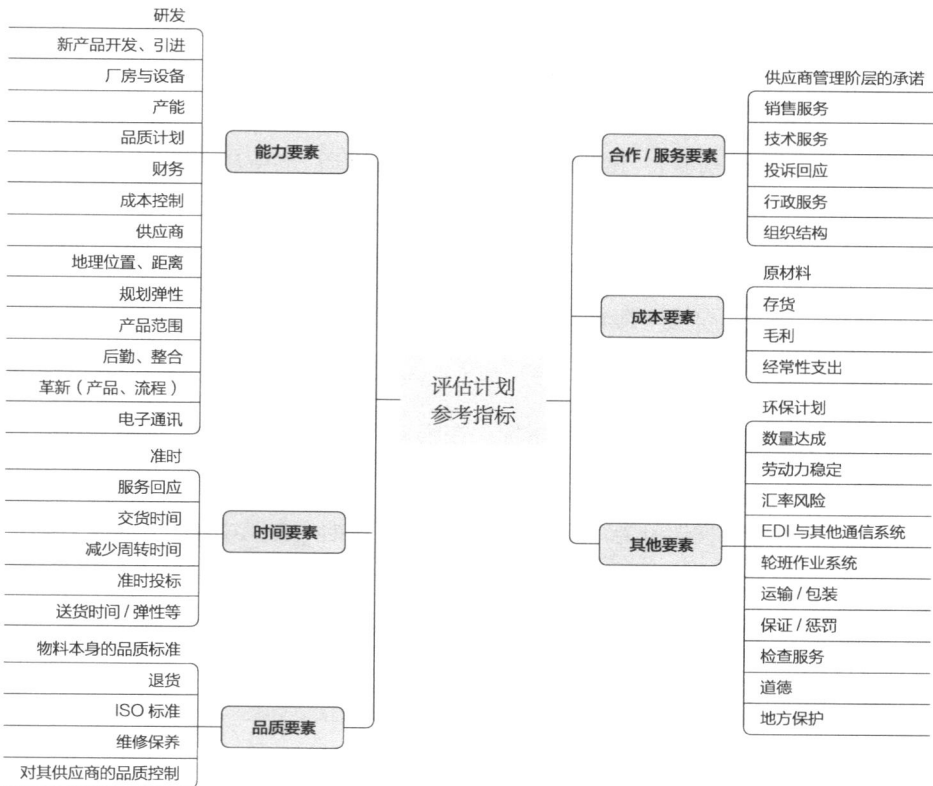

图 2-19 评估计划细分参考指标

2. 远程问卷法

远程问卷法即供应商提供应商资质，通过问卷调查的方式来对其进行评估的方法。这种方法通常适合于服务业的评估。

在评估过程中，现场评估人员必须与供应商明确本次评估的目的和范围等，客观、公正地开展工作，对不明白的情况与问题尽量详细了解，尤其是现场评估时，更应该做到以下方面。

（1）态度端正，语言平和。

（2）严谨客观，尊重事实。

（3）就事论事，证据说话。

（4）聚焦目的，汇总报告。

根据既定的评估标准，评估小组可以在与供应商的沟通中，获取所需的相关资料，并进场实地调查、尝试生产样板，从而对供应商资质产生全面、具体、客观的评价。

需要特别注意的是，在评估供应商的过程中，对有争议的项目需经过小组的讨论后，与供应商统一沟通反馈。

2.2.4.5 量化筛选

供应商开发切忌评估无量化指标。在很多企业对供应商的评估报告中，都能看到"尚可""优良""不错"等这样的主观评价。但当甲供应商被评价为"尚可"，而乙供应商被评价为"不错"时，企业又该如何在其中做出选择呢？

因此，根据供应商开发标准，企业必须以取得量化结果为目标，按照各评估要素进行量化打分，并根据各评估要素所占权重，对每家供应商进行综合打分，从而实现量化筛选。参考量化表如表2-3所示。

表 2-3 参考量化表

某企业对供应商评估量化表（简）						
评估要素		最大权重	供应商			
			A	B	C	D
1	公司战略	20	18	15	17	13
2	领导与人力资源	30	28	25	25	26
2.1	领导团队	10	8	10	5	10
2.2	人力资源	20	20	15	20	16
3	生产设备	10	8	9	10	10
4	品质管理	10	7	5	8	9
4.1	品控体系	2	2	1	2	2
4.2	管理流程	3	2	2	2	2
4.3	执行环境	5	3	2	4	5
5	价格	20	19	15	17	19
6	研发能力	5	5	5	5	5
7	企业财务状况	5	5	5	5	5
总计		100	90	79	87	87

　　需要注意的是，由于企业的供应商并非唯一，量化筛选的过程并非"分高者得"，而要结合每个细项以及企业需求，做出分类和取舍，即只有量化，才能对其进行有效的层级管理。

　　例如，有五家供应商，其综合评分和评级各不相同，每家供应商也都具有自身优势，这些都需要标注，以便于后期管理，如表 2-4 所示。

表 2-4 不同供应商评分对比与优势标注

供应商	评级	评分	备注
甲	A 级	90~100 分	生产成本低
乙	B 级	80~90 分	交付时间短
丙	C 级	70~80 分	满足特定要求
丁	D 级	60~70 分	
戊	不合格	60 分以下	

表 2-4 只是一张供应商量化筛选的简表，在实际操作中，企业应按照各评估要素，对每家供应商做出详细评估，寻找到企业最佳的供应商资源。

2.2.4.6 分类供应商

对供应商进行相应量化评估后，对距离企业目标太远的供应商直接告知其不合格，并将评估报告和结果反馈给供应商。这一点很重要，不少采购企业评估完了之后对不合格供应商不主动提供反馈，待供应商来电询问后才被告知：没有接到电话就是不符合企业要求。这是一种不太专业、也不尊重供应商的做法。

对于潜在合格的供应商引入分类管理，不同的企业对供应商分类方法不同，有 ABCD 分类法，也有卓越、优秀、一般、潜在供应商方法等。不管哪种方法，都是基于后续管理需要，最终能在管理上做出差异化的管理优化工作。

在不同的供应商里面，有几种供应商需要特别强调一下：

1. 试用供应商

对于潜在的合作供应商，哪怕其各方面都不错，也不要立刻让其成为企业的合格供应商。尚处于此阶段的供应商，并不适宜进行简单评分和 ABCD 分类，我们可以把它称为"试用供应商"。就如同企业招聘员工有试用期一样。

这个阶段的供应商企业应让其有效整改，定期再对其进行审核。

2. 转轨供应商

对于已经进入企业合作体系的供应商，企业应当根据实际的合作情况，定期对供应商进行跟踪考评。通常来说，应当保持每周、每月、每季度的考评频次，如果发现存在明显的问题，应当及时对其进行降级，并降低与其的合作比例。

3. 示众供应商

对于出现多次降级处理的供应商，如果其始终不能满足企业需求，企业应当及时进行"示众处理"，暂停与其合作。所谓"示众"，就是将相关信息让所有供应商看到，对其他供应商产生威慑力，起到一定的警示作用。

需要注意的是，"示众处理"在高调的同时应当保持低调，相关信息尽可能避免对外传播，仅在供应商内部，例如供应商管理系统内部、供应商微信群等说明。不加限制地传播，很容易与供应商产生摩擦，引起不必要的误会，同时也会引发市场的猜疑，这样并不利于品牌建设。

2.2.4.7 供应池建设

供应商开发中有一个原则——半数比例原则。在该原则下，为了控制供应风险，企业在某供应商的采购数量，应不超过该供应商产能的50%；与之相对的，除特殊情况外，企业也不能将所有采购任务都交付给一家供应商。否则，当供应商出现问题时，就会对相关企业直接造成影响，甚至会影响整个供应链的正常运行。

因此，在对供应商进行量化评估并进行分类之后，企业需要将其纳入到供应池当中。在这个供应池里，每个采购项目都对应着不同层级的多个供应商。如此一来，供应风险也能得到分摊，确保采购安全。

在日常管理中，企业应对供应池进行 ABCD 分类，并制定差异化关系管理与采购策略。例如企业可能对 A 类供应商有订单倾斜和付款倾斜，从而与 A 类供应商建立牢固的合作关系。但与此同时，差异化管理企业也不能忽视对其他供应商的维护。因为，对供应池的维护，不仅有助于企业与供应商的扩大合作空间，也有利于增加企业的采购利益。

2.2.4.8 供应商绩效管理

供应商绩效管理是落实采购战略与策略的关键步骤，也是很多企业一直想做但却一直做不好的步骤。

在实际的工作中，经常遇到企业的采购负责人向笔者索要其他公司的供应商绩效用以"参考"，但都被"无情"拒绝了，其实拒绝是对企业最大的保护。

在日常的供应商绩效管理中，想要做好供应商的绩效管理，就必须从采购战略分解，结合品类与行业特点，把握并制定一些关键指标。通过这些指标，支撑企业采购竞争优势。故如何设置指标与权重是绩效管理的核心与主要矛盾，解决好它们，绩效管理就会顺风顺水。通常供应商管理绩效指标包括以下四个指标，如图2-20所示。

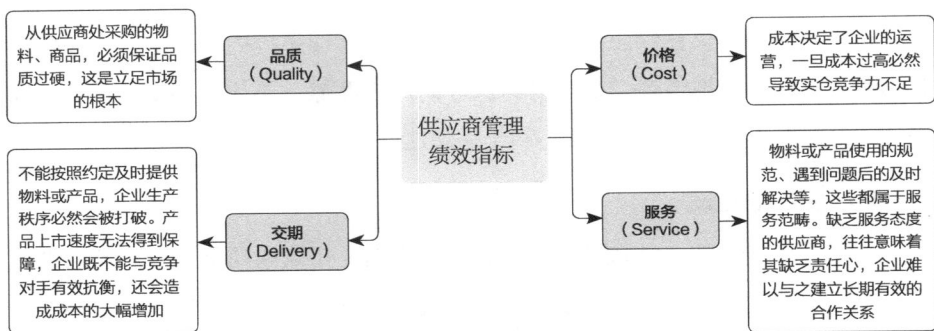

图2-20 供应商绩效管理核心指标

将这些关键指标进一步分解，引入绩效量化方案，供应商的绩效管理将会更加细化，更有利于企业对于供应商的管理。关于供应商绩效的具体内容，请参见第三章内容。

2.2.4.9 辅导发展与优胜劣汰

绩效管理之所以能发挥作用，不只是因为绩效达标后的奖励，还是因为绩效落后时的惩罚。

供应商改善，涉及的环节有很多，单纯某一个环节改善，很难取得整体的改善。所以，作为企业，其同样应当加入供应商绩效管理之中，对其进行监督、辅导，提供完善的改善方案。

参与绩效改善，会对企业起到十分积极的作用：供应商能够感受到企业的真诚，因此愿意配合进行相关活动。仅仅停留在"要求传达"的层面，往往会让供应商产生"他在压迫我"的想法，反而不愿意进行主动改变。

在绩效管理中，如果供应商难以达标，企业就要考虑启动辅导发展程序，通过驻厂协调和技术指导等方式，推动供应商能力的提升，以达到企业绩效管理标准。

在信息化时代中，很多企业都已进行了信息化改革，实现了信息化生产与运营。但与此同时，仍有很多供应商处于劳动力密集型的状态，纯粹以人力进行生产与运营，也有些企业开始推广信息化改革成果，结合长期的合作经验，为供应商量身打造信息化管理平台，尤其是建设质量监控平台，以实现全程实时的质量监控分析。

借助人才、技术、系统的赋能，供应商的供应能力一般都能实现显著提升。而在这样的过程中，供应商与企业的关系也将更加紧密，这也有助于供应链管理的协调整合。

但在谈及辅导发展时，很多企业都表现出一定程度的抗拒，认为这是资源浪费。然而，相比于更换供应商的转换成本，辅导发展的成本更低廉，而且辅导成熟的供应商发展，也能为企业带来更多的收益。

因此，在对供应商的日常绩效管理中，企业应实时关注供应商供应能力的变化，及时给予辅导与协助。

当然，这并不意味着资源的盲目投入。根据"成本—效益"的预期分析，当某个供应商确实难以满足企业要求，即使辅导也无法实现有效提升时，企业则可以引入退出机制，在优胜劣汰中，与该供应商终止合作。

2.3 供应商评估

关于供应商评估，这里再对某些细节内容做一个小节论述。

供应商的基础认证是对供应商资质管理工作的基础。只有通过完善的基础认证过程，企业才能对供应商的产品、生产和服务能力产生全面认知，并对其资质进行有效评估。

2.3.1 新供应商需要提供哪些材料

具体而言，新供应商需要提供以下材料：

（1）工商文件，如营业执照等信息。

（2）行业资质和证书、质量体系文件。

（3）资源信息，包括工厂分布、运输、技术支持、服务等级等内容。

（4）客户名单，由于部分供应商将此列入机密信息，企业只能要求供应商尽量提供。

（5）公司 SWOT 分析，即对供应商各要素的优势、劣势、机会、威胁进行完整的分析。

2.3.2 供应商的评核四因素缺一不可

基于供应商提供的各项资料，企业能够对其资质进行深度评核。供应商评核的主要方法可以分为主观判断法和客观判断法。

主观判断法是指依据评核人员的个人印象和经验，对供应商资质进行判断的方法。这种判断方法缺乏严格的科学标准，其评核依据也较为笼统、模糊，对评估人员个人经验要求比较高。

客观判断法的实行，需要以制定标准或准则为前提，并据此对供应商进行量化的评核。具体而言，客观判断法包括调查法、现场打分评比法、供应商绩效考评法、供应商综合审核法和总体成本法等方法。

1.调查法

企业可根据自身采购制度，事先制定标准格式的调查表格，在供应商评核时将之发送给不同的供应商填写，在限期内获得反馈后再对其进行比较。

2.现场打分评比法

对于供应商的深入评核，不能只在纸面上进行，还需进入供应商现场进行。现场打分评比法就是预先准备评核问题并将其格式化，然后安排评核小组到供应商现场进行检查确认的方法。

3.供应商绩效考评法

对于核心采购供应商的评核，则可采用供应商绩效考评法，根据供应商过往的供应数据，如供货、质量、价格等信息进行考核和评比。

4.供应商综合审核法

针对重要供应商的评核，则需采取供应商综合审核法，对供应商资质进行全面评核，涉及质量、工程、企划、采购等各方面，具体而言则可将调查法和现场打分评比法结合使用。

5.总体成本法

当企业采用总体成本法控制采购成本时，也可以此对供应商进行评核。采用这种方法，需要供应商的通力合作，采购方也需组织强有力的综合专家团队，对供应商的财务及成本进行全面、细致的分析，找出可行的成本控制方法，并要求供应商配合实施，最终实现双赢。

供应商评核的方法多样、内容繁杂，但无论采用何种方法，以下四因素缺一不可：

1.公司评核

包括公司声誉、历史、财务状况、管理层、地区或位置等内容。

2.产品评核

主要从质量和价格两方面进行。

3.生产设备评核

评核供应商生产量及能力、质量系统、员工质素、后勤支援等内容。

4.服务评核

主要包含送货是否准时；送货量是否符合指定要求；技术支援和训练等内容。

2.3.3 一次性采购供应商评估

在企业采购活动中，很多物料采购都呈现出一次性采购的特征，此类采购活动基本不会重复进行。因此，针对此类采购，企业也无需对供应商进行复杂认证，而应以效率为先，尽快选择出最合适的供应商，并执行采购合同。

因此，一次性采购活动可简化为三个阶段进行。

1. 内部需求评估

支持有效的运营系统是企业采购的基本目标。为了实现完整、高效的采购，企业首先应对内部需求进行评估，如图 2-21 所示。

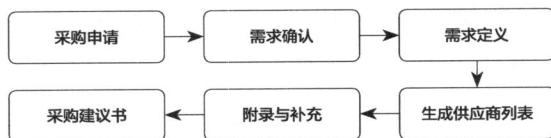

图 2-21 内部需求评估

具体而言，其内容包括：

（1）充分了解内部客户需求。

（2）对需求进行逐一评估与确认。

（3）搜索潜在供应商。

（4）准备和发布采购需求书。

（5）发表采购需求书附录与补充。

2. 供应商分析

根据内部需求，企业需对其进行市场转化，并与潜在供应商的实施评估进

行对照，最终选择与确定技术和品质相符合的供应商。供应商分析如图 2-22
所示。

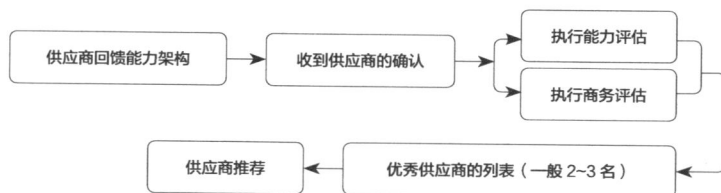

图 2-22 供应商分析

3. 谈判和最终选择

对于筛选出的合格供应商，企业仍需进一步与其谈判，以获取更好的供应
条件，并根据谈判结果做出最终选择，如图 2-23 所示。

该阶段的主要内容包括：

（1）谈判。

（2）协商各类商务条款。

（3）确定供应商并执行。

（4）商务结算，采购完成。

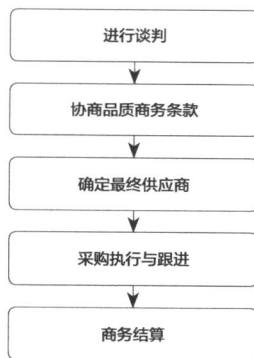

图 2-23 谈判和最终选择

2.4 重复性采购供应商关键指标

重复性采购供应商通常指企业物料的主要供应商，其与企业有长期稳定的
合作关系。因此，在企业的供应商管理中，供应商的选择直接关系到企业的成本
与利润。尤其是市场竞争日益激烈、采购日益标准化的今天，主要采购供应商
的能力与企业竞争力密切相关。此时，针对重复性采购供应商的认证也更加重要。

纵观各大企业的核心采购供应商认证过程，笔者归纳出了六大关键指标，
如图 2-24 所示。

图 2-24 核心采购供应商认证六大关键指标

2.4.1 品质管理能力

品质是产品生存之本，产品的使用价值是基于产品质量的，这就要求供应商提供的产品质量稳定。因此，品质可以看作供应商认证最重要的因素。

在重复物料采购中，企业必须对供应商品质能力进行认证，并定期或不定期进行评估，以确保供应商的品质能力和品质保障体系符合企业标准。

但很多企业说到品质管理，更多是用来料检验（IQC）这种滞后的手段来管控的。我们知道，当供应商把货送到企业指定的收货处，如果此刻发现质量问题，要么特采，要么退货，但无论哪种结果意味着双输。

因此，在品质管理上需要品控前置，并做到全面、详细。通常而言，企业可以从八个维度进行评估，如图 2-25 所示。

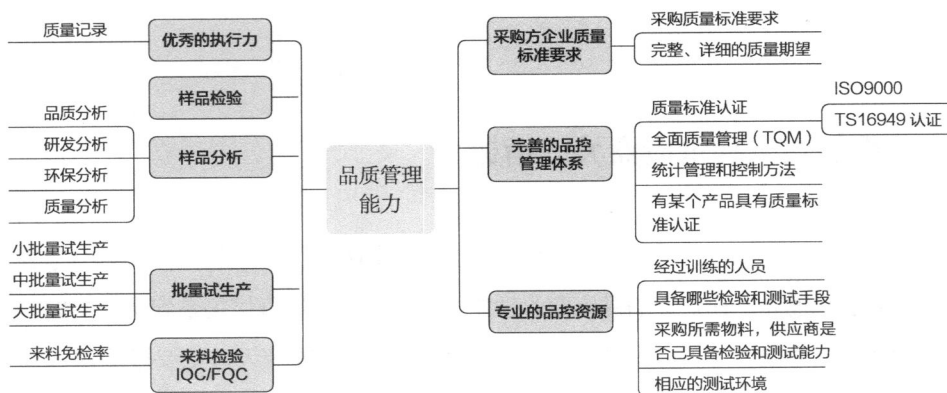

图 2-25 品质管理能力八个维度

1. 采购方企业质量标准要求

为了有效达成企业采购质量标准，采购人应该将采购质量标准要求随同采购订单一同交付供应商，这样让供应商能得到完整、详细的质量期望。总不能让供应商猜测质量的标准吧！

这样非但不专业，而且沟通效率不高。

2. 完善的品控管理体系

证书或认证只是对某个供应商某个时点的能力的评估，而品质管理能力的体现，在于日常生产的方方面面。因此，企业在考察核心采购供应商时，也要考察其是否具有完善的品控管理体系：

（1）是否具有某种质量标准认证，比如 ISO9000、TS16949 认证等。

（2）是否实施全面质量管理（TQM）。

（3）是否采用统计管理和控制方法。

（4）是否某个产品具有质量标准认证。

3. 专业的品控资源

品质管理能力需要各种品控资源的支撑，如设备、人员、流程、环境等。如果缺乏这些品控资源，品质管理自然也无从谈起。此时，企业主要关注的问题就是：

（1）是否有经过训练的人员。

（2）分析供应商具备哪些检验和测试手段。

（3）针对采购所需物料，供应商是否已具备检验和测试能力。

（4）是否有相应的测试环境。

4. 优秀的执行力

有制度和资源，就必须通过贯彻执行，才能实现品质管理能力的落地。因此，企业在对供应商现场评估时，可对各项制度执行度进行分析，这通常叫质量记录。

5. 样品检验

企业可以要求供应商提供样品，以证实其产品的样品制作能力。样品虽然可能与企业批量采购的产品存在差异，但却能展现出供应商必要的生产能力，以确保供应商有能力生产出所需的物料。

6. 样品分析

对于样品，企业还要对其进行更加深入的分析，包括品质分析、研发分析、环保分析和质量分析等，以确保其单件样品符合评估标准。

7. 批量试生产

确定样品符合要求之后，企业则可以开始根据生产需要，让供应商进行小批量、中批量或大批量试生产，从而真正感知供应商的品质与生产管理能力。

8. 来料检验 IQC/FQC

上面工作做到位后，再增加来料检验，以确保品质的符合性。当然，如果供应商质量稳定性非常好，也可以考虑对其采用免检等措施。

基于供应商送来的各批次物料，企业则可以凭借来料检验（IQC），对供应商产品品质做最后的评估。一般而言，品质管理能力可以通过质量合格率、平均合格率、批退率及来料免检率等指标来描述：

1. 质量合格率

根据抽检结果，判断供应商产品的质量合格率。如果抽检产品总数以 N 表示，合格产品数量以 M 表示，则质量合格率的计算公式为：质量合格率 ＝ M÷N×100%。显然，质量合格率越高，表明合格产品数越多。

2. 平均合格率

由于每批次产品的质量大多存在差异，对供应商品质能力的判断可借助平均合格率，即多次交货质量合格率的平均值。例如，某供应商每季度交货 3 次，其质量合格率分别为 95%、90% 和 85%，则其平均合格率 =(95% +90% +85%)÷3=90%。同样，该指标越高，表明不同批次生产的合格数产品越多。

3. 批退率

批退率即退货批量占采购进货批量的比率。例如某供应商全年交货 100 批次，返退 7 批次，其批退率 =7÷100×100% =7%。批退率越高，表明不合格产品越多。

4. 来料免检率

来料免检率即来料免检的种类数占该供应商供应的产品总种类数的比率。通过长期合作，为了提高采购效率、降低检验成本，企业通常会根据合作经验，与供应商签订来料免检协议以作为对供应商品质能力的认可。来料免检率越高自然表示供应商品质能力越强。

2.4.2 柔性交付能力

在全球竞争加剧、市场日新月异的背景下，世界已进入 VUCA 时代，市场需求正往多品种、少批量、定制化的方向发展。为了适应消费者需求、提升企业竞争力，迅速适应市场环境并具备柔性生产能力，已成为当代企业的必然选择。

然而，企业的柔性生产能力，是以供应商的柔性能力为基础的。如果供应商缺乏柔性能力，企业也难以在缺乏物料的情况下，实现柔性生产。

基于实现柔性交付的三个主要途径，供应商柔性能力认证也可借此实现：

1. 柔性工厂 (Flexible Plant)

柔性工厂可理解为一种"零时转换工厂"，在理想的工厂环境下，供应商可以如同服务机构一般，通过灵活移动、拆卸、组

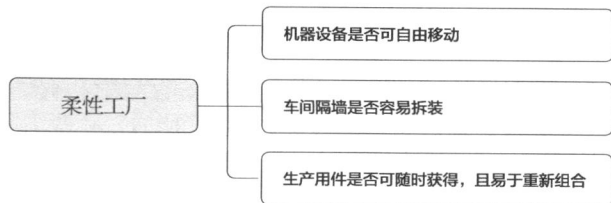

图 2-26 柔性工厂认证要素

装机器设备的方式，按照客户需求及时改变生产方式，生产相应的产品。

对于柔性工厂的认证，主要考察三个要素，如图2-26所示。

2. 柔性过程 (Flexible Processes)

柔性过程的前提就在于柔性生产制造系统和易拆装的机器设备。只有在这一前提下，面对不同种类的产品生产需求，工厂才可以迅速且低成本地进行转换。

基于柔性过程，供应商也能够实现"范围经济性"，即当多种产品混合生产时，其成本低于单独生产这些产品的成本之和。

3. 柔性工人 (Flexible Workers)

柔性能力不仅体现在生产制造硬件和系统上，也需要操作工人能够适应柔性生产需求，随时从一个工种转换到另一个工种上。因此，柔性工人则取代专业工人，成为更好的选择。

经过多种培训，柔性工人掌握有多种生产技术，在与主管人员和其他职员的灵活配合中，满足工厂的柔性生产需求。

2.4.3 生产制造能力

生产能力是核心采购供应商认证的核心要素，有些企业甚至片面地将之看作唯一的认证要素。生产能力是一个相对模糊的概念。一般而言，我们可以借助每单位时间输出的单位单量，对供应商的生产能力进行评估。

但要注意的是，通过加班或增添新设备等手段，供应商生产能力通常能够在短期内有效提高。因此，在评估重复性采购供应商的生产能力时，企业主要从生产能力、生产设备和人力资源三个方面进行。

1. 生产能力

供应商的生产能力必须与供应商生产情况相结合。由于每个供应商、每种物料的生产情况不同，关于对其生产能力的评估方式也有所区别。例如有些工厂以每周5天、每天2班次计算生产能力，有些工厂则以每月5000单位产量来计算生产能力等。

基于重复性采购需求，企业对供应商生产能力的考察，不仅要考察当前能力，也要结合过去的生产情况，对未来进行合理判断。主要而言，企业需要注意以下内容。

（1）在正常情况下，单位工作周期内的最高生产能力。

（2）判断现有生产能力是否存在超载或欠载情况，程度如何；也就是说，判断供应商生产能力是否得到合理利用；在源源不断的订单下，供应商生产能力能否进一步满足采购需求。

（3）基于不断增长的需求，供应商是否能够增加现有生产能力。

（4）评估供应商的生产能力分布，尤其是用在主要客户的有效生产能力的占比，以及企业自身采购需求占其生产能力的比重。需要注意的是，如果过分依赖一个或两个客户，可能导致企业财务风险增高。

（5）评估供应商用于管理生产的信息系统，与企业自身系统是否有效对接。尤其需要注意的是，应关注供应商的生产能力瓶颈，因为根据瓶颈理论（TOC）理论知道，瓶颈制约的不是瓶颈本身，而是系统能力。

2. 生产设备

生产设备决定了供应商能力的硬件条件。根据采购的物料，以及相应的规格、技术需求，企业需要对供应商的生产设备进行评估，以确保其生产设备能够生产出所需的产品。此时，企业应注意以下几个方面。

（1）考察供应商是否拥有制造所需产品的相关机械设备；如果存在生产设备短缺问题，供应商将如何克服。

（2）评估生产设备是否先进，是否得到妥善保养和维护；如果存在机器故障，会不会影响交货。

（3）分析设备布置是否合理，是否存在安全隐患。

（4）分析供应商厂房管理水平。

（5）考察供应商在生产设备中应用的软件系统，如计算机辅助设计（CAD）、计算机辅助制造（CAM）和柔性制造系统（FMS）等。

（6）考察是否有健康和安全措施的规定。

3. 人力资源

人力资源的状态，会极大影响企业的当前和未来的状态。因此，对供应商生产能力的评估，不仅要关注厂房、设备等硬件因素，也要关注人的因素。

（1）关注一线生产者和管理员工的人数及比例。

（2）评估人力资源的利用情况：是否每个员工都得到有效利用；是否有人力资源处于闲置状态。

（3）考察供应商管理层人员的姓名、职称、学历、资格和经验等信息。

（4）考察供应商是否拥有完整的人事管理和培训方案。

（5）关注供应商的团队精神和激励方案。

（6）分析供应商的员工流动情况：是净流出，还是净流入；是否与行业特性相符。

（7）关注员工对企业的态度，以及对满足客户需求的关心程度。

（8）关注企业文化的主题，以及员工的关注和认可程度。

除了上面生产能力、生产设备和人力资源之外，还有生产面积、周转面积等作为评估的项目指标。

2.4.4 技术研发能力

衡量一个企业能否生存和发展的关键要素，就是企业的创新能力，而创新能力正是源自企业的技术能力。供应商技术能力的高低，决定了供应商是否可以持续推动产品以及生产工艺的更新换代。

与此同时，技术能力的提升，必然带来供应商生产成本的降低。供应价格降低，也能帮助采购方降低采购成本。

云南白药公司的产品包装材料有很多种型号，主要是因为机器设备将多种不同的材料进行复合后，不同的材料组合就能够达到不同的性能材料。即使是复合过程中胶水、溶剂的不同，也会使包装材料产生不同的性能，因而包装材料型号众多。

2017 年国家新法规（残留溶剂量从现有的 10mg 降低到 5mg）实施，要求现有生产厂家提供的干式复合工艺生产出来的产品残留溶剂达到新的标准 5mg。

早在 2015 年，云南白药就看到了这一趋势，并携手重点供应商开始进行探索，对现有工艺进行摸索优化，经过多次测试和反复试验，终于应用在规模化生产和规模化订单上。

新工艺最终成功应用在云南白药产品上，提前达到了无溶剂的标准。经过跟踪，采用干式复合能够提高生产效率，而且有效减少了有机溶剂的排放。在与供应商的技术合作、共享中，云南白药的采购成本也降低了。

由于基础水平和技术力量的限制，独立进行技术开发的成本效益往往不佳。与供应商合作的技术创新与开发，则能有效缩短技术创新时间，实现企业与供应商的双赢，增强供应链竞争优势。特别是在当今市场环境下，技术创新时间的长短，直接决定着创新的成败，甚至企业竞争的胜负。

在日本的汽车工业中，零部件的大部分详细设计工作，都是由一级供应商完成的。以丰田公司为例，其一级供应商完成的零部件开发，占比高达 88%；这一数据在欧美其他企业则达到 69%。正是因此，在零部件设计工时占比数据上，丰田公司仅为 7%，而欧美公司普遍在 29% 左右。

供应商的技术能力，对于整条供应链而言，其影响都极其深远。一般而言，企业考察的主要要素包括四点，即现有专利、新产品研发速度、研发团队资历，以及研发投入。

在这四点要素的基础上，企业也需要对供应商技术能力进行全面的有效评估认证，而非局限于生产制造。

1. 研发能力（R&D 技术）评估

供应商的研发能力（R&D 技术）是供应链创新的原动力，也是供应商技术能力的核心，主要表现为基础研究、应用研究和试验发展三类活动。相关评估也从这三方面进行，具体而言，R&D 技术包括协同开发能力、技术支持响应、技术密集度、新产品开发能力、新技术新方法的应用能力、生产产品审批程序 / 先期产品质量计划（PPAP/APQP）应用能力、研发人员比率等内容。

2. 制造技术评估

制造技术反映了供应商的生产系统效率和品种适应能力。只有在制造技术的支撑下，供应商的柔性能力才能得到保证。制造技术评估内容包括先进工艺的应用、生产品种转变能力、生产过程检测与控制能力、设备的维护与保障能力和生产人员技术能力等。

3. 信息技术评估

供应链的顺利运作，以及企业的内部管理，都需要大量的信息处理、交换和传播。信息技术能力，则能够确保有效的信息传递和意见交换。评估内容包括信息集成度、信息处理能力、信息交换速度、管理信息系统以及信息系统的兼容性等。

4. 物流技术评估

物流技术，也即供应商在物流活动中采用的方法、工艺等技术。供应商的物流技术，直接影响供应效率，也是准时采购的重要保障。物流技术评估具体包括运输的组织与管理能力、仓储技术和包装技术等内容。

2.4.5 财务成本能力

财务状况是一个企业实力的体现，因此，财务能力也是核心采购供应商认证的关键要素。若没有良好的财务能力作为支撑，供应商的生产或服务就很容易陷入困境。在连锁反应下，影响企业乃至整个供应链的生产运营活动。

此外，如果供应商具备较强的财务成本能力，则其对于采购企业的付款力要求也会相对降低，这对于采购方而言自然是利好；相反地，如果供应商财务成本能力较差，则就难以给予较长的账期或财务优惠。

1. 要全面考察供应商的财务状况

通常，企业可以通过获取供应商过去 3 年或 3 年以上的年度财务报告和分类账目，对其财务状况进行全面分析，分析内容包括：

（1）考察过去 3 年（或以上）的年营业额。

（2）考察过去 3 年的利润率，以及毛利和净利。

（3）分析供应商固定资产，以及固定资产回报和固定资产利用回报率。

 4）关注供应商的借贷尺度和资产负债率。

2. 多角度分析供应商财务风险

即使供应商财务状况良好，潜在的财务风险，也可能极大影响其财务能力，进而引发供应风险。因此，在对供应商财务能力进行考察时，也要从财报以外的多角度，对供应商财务风险进行分析。

（1）关注供应商有无财务资助者或类似保证方。

（2）分析供应商是否有收购或合并的可能性，是否会影响其供应能力。

（3）关注供应商客户群是否仅有少量大客户，以免因其他客户停止合作，使供应商陷入财务困境。

（4）从银行获取供应商的企业信用报告，对其信用状况进行评估。

（5）委托第三方机构获取相关财务状况评估。

2.4.6 风险控制能力

随着社会经济的发展，企业在供应商管理过程中也面临较大风险，如市场风险、财务风险等。这些风险一旦发生，不仅会给供应商带来严重损失，也会对整条供应链造成影响。

供应链的每个环节，都应该拥有足够的风险控制能力，在控制内部风险的同时，有效应对外部风险，以确保供应链的正常有序运作。

一般而言，核心采购供应商的主要风险表现在经营风险、资金风险、技术风险等三个层面，相关评估认证也可有针对性地展开。

1. 经营风险

正如上面所说，供应链的任何一个节点发生风险，都可能延伸至整条供应链。从供应商内部而言，其风险主要包括管理控制、经营决策等风险，这也是供应链中最高层次的风险。

如果企业风险控制能力较弱，则可能因为一些风险事件的爆发，直接引发企业的经营风险，导致其生产运营受到重大影响，甚至以企业倒闭为结局。供应商一旦发生此类风险，无疑会致使风险延伸至采购企业乃至整条供应链。因此，经营风险的控制能力应该被放在首位。

然而，对于采购方而言，供应商经营风险通常较为隐蔽。因此，为了有效认证供应商经营风险控制能力，企业在供应商选择环节就应深入考察，并实时了解供应商的制度、决策和企业文化等要素。

2. 资金风险

供应商的资金风险与其财务能力直接相关。在资金的循环过程中，由于各种因素的影响，企业资金的实际收益一旦小于预期收益，就可能导致资金损失，进而造成企业运转不畅，甚至面临破产倒闭。

资金风险的控制能力就体现在资金流管理与融资能力方面。在市场中，资金风险与收益并存，供应商每一次的资金投入，都可能带来经营能力或技术能力的提升，但高收益必然存在高风险，实际资金收益可能小于预期甚至出现亏损。当然融资能力也是企业的关键能力。

因此，重复性采购供应商的资金风险控制能力必须得到认证。否则，轻则损害采购方利益，使得采购的账期缩短和财务优惠降低；重则引发供应商重大危机，导致供应链风险。

3. 技术风险

供应商的风险控制能力不仅体现在企业内部，也包括应对外部风险的能力。在不考虑国际经济环境或国内经济政策的前提下，供应商所要控制的最重要的风险就是技术风险。

笔者之所以将技术风险归为外部风险，正是因为技术风险的产生，在很大程度上，是与外部环境进行对比的结果。如果业内技术长期没有更新，那么，供应商只需确保技术更新能够有序推进即可，此时技术风险的发生概率较小。

然而，一旦业内技术水平有了大幅度的提高，此时，如果供应商缺乏足够的技术积累，没有升级换代的能力，就可能会被市场淘汰。

2.5 供应商筛选量化指标设计

无论一次性供应商，还是重复性采购供应商，只有经过完整的认证和评估，企业才能与其建立合作关系，并视情况延长与其的合作期限或加深与其的合作程度。这对于企业经营发展具有重大意义。因此，整个过程也要尽可能严谨、科学，而这就离不开量化指标的设计。

供应商是否能够满足企业需求，就要进行更专业的评估，用量化的数据来对供应商进行完整评估。通过量化矩阵式表格等，有效运用评估模型，才能找到我们真正需要的供应商。

2.5.1 企业设计量化表格指标的原理

首先表格的设计一定要基于公司战略、行业特点与产品特点，结合供应的要求完成从战略到执行的整个设计原则，故其指标是独特唯一性。如图 2-27 所示，为企业绩效设计的逻辑地图。

图 2-27 企业绩效设计的逻辑地图

本书暂时不讨论团队部门的绩效管理。

供应商绩效指标设计，依据企业采购战略，结合企业采购品类的行业和产品特点，依据上章四种采购类型，分关键指标与一般指标，如表 2-5 所示。

表 2-5 供应商绩效指标设计

采购战略类别	关键指标	一般指标（选择、细化）
协同采购	围绕质量来细化指标： 质量战略计划 外部质量协同 完整质量管理体系 专业质量运营资源 暂停供货次数 / 追溯索赔次数 质量信息透明度 纳入不良品率 批量质量问题……	企业愿景 沟通 组织文化 工作单元 供应管理 库存控制 供应整合能力 价值流 现场管理 标准化
集成采购	围绕价格来细化指标： 实际价格与计划价格的比较 A. 采购价格变化 = 实际价格 − 计划价格 B. 采购价格变化百分比 = 实际价格 ÷ 计划价格 C. 采购价格总变化 =（实际价格 − 计划价格）× 年采购数量 达成目标价格： 目标价格 = 目标利润 = 允许成本 供应商报价的透明度 市场价格的区位 价格的敏感度 价格的自愈度……	设备能力 长发能力 资本能力 财务能力 持续改进 团队工作 风险分析 精益化指标 瓶颈 TOC 价格 交货数量的稳定性 按时交货 送货规格的准确性 质量的稳定 包装和外观
响应采购	围绕体验来细化指标： 信赖度（Reliability）、专业度（Assurance）、有形度（Tangibles）、同理度（Empathy）、反应度（Responsiveness） 客户战略计划 客户满意度 消费缺陷与投诉率 再次购买率 推荐率……	供应商的质检报告和文件的准确 书面投诉 质量改善 质量管理 技术能力 开发支持 计划配合 按时交货 成本改善 单证的准确 客户满意度
反应采购	围绕速度来细化指标： 完整的交付计划 信息化管理程度 （送货数量的稳定性）超交 （送货数量的稳定性）短交 时间遵守率 批量遵守率 特定产品计划遵守率 交付异常处理……	员工离职率 周转率 运输成本 产损与返工 准时交货率 ……

需要特别指出的是，企业评估指标的设计是完全基于企业竞争与产品需要做的针对性设计、选择与构建，然后依据指标与客户导向，做权重设计。

当然，对于中型和小型企业来说，受限于人力、物力等因素，难以建立如此全面、细化的量化评估，但至少应当建立这样的量化评估体系，如表2-6所示。

表2-6 供应商量化评估表

考评项目	满分	实际得分
领导班子风格	300	
质量战略计划	100	
人力资源	140	
质量保证	80	
过程控制	200	
商务运作	100	
信息系统和分析	180	
客户满意	400	
供应关系	200	
时间管理	300	
其他		
总分	2000	

可以看到，在这份表格中，领导班子风格、人力资源、过程控制、客户满意、供应关系、时间管理的占分比较高，它们是对于供应商量化评估的核心。这几个方面，分别对应的内容如下：

领导班子风格——领导班子决定企业文化、运营决策与行事模式，也包括对客户与订单的重视程度。

人力资源——人力资源关注人才稳定与储备能力，员工关系与健康活力等，也间接反映在企业文化的执行与落地上。

过程控制——基于过程的管理是否可控并有效跟进能力，是否有完善的生产流程设计，保证生产有序开展。

客户满意——能否与企业进行积极配合，对不足之处做出积极改变。

供应关系——原材料上、下游关系是否完善，是否可以进行控制供应风险与有效成本管理。

时间管理——是否可以做到按时交货、服务跟进与反馈。

通过这样的量化评估表，企业即可快速判断该供应商是否能够满足生产需求，是否可以与企业进行良好互动，进行积极的生产改善。如果低于某一个权重综合分数，就意味着这家供应商存在明显不足，企业就应当及时辅导改善或者暂停与之合作，甚至将其淘汰。

供应商指标与权重设计的同时，对于细分项的考核，同样不能忽视：

1. 核心细分项分数过低

即便总分达到企业需求，但如果某一个细分项的分数过低，企业同样不可轻易签约，否则会直接影响到未来的生产。例如，时间管理分数低于 100 分，意味着很容易出现超期现象，如果供应商无法拿出切实可行的改善方案，那么同样不予通过。

2. 单纯只依靠量化评分

尽管量化评分会为全面评估供应商提供一定的依据，但对于供应商的考核不能仅限于此，因为数据始终只是数字，所展现的只是供应商的某一个方面。企业必须主动与供应商交流，进入供应商工厂，通过主观观察、沟通、现场调查与判断工厂管理、业务流程等，进行更加完善的判断，这样才能做出正确的决定。

2.5.2 指标设计的指标维度

在设计供应商评估指标的时候，是否只能选择一种采购战略维度来细化指标呢？答案是否定的。

根据企业战略与品类，企业可能有一种供应链（渠道供应链、精益供应链、柔性供应链或敏捷供应链），或几条不同的供应链。如三菱公司有不同的产品，不同的市场竞争状态，从圆珠笔到战斗飞机的供应链肯定是不一样的。企业还有可能出现复合型供应链（渠道精益供应链或柔性敏捷供应链），而且这种复合型供应链在当下 VUCA 市场竞争的情况下，趋势会越来越明显。

因此在实际操作中，企业在筛选供应商时选用的指标可能相似，甚至完全相同，但对某个供应商的评分却可能有极大差别。这就是因为指标设计的指标维度不同，简单来说，就是各指标要素与要素的加权不同。

同样以择偶类比的话，虽然都希望找到德、智、体、美、劳全面发展的配偶，但有人看重学历，有人更关注外貌，还有人则以品德为重等。这就是要素加权导致的选择差异。

要素加权，同样也是评估供应商时的重要内容。要素加权分析，是一种科学的项目选择方法，它的核心在于先识别企业的若干重要指标，再对各个指标赋予相应的权重，然后根据每一个指标进行评分。只有达到最低分，供应商才有机会进入最终考核。最终企业会与得分最高的供应商进行相关合作，如表 2-7 所示。

表 2-7 供应商评估要素加权表

	评估要素	最大权重	供应商		
			A	B	C
1	市场口碑	10			
2	研发能力	30			
2.1	研发风险控制	10			
2.1	研发成本	10			
3	质量	20			
4	生产能力	10			
4.1	员工素质	2			
4.2	现场管理	3			
4.3	5S 执行度	5			

续表

	评估要素	最大权重	供应商		
			A	B	C
5	价格	20			
6	服务	5			
7	企业财务状况	5			
总计		100			

如上表所示，借助这样一份评估要素加权表，企业可以对供应商进行更深一步的考核。这些不同权重分值的内容，最终构成百分制。尤其对于市场口碑、研发能力和价格应当进行重点考核，这三个部分直接决定了供应商的产品品质控制、产品科技含量、生产成本与报价成本等，对最终产品具有直接影响。

通过这样的对比，多家供应商的具体细节得以淋漓尽致地展现，我们可以根据企业的需求，寻找最需要的供应商。例如，新品的重点就在于创新科技元素的应用，那么这对研发能力和研发成本有着很高的要求，分数过低就说明这家供应商并不适合与企业进行合作。

要素加权的重点，在于分析订单的需求重点在哪里，根据重点对供应商的评估细分项进行相应调整。所以，我们可以根据需求对表2-7加以修改，进行权重设置，而不是单纯套用。

例如，未来的企业生产，重点在于品控和时间把握上，那么生产能力、操作工综合素质、现场质量管理的权重就应当适当提升，作为考核的重点，而不拘泥于固定权重，灵活根据需求进行要素加权，这样，企业才能真正找到最需要的供应商。

2.5.3 量化数据管理

量化管理，是一种从经营管理目标出发，使用数量化的手段进行组织体系设计和为具体工作建立标准并实施评估考核的管理手段。

量化管理实质上就是用量化的数据、指标反映工作业绩的一种可衡量的表现形式。故没有量化，就没有管理！

经过初步筛选，众多符合标准的供应商已经进入待选区域，也即量化指标设计的范围。但在众多数据指标中，哪些数据不重要可以忽视，哪些数据很重要值得加权等，这些都需要经过科学严谨的量化数据管理。

华为就是如此。对供应商进行筛选后，华为采购部会要求这些意向供应商完成调查问卷，并提供相关业务证明等。针对这些内容进行评估打分后，华为会通知各个供应商是否进入下一轮筛选。

此时，供应商必须进行更加完善的认证考核，需要与华为相关负责人亲自面谈，并对调查问卷的内容进行详细的解释。最终，根据初步筛选、面谈等一系列考核后，华为得到了这些供应商的完整数据，才有可能进行样品测试和小批量测试，以确定供应商是否真的可以满足需求。

例如，仅仅对于供应商的环境数据评估，华为就有如此完整的考核体系，如表2-8所示。

表2-8 华为对供应商的环境数据考核体系

项目序号	项目名称	要素数量 m_1	自然分满分 $u_1=m_1 \times 4$	标准分权重 P	实际审要素数 m_2	实际自然分 u_2	标准分换算因子 $k=u_2 \div (m_2 \times 4)$	实际得分 $U=k \times P$
4.1	环境方针	5	20	8				
4.2	策划—环境因素	8	32	5				
4.3	策划—法律与其他要求	5	20	5				
4.4	策划—目标与指标	4	16	8				
4.5	策划—环境管理方案	7	28	8				
4.6	实施和运行—机构和职责	5	20	5				
4.7	机构和职责—培训、意识与能力	7	28	5				
4.8	实施和运行—信息交流	6	24	5				

项目序号	项目名称	要素数量 m_1	自然分满分 $u_1=m_1 \times 4$	标准分权重 P	实际审要素数 m_2	实际自然分 u_2	标准分换算因子 $k=u_2 \div (m_2 \times 4)$	实际得分 $U=k \times P$
4.9	实施和运行—环境管理体系文件编制	7	28	10				
4.10	实施和运行—文件管理	6	24	5				
4.11	实施和运行—运行控制	6	24	5				
4.12	实施和运行—应急准备和响应	7	28	6				
4.13	检查和纠正措施监测	5	20	5				
4.14	检查和纠正措施—违章、纠正与预防措施	7	28	5				
4.15	检查和纠正措施—记录	5	20	5				
4.16	检查和纠正措施—环境管理体系审核	8	32	5				
4.17	管理评审	4	16	5				
合计		102	408	100				

通过打分，华为对供应商的各个方面有了完整的数据作为参考，一旦无法达到最低要求，那么该供应商就无法与华为进行合作。正因为这种严苛的数据考核体系，华为的产品品质得到了有效保障。

在确定最终供应商时，最忌讳的行为，包括以下这些。

1. 忽视数据

不去考察供应商的相关完整数据，仅仅通过供应商的承诺就选择签单，这样并不能充分了解供应商，一旦项目启动发现问题再进行修正，企业会造成人力、时间成本的浪费，最终转化为实际成本的浪费。

2. 轻视数据

轻视数据，同样会给企业带来极大的隐患。对于供应商提供的数据内容，企业必须逐条分析，尤其在品控和交期上，应当进行更为完整、细致的考察。否则，即便产品成本符合需求，但其品质始终处于低层阶段，导致最终产品上市后频现质量问题，这同样会给企业带来巨大的隐患。

只有重视每一条数据，企业才能发现每条数据中的价值，并进行相应的取舍和加权，从而以数据为基础，设计合理的供应商筛选指标，做出科学的供应商筛选决策。

2.5.4 确定量化评估方法

通过量化评估，企业对于供应商有了完整的了解。那么该如何借助这些数据进行评估呢？

通常来说，获取量化评估具体数据的方法无外乎三种，即问卷调查法、现场调查法以及访谈会议调查法等。

问卷调查法，是指为统计和调查所用按照设定的调查项目来提供数据调查的表格，由被调查者按照表格内容来填写数据后用于归类统计的方法。该方法是目前国内外调查中较为广泛使用的一种方法。

现场调查法，是指经过评估小组成员在现场观察、调查、信息确认，最终完成的调查工作方法。

访谈会议调查法，也叫集体访谈法，就是评估小组成员邀请相关被调查者，通过集体座谈的方式了解企业情况问题的调查方法。

当然除了这些常用方法外，根据不同的划分标准有不同的量化评估调查方法，如图 2-28 所示。

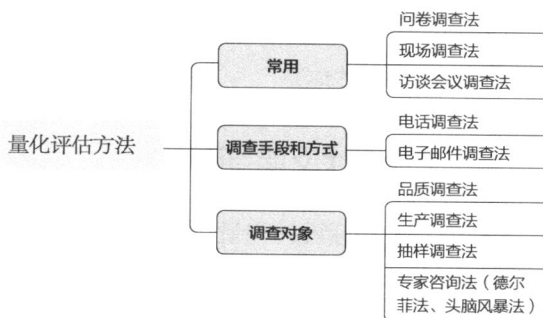

图 2-28 不同划分标准下的量化评估方法

调查结束后需要通过评估成员通过量化打分，对供应商进行综合能力的考核。根据整体和细分的不同，统计与评估原则也有所不同：

1. 从量化总分入手

对于量化总分，应当划分等级，如表 2-9 所示。

表 2-9 根据量化总分划分等级

量化分数（分）	达标级别	处理办法
＜ 60	不达标	不予考虑
60~70	及格	非核心、非长期项目，可以适当选择
70~85	良好	可以与其进行相应合作。同时，应当提出相应意见，要求供应商进行改善和升级
≥ 85	优秀	这类供应商某些领域甚至具有垄断地位，与企业核心业务关联密切，应当作为重点合作对象长期维持

2. 从细分得分入手

细分得分，同样也是不可忽视的重点。在做到量化总分统计的基础上，针对重点细分得分，再进行对比，以此对不同档次的供应商进行更深一步的评估。

例如，A、B 供应商得分均为 90 分，属于"优质供应商"，而通过细分得分，发现"科研能力"单项 A 供应商为满分 30 分，B 供应商的得分为 25 分。企业的订单，对于"科研能力"要求较高，那么 A 供应商即为"优秀 +"，B 供应商为"优秀"，前者更加符合企业要求。

总分与细分得分相结合，会对供应商进行更为完整有效的评估，从而建立完善的供应商评估体系。

2.5.5 指标统计反馈与改善

在既定的指标设计和量化评估方法下，企业可以按照相关要求，开始着手供应商的指标统计过程。而在实际操作的过程中，企业也能得到更多的反馈信息，如指标设定的合理性以及科学性等。

在初始的指标设计过程中，企业虽然已经对供应商市场进行了相关分析，但由于缺乏供应商提供的详细数据，企业对于指标的认知也可能存在偏差，例如，某个指标是供应商普遍能够达成的，则该指标就失去了统计的意义；某个指标难以量化，或简单对比，则该指标的评分原则需要进一步论证；某个指标的重要性被低估或高估，其加权权重则需要重新考量等。

而一旦在指标统计中遇到这些问题，相关人员也要第一时间做出反馈，企业的评估小组也要对此讨论研究，从而改善指标统计的口径。

如果指标统计缺乏专业性，那么，从供应商筛选开始，企业的形象就可能失去专业性，引起供应商的轻视。

然而，在量化指标的初始设计中，其实存在一定的随意性。

假设将供应商的人员数量作为一个指标（在实际的工作中很少设置这么一个笼统的指标，这里仅仅为说明量化的模糊性），总分 10 分，那么，多少人员能够达到多少分值呢？根据企业年度规划与月度采购需求量，对供应商直接生产人数规模需求为 300 人比较合适。那么，200 人应该打多少分呢？企业可能会定下 5~6 分的分值。

当然，在实际统计的过程中，企业可以根据通过评估小组初筛的供应商数据，采取去掉最高分和最低分，再计算平均数的方式，来确定相对科学的分值。

2.5.6 量化指标迭代

量化指标的设计并非一成不变的，随着市场竞争加剧、企业战略优化、客户需求变化等，经过指标统计反馈，企业可以不断改善统计指标。但在 VUCA 时代，随着市场环境的变化、客户需求的改变，以及企业内部要求的提升，供应链竞争优势变化如导致采购战略、供应商管理量化指标迭代现象也变得十分普遍。

所谓量化指标迭代，类似于手机 APP 的一次次版本升级，升级内容可能包罗万象，但其主旨都在于提升用户体验，或迎合企业战略。企业的量化指标迭代也同样如此，迭代其实是重复反馈过程的活动。

当然，为了有针对性地设计 KPI 指标，企业也需深入调查供应商情况，再结合企业经营的需求系统考量，否则企业很难设计出十分科学的量化指标。此时，如果评估小组投入大量时间完成指标设计，这就导致大量时间成本和机会成本的出现。

因此，企业可以借助量化指标迭代的思维，建设企业独特的量化指标库，然后根据企业运营需要在指标库里面选取量化指标设计方案。当然，每一个方案组合并不会很科学，但在实际运用中，通过一次次的反馈与改善，评估小组则可以在每一周对设计方案进行迭代，从而逐步逼近市场情况和企业战略。

2.5.7 好的供应商应当具备的 5 个特点

只有与"好"的供应商合作，企业的采购战略和竞争战略才能顺利推行，采购方的绩效制度才能发挥作用，推动供应商不断改进和提升，以适应企业不断上升的采购需求。那么，究竟何为"好"的供应商呢？笔者认为可从 5 个角度来衡量。

1. 完善的企业管理制度

企业管理离不开一套合理的规章制度，管理才是企业赖以生存的根本。缺乏完善的企业管理制度，企业运行管理就无章可循，因而容易陷入混乱局面。

企业管理制度（Management Systems）是对企业管理活动的制度安排，包括公司经营目的和观念，公司目标与战略，公司的管理组织以及各业务职能领域活动的规定。在企业生产经营活动中，任何员工都应当遵守企业管理制度的各项规定和准则。

在世界经济的不断发展中，关于企业管理制度的探索与研究也从未停止过，如精细化、模块化、人性化管理等。当然，并没有一种管理制度适用于所用企业。因此，在对供应商企业管理制度的衡量中，我们主要关注其完善性和有效性。具体而言，包括三项内容。

（1）制度的科学性、合理性。

企业管理制度的制定，应按照企业自身实际情况进行，其目的在于让组织运行更加高效、稳定。由于各个企业所处行业、组织架构、人员结构均不相同，所以，在考量企业管理制度时，主要从以下五个角度进行：

①制度内容是否严格遵守相关法律、法规和规章制度的原则。

②制度内容是否从企业实际出发，是否得到企业各个部门、全体员工的认可和支持。

③制度制定过程是否坚持民主集中制原则。

④制度出台后是否相对稳定。

⑤如制度内容确实不适应形式发展，是否能够及时修订、完善或废除。

（2）制度的有效性和执行力。

企业管理制度的制定具有强烈的目的性，是实现企业目的的有力措施和手段。因此，企业管理制度并非停留于纸面，而应切实执行落地，成为员工行为规范，指导员工活动合理进行的同时，维护员工共同利益。

因此，完善的企业管理制度必须具备有效性，能够真正得以执行并发挥作用。

在考察供应商企业管理制度的有效性和执行力时，可以从供应商管理层着手。如果管理层对待制度抱着无所谓的态度，员工自然也不会严格遵守。这样一来，纵使企业管理制度科学、合理，也不会得到切实执行，成为一纸空文。

由此延伸出的，则是供应商的信用风险。如果供应商自身企业管理制度都得不到遵守，那么，采购合约能否得到有效执行也要存疑。

（3）遵守制度的氛围和机制。

为了提升制度的有效性和执行力，好的供应商应形成遵守制度的氛围和机制，在双管齐下中，确保企业制度得到严格执行。

从遵守制度的氛围来看，供应商是否将制度作为一项重要的学习内容？在制度执行过程中，管理层是否会给予指导和帮助？如果供应商企业内部形成了员工自觉学习制度的氛围，则其企业管理制度不仅能够得到有效执行，也能够得以持续完善。

从遵守制度的机制来看，供应商是否建立了制度执行情况跟踪机制？各部门、员工之间是否建立了相互监督的制衡机制？制定执行必须定期检查并跟踪，只有如此，企业管理制度的执行效果才能得到监督，供应商也能根据执行效果对制度进行完善。

2. 优秀的领导与高素质的管理人员

领导决定企业文化，也决定企业行事风格，即什么样的领导决定什么样的风格。如领导是当兵出身，那企业做事风格一定是雷厉风行的；如果领导是会计出身，那么企业通常比较善于计算；如果领导是市场出身，企业通常是在外面说得天花乱坠、其内部管理却一塌糊涂……

在企业管理中，根据企业管理制度，领导与管理人员会被赋予不同的权力，并以此组织、指挥、协调和监督下属人员，具体而言，包括团队决策、选人用人、激励培训等多种职能。

因此，好的供应商应当具有优秀的领导与高素质的管理人员。

领导者或管理者的基本职责，就是影响他人自愿追求确定的目标，并最终实现目标。事实上，领导力在某种层面上就是对他人的影响力，而影响力的产生首先在于个人素质的提升。

为了充分发挥组织、指挥、协调和监督职能，领导者首先要在素质上，包括品德素质、文化素质、智能素质、业务素质以及身心健康等赢得下属的认可。

除此之外，领导者或管理者还应具备充分的管理技能和领导能力。

（1）要具备基本的管理技能。

①技术技能。"干而优则官"的晋升机制就是将个人的技术技能放在首位。事实上，在管理岗位上，管理者并不需要亲身实践操作，但足够的技术技能，却是管理者给予下属指导的关键，也能帮助管理者快速赢得下属的认可。

②人际技能。人际技能是有效与他人共事和建立合作的能力，这也是领导者或管理者成功的重要因素。人际技能能够极大提升管理效率，对外能够加速与相关组织和人员的联系、沟通，对内则可以妥善处理团队关系，在协调和激励中强化团队合作。

③概念技能。概念技能是一种思考能力，具体包括对复杂环境和管理问题的观察、分析能力；对全局性、战略性、长远性问题的处理、决断能力；对突发性紧急问题的应变能力等。

（2）要具备充分的领导能力。

根据马斯洛需求层次，一个有效的管理者，应当能够考虑到员工不同层次的需求，并为其设计相应的激励措施，以指导并推动员工提升自身能力，从而实现组织目的。指导与激励，共同构成了领导能力的核心内涵。

与此同时，在日常工作中，领导者还需帮助个体或群体确认目标，并且给予员工以合适的指导，让员工在目标实现的过程中发挥作用。

基于充分的领导能力，好的供应商也能够建立起高度认同的组织文化，并以文化控制组织内行为、价值观。简单来说，作为组织成员的共同价值观体系，相比于企业管理制度，企业文化更能发挥有效管理的作用，使企业能够朝着特定的、积极的方向发展。

3. 稳定的基层员工

自近 10 年以来，企业员工的稳定性遭遇巨大挑战。

一方面，人员结构性问题在制造业用人方面表现得非常明显。另一方面，中国经济发展迅速，就业机会多也导致人员缺失。

可以肯定的是，老员工不仅能提高企业的工作效率，而且能保证工作质量，尤其是对于某些技能型岗位。

同时，企业的一切战略目标，都需要通过基层员工的执行来完成。如果基层员工队伍不稳定，出现满意度较差或流失率过高的问题，除了影响生产效率与产品质量外，企业的正常运转也会受到极大影响。

某供应商在接到大量订单之后，从 2017 年上半年开始广纳人才，招募了大量具有生产经验和基层管理经验的人才。在短短半年间，该供应商的员工人数从 200 人迅速增加至 380 人。

在招募大量员工的同时，企业并未放松入职考核，部分岗位的要求甚至因此提高。然而，到了 2017 年年底，在企业未出现任何异常的情况下，却出现大量员工离职现象：截至 2017 年 12 月，已有 25% 的员工处于已离职或离职交接状态；春节后，企业人员流失率更是高达 **50%**。

面对这种情况，该供应商紧急开启内部调查程序，与每位离职员工进行交谈。最终发现，大批员工离职的直接原因，就是在待遇、发展方面，老员工与新员工之间存在明显差距，导致老员工不满并离职；而老员工的离职，也引起基层不稳，使得部分新员工随之离职。

基层员工的不稳，必然影响到企业的生产与供应。因此，在考察供应商的资质时，稳定的基层员工，同样是衡量好的供应商的重要标准之一。

（1）企业文化建设。

一个员工入职 1 周内辞职，是个人原因；一个员工入职 1 个月内辞职，是直接上司原因；一个员工入职 3 个月内辞职，是 HR 原因；一个员工入职 1 年内辞职，是企业文化原因。

企业文化是全体员工认同的共同价值观，具有较强的凝聚功能，在稳定员工方面发挥着重要作用。企业文化建设的目标就是赢得个人对集体的认同，在员工和企业之间建立起互动相依的关系。

但企业文化并非一蹴而就的，也并非只是简单的几句口号。企业文化的建设需要通过一系列管理行为来营造并体现，如企业战略目标的选择性、内部分配的公平性、人才管理的合理性和职业保障等。

（2）晋升激励机制。

每个人都希望获得成就感，一个好的供应商，也应当为员工提供某种切合实际的发展目标。尊重和自我实现的需求，是人类的高级需求，也能够极大激发员工的积极性，这种效果更加稳定，也更加持久。

因此，完善的晋升激励机制，是维持基层员工稳定的有效方法。

在制定晋升激励机制的同时，企业也应为员工提供能够施展才华与抱负的平台，以免员工好逸恶劳，或因为厌倦而懈怠。

（3）基层生产、生活条件。

一般而言，身处生产建设一线的员工，其工作及生活条件都比较艰苦。有些企业甚至实行三班两运转、7×24 小时连续作业等。此时，企业更应关注基层员工的生产和生活条件，从而稳定员工思想，调动员工积极性。

好的供应商，必然会为基层员工提供较好的生产和生活条件，并不断进行改善。与此同时，从基层员工的业余生活条件，如文体比赛或其他娱乐活动等，也能从侧面看出供应商的基层稳定性。

（4）提供培训机会。

基于员工的自我实现需求，充分的培训机会，也是稳定基层员工的重要条件。如果基层员工一直没有提升自我的机会，基层员工的稳定性也就无从谈起。

好的供应商的基层员工培训，绝不只是入职培训，而是连续性、递进性的培训机制。例如有的供应商就将员工培训分为三个层次，即"C"–Coaching 做教练、"T"–Training 做培训和"D"–Developing 做发展。这三个层次相互融合、层层递进，能够帮助基层员工做好完整的职业生涯规划。

4. 良好的现场管理和计划能力

看一个企业现场好不好，看洗手间好不好；看一个企业计划好不好，看半成品好不好。

现场是产品生产的原始地，负责最大限度地发挥人、物、设备等资源作用，确保每道工序在高效率运转中，实现最佳的生产质量。计划是为了满足顾客需求，采用适宜、不浪费、经济的方式，生产产品并提供给顾客而实时的各项计划、管理工作。

管理的方法、方式因人而异、因企业而异，一般而言，现场管理的基本方法有 PDCA 过程管理方法和 5S 现场管理方法等。供应商在灵活采用各种管理方法的同时，应具备现场管理的基本技能。

（1）熟练运用 PDCA 过程管理方法。

PDCA 过程管理方法是计划（Plan）、实施（Do）、检查（Check）、处置和改进（Act）的简称，涉及现场管理的全流程，如图 2-29 所示。

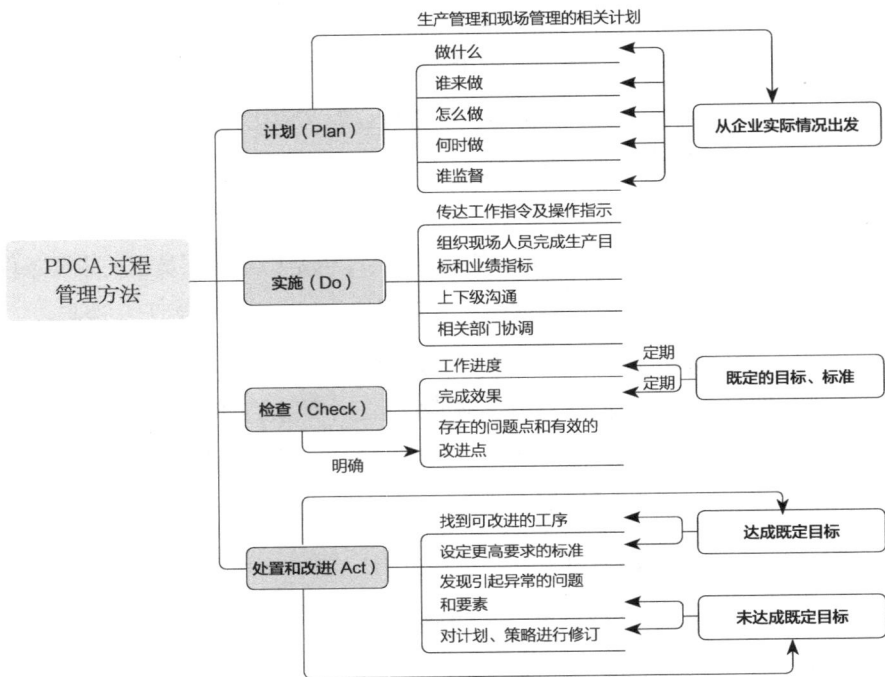

图 2-29 PDCA 过程管理方法

（2）遵循 5S 现场管理原则。

5S 现场管理包含整理（Seiri）、整顿（Seiton）、清扫（Seiso）、清洁（Seiketsu）、素养（Shitsuke）五个项目。5S 现场管理起源于日本，因上述五个项目的罗马拼音均以"S"开头，故被称为 5S 现场管理。

5S 现场管理就是通过规范现场、现物，营造出一目了然的工作环境，并培养员工良好的工作习惯，从而提升人的品质和意识，将现场管理做到极致，如图 2-30 所示，为 5S 现场管理的全过程。

在实际运用中，5S 现场管理方法一般难以达到理想状况，但好的供应商仍会遵循相关原则，以提升企业竞争力。

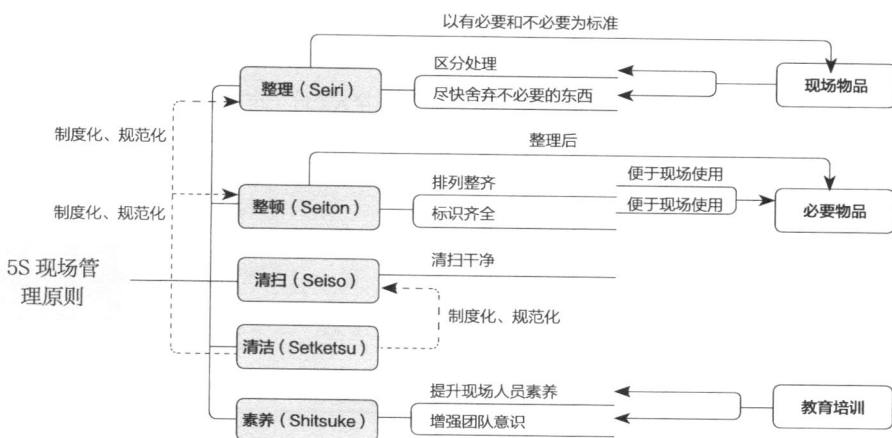

图 2-30 5S 现场管理全过程

5. 生产技术先进与设备优良

技术与设备是供应商企业竞争力的来源，也只有如此才能保证供应稳定、价格优势和质量合格。

好的供应商应当具有先进的生产技术和优良的设备，只有如此，才能满足企业不断上升的采购需求，以更低的成本为顾客供应更优的产品。相关评估则可以分为以下三个环节进行。

（1）做好评估前准备。

由于技术和设备评估具有较强的专业性，因此，相关评估工作也需要做好妥善的准备。在了解供应商技术、设备的基本概况，如设备型号、技术专利等信息之后，企业需要选择合适的评估人员。

关于评估人员的选择，需要考虑以下三个指标：

①对供应商所处行业的了解程度。

②对供应商设备、技术的了解程度。

③对供应商质量体系的了解程度。

（2）实施现场评估。

基于妥善的评估前准备，评估人员则可进入供应商现场，对其设备和技术进行评估，主要评估对象可分为设备文件评估和设备现场评估，如图2-31所示。

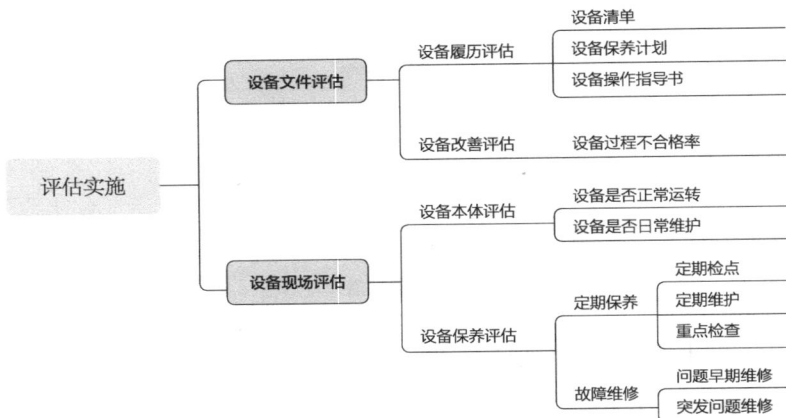

图2-31 实施现场评估流程

（3）评估整改和复查。

在评估实施完成之后，企业还需进行评估整改和复查工作。

具体而言，对于供应商不符合评估要求的设备和技术进行标记，将其列入"不合格项"，并与供应商进行交流沟通，要求其整改。此时，好的供应商也会反馈具体的整改措施，企业在审阅之后，可在约定期限后进行复查，以确保整改措施有效落实。

综合上面所提及的五个维度，涉及公司制度层面、管理层面、人力层面、管理软件层面与硬件层面，如果这五个维度都不错，我们就可以判断这样的供应商基本能满足企业采购合作需要。

2.6 企业实际开发供应商不得不面对的 8 个问题

对于供应商的管理，绝不是仅靠量化考核即可完成这么简单的。现实中，各类细节问题，会困扰着企业对于供应商的开发和管理。以下 8 个问题是最为常见的问题，企业必须做到清晰认识，这样才能找到解决方案。

2.6.1 缺乏系统、有效运作，一团乱麻

基于企业竞争战略与采购目标，系统设计供应商管理体系，从而支撑企业的可持续发展。

然而，更多企业进入快速发展期，很多新产品急需供应商生产。但是，企业缺乏系统管理，往往多个部门同时开始对供应商进行选拔，导致意见始终不能得到统一，对供应商的考核无法有效展开。

对于这种现象，企业当下最需要建立的，是一套完整的供应商标准、流程和计划。首先，企业内部应当达成统一：企业的采购战略与核心目的是什么？这款即将投入生产的产品特质是什么？主打客户体验还是品控质量？确定大方向后，才能为供应商的选择做出指导。

2.6.2 开发供应商周期长，往往半途而废

供应商开发是一个战略与战术重叠区，即它既有采购战略的延展，也有采购战术的内行。故，在引入新供应商方面应进行长远考虑，系统规划。

不同的企业在评估供应商流程方面有所差异，但从供应商引入的方向来看，

都是基于竞争战略整合与产品服务能力相结合的。涉及从产品研发、NPI 导入、产品兼容、质量评估、量产测试等过程，通常有一个较长的时间来验证与测试。

对于供应商开发，欲速则不达。同时解决问题必须未雨绸缪，也不要在问题出现后才想到解决，而是应当在评估供应商时，提前做好准备，将供应商开发置于完全可控、可视化的管理中。

2.6.3 供应商开发无规划，总临时抱佛脚

这种现象的出现，暴露出了一个问题：采购团队对供应商开发缺乏系统认识。在很多企业，尤其是中小企业，认为开发供应商是一个寻找货源的工作，完全将一个很系统的工作做成了一个事务性工作，对事情判断失误，最终导致临时性开发引入供应商，效果自然不好。

最典型的案例，就是哈弗汽车 H8。H8 曾经寄托了哈弗品牌的所有心血，但从 2013 年宣布即将上市，期间多次反复延期，直到 2015 年才上市，这其中就有供应商的问题。供应商提供的变速器与发动机之间存在严重不匹配的问题，并且这种技术难题短时间内难以得到有效解决，结果导致这部汽车始终无法上市，最终成了哈弗的失败产品。这次事件，暴露出哈弗曾经的供应商管理不够严格，没有提前将这些问题进行有效分析，待量产时才得以暴露，这时候为时已晚。

想要避免类似事件的出现，企业应加强供应商开发的计划性管理。

2.6.4 评估标准"公说公有理，婆说婆有理"

同一个指标、同一个现场、同一个评价对象，不同的同事，有人评分 8 分，有人评分 2 分……同时，每个部门都有自己的看法，结果导致争论不休，始终无法对供应商做出最终选择，严重影响效率。

出现这种问题，往往是因为企业建立了供应商评估标准，却没有达成团队认识，以致每个部门都从自己的角度入手，缺乏供应商选拔与管理的大局观。因此，建立完善的供应商评估标准并达成团队认识至关重要。

首先，企业应当建立供应商评估标准——评估标准由哪些部分组成，这些

部分对应的是哪些部门等。例如，技术能力打分，对应技术部门；品控能力打分，对应物料质量部门；交期能力打分，对应市场部与物流部门等。

其次，对供应商评估小组做系统、完整的培训，对评价指标进行标准的定义。依据评价标准让每个部门找到自己的精准打分领域，这样才能为接下来的考核做好基础。

2.6.5 评估小组专业性不强，无法服众

作为供应商管理团队，评估小组一旦不能做出专业的评估，不仅会导致供应商合作过程中问题不断，还会引发优秀供应商心理失衡。

想要让评估小组的决定服众，体现出专业的能力，就必须做到以下这几点。

首先，评估小组的人员，应当由各个部门的精英组成，他们能够代表企业的高水准。

其次，加强内部管理。一旦被投诉专业能力不强，应当及时进行相关调查，并对供应商进行说明，让人感到心服口服。

最后，则是应当建立评估小组培训机制。进入评估小组的成员，应当接受相应专业课程的培训，做到"术业有专攻"，能力不断提升。内部培训应当引入考评机制，能够顺利通过培训和考评的人，才有机会继续担任评估人员；不能通过培训和考评的人，企业就应当及时进行调整，选择其他能力过硬的人担任相应职务。

2.6.6 缺乏供应商开发信息与渠道

供应商开发需要立体、全面地获得潜在供应商信息。前文已经提及过供应商开发的渠道。

对于供应商的评估，首先必须建立在完善的信息之上，如果缺乏有效的供应商信息，找不到供应商信息了解的渠道，那么就谈不上供应商开发。

为做好供应商评估标准建设，企业还应当主动建立完善的信息收集系统，并不断进行更新。在与供应商进行前期交流时，企业应当要求供应商填写完善的信息表格，并将相关内容第一时间录入系统之中。随后，企业应当根据供应

商所提供的信息，对相关供应商进行调查、问询，确定其是否与自身存在合作，合作流程是否顺利等。同时，还应当借助国家工商信息管理服务平台，对供应商的相关注册、行政处罚等进行调查。如果发现某供应商被多次工商处罚，企业应当对该供应商进行降级处理，并要求其做出明确解释，否则不予合作。

2.6.7 采购人员积极性不足，得过且过

采购人员的工作积极性不高，不能认真对待工作，对供应商开发没有危机感，不到问题暴露之时，往往对供应商的生产"睁一只眼，闭一只眼"。

采购人员出现这些问题，说明企业的内部管理存在明显漏洞，导致采购人员"当一天和尚撞一天钟"，只有加强建设内部管理体系，建立"多做不错，不做大错"的观念，并直接与薪金、岗位职务等挂钩，这样才能有效激活采购人员的工作热情。

1. 绩效管理

对采购人员的绩效 KPI 指标里面包含"供应商开发计划与执行"情况，通过指标来驱动采购人员的主观性。

2. 定期提交工作报告

每一名采购人员，都应当定期提交自己的工作报告，说明供应商开发想法，并写出解决思路和方案。通常来说，以周为单位上交工作报告，是较为主流的做法。

2.6.8 供应商淘汰"藕断丝连"

不符合要求的供应商已经被企业淘汰，但通过各种各样的内部关系，依然与项目藕断丝连，继续进行生产。

出现被淘汰供应商依然与企业藕断丝连的现象，往往暴露出这样的问题：企业内部存在一定的腐败，部分采购人员与供应商串通一气，损害企业利益。

对于这种现象，企业必须重拳出击，方可保障供应商工作的正常展开。华为的做法是值得每个企业学习的。

2014年7月，华为集团终端公司董事长余承东写的反腐信被公开。两个月后，华为首次召开企业业务的经销商反腐大会，通告最近的反腐情况，并与经销商共同商讨反腐的制度建设。截至8月16日，已查实内部有116名员工涉嫌腐败，涉及69家经销商，其中4名员工已被移交司法处理。任正非多次表示："公司最大的风险来自内部，必须保持干部队伍的廉洁自律！"

不能肃清内部"毒瘤"，让不合格的供应商继续与企业进行合作，势必会给企业带来难以想象的危害，严重者甚至会造成企业濒临倒闭，正如曾经轰动全球的"西门子供应商腐败案"一样。

所以，企业必须建立公平、公正、公开、客观的淘汰标准，一旦供应商被列入"黑名单"，必须第一时间在公司内部进行公示，并对问题进行详细说明。每一名员工，都有权利进行举报，一旦发现被淘汰供应商仍然与企业合作，一方面，严厉追究相关当事人的责任，展开"内部肃清活动"；另一方面，对举报员工采取保护制度，并对其进行相关奖励。

企业还应当建设"投诉机制"，不仅接受内部员工的举报，还应当对其他供应商打开大门，发现供应商举报内部有员工与被淘汰供应商串通一气，给正规供应商设定不合理门槛的现象，第一时间展开调查，并对相关当事人进行严肃处理。

与此同时，企业内部也应当加强职业道德培训，定期开展相关课程，不断向员工灌输"遵守职业操守"的观点，同时明确强调一旦与供应商徇私舞弊将会承担怎样的责任，对其形成压力。只有做到内部公正廉洁，才能保证供应商的管理有效，这是与供应商合作的关键所在。

第三章

供应商价值整合的 DNA
——绩效管理与应用实践

管理，需要往前走，也要回头看。

回头看就是绩效管理。

你设立什么样的指标，就得到什么。

建立合理的指标体系，来引导个人和组织的行为，达到预期的目标，是目标管理的基本出发点，贯穿现代管理的每个环节，也适用于供应商管理。

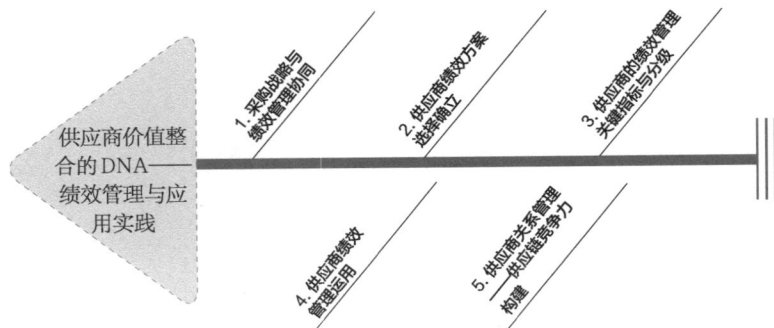

供应商价值整合的DNA——绩效管理与应用实践

1. 采购战略与绩效管理协同

2. 供应商绩效方案选择确立

3. 供应商绩效管理关键指标与分级

4. 供应商绩效管理运用

5. 供应商关系管理供应链竞争力构建

3.1 采购战略与绩效管理协同

在供应商管理中，绩效管理总是最让人头疼的问题。很多企业曾经投入大量资源在供应商绩效管理当中，效果却差强人意。与此同时，企业的采购战略也因此陷入困境。

供应商是企业绩效竞争力的延伸，采购战略与绩效管理之间，也存在着一荣俱荣、一损俱损的关系。

3.1.1 为什么供应商管理绩效不满意

在供应商管理实践中，很多企业都会产生这样的疑惑——为什么供应商管理绩效不满意？当企业投入大量资源和精力在绩效管理当中时，究竟是什么限制了绩效管理的成效？

当企业将"物美价廉、多快好省"作为理想供应商的标准时，其绩效管理指标也必然以成本、价格、交付等要素为核心。由此可见，绩效管理采用的各项指标正是企业对理想供应商特点的反映。绩效管理的目标，就在于以绩效制度推动供应商向着理想供应商成长。

这就是企业绩效管理的内在逻辑。然而，企业究竟应该如何描绘自己的理想供应商呢？答案并不在于世界上最优秀的供应商是什么样，而在于企业采购战略所需的供应商是什么样。

因此，供应商管理绩效不满意的第一个原因就是：绩效管理与采购战略无关。如果绩效管理无法为采购战略服务，绩效管理的结果当然无法推动企业竞争力的提升。

　　笔者看过很多企业，他们从未深入思考过这个问题，有些企业甚至直接复制同行或名企的绩效管理方案。而在这样的绩效管理制度下，绩效管理的结果必然不会太好。

　　绩效管理方案必须与企业的采购战略相匹配，即没有战略就没有绩效考核的价值。

　　例如，我们要培养小孩，并对培养小孩的过程进行绩效考核，如图3-1所示。显然，对小孩的绩效考核与培养小孩的战略目标有关。培养科学家方向的更多的是让其学习知识；培养足球明星方向的更多的是让其掌握体力与控球技能；培养钢琴家方向的则更多的是让其掌握乐理知识与弹奏能力等。同样是培养小孩，由于战略目标不一样，其绩效考核差异巨大。因此，绩效考核必须服务于战略目标，否则，任何绩效考核都是为考核而考核。

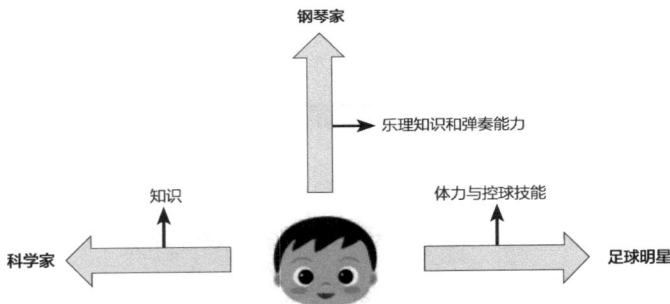

图3-1　对培养小孩的过程进行绩效考核

　　而且随着企业"多品种、少批量"的需求，产品线的扩张会导致其品类的差异，因而对不同品类供应商的绩效考核也不相同。例如沃尔玛公司对海鲜类供应商与五金化工类供应商，虽然同为沃尔玛公司，但品类差异导致其供应商绩效考核也不尽相同，因为海鲜类绩效强调"鲜、活"，而五金化工类绩效强调"品牌、质量和口碑"。

　　供应商绩效管理也同样如此。在企业的供应池中，有各不相同的供应商，有的供应商交付及时，有的供应商以成本制胜，还有的供应商专注于质量……因此，结合企业采购战略和品类要求，应当制订不同的绩效管理方案，以实现匹配，确保每个供应商的优势得到最大化。

企业很难找到在所有指标上都达到极致的原生态供应商，但却能够找到单项或几项指标达到极致的供应商。此时，企业要做的就是协助供应商发展与完善，将每个供应商打造得尽善尽美，达到供应链协同，将供应商的优势发挥到极致，当然这是后话。

总之，只有当绩效管理与采购战略相协同，并与每家供应商相适配时，企业的绩效管理效果才能达到极致，真正发挥出推动企业战略实现的作用。

3.1.2　绩效管理 = 目标沟通 + 考核改善 + 优胜劣汰

绩效管理的引入，将会对供应商产生一定的压力，无论从价格、品质到交付时间，都会尽可能与企业签订的协议达成一致。绩效管理，并非只是简单的一个数字，而是采购战略延展与管理方案落地的体系，这样才能实现供应链协同与成本控制，也有利于对供应商进行有效引导与激励，最终实现对竞争战略的有力支撑。

进行绩效管理时，不少企业往往会陷入如下的错误。

1. 战略目标不够精准

战略目标不够精准这是绩效管理的大忌。绩效是围绕企业经营目标进行的绩效考核评价测定、绩效目标提升的持续循环过程。故没有目标，就没有绩效管理。

笔者在实际的顾问辅导中发现，虽然不少企业建立了绩效管理，但对于核心目标的设定不够精准，缺乏精准的标准衡量品质、价格等。尤其是在采购目标的传递性上做得很不到位，很多企业的绩效考核表格毫无战略性，几乎全部是在"参考"别的公司进行管理的。且不说不同行业的绩效考核标准不能简单拷贝，就是同样的行业，由于企业竞争差异化的原因，也无法如此简单地将绩效考核的标准进行复制。

2. 考核不够严谨

考核要求紧扣企业目标，为企业寻找最佳外部供应商资源保驾护航。通过绩效评估，为了发现供应商的匹配问题，用数据说话，并让供应商有效改善归回到企业资源整合层面。如果没有严谨的考核体系，很容易出现最终产品与要求不符的结果，最终南辕北辙，无果而终。

3. 优胜劣汰无法执行

考核的目的不是有意将供应资源分出等级，但考虑到采购供应人员的工作精力与时间绩效最大化，显然需要对供应商管理有差异化的需求。对于优秀供应商，企业可以重点与其合作；对于绩效差的供应商，企业根据需要可以对其进行具有针对性的辅导。但对供应商进行技术改善、成本改良的机会，可以是有限的。如果企业始终不愿意更换供应商，不但自身的采购工作绩效不达标，且供应商会认为企业采购团队不专业，是"老好人"，会继续不做任何改变。

从以上绩效管理的三个误区，我们就可以看到，如果想要做好供应商的绩效管理，就必须遵循这一等式：绩效管理＝目标沟通＋考核改善＋优胜劣汰。

目标沟通、考核改善和优胜劣汰这三个环节，构成了绩效管理的整体。将其进行分类解读，就可以找到供应商绩效管理的技巧。

1. 目标沟通

所谓目标沟通，就是"告诉对方我需要什么、在乎什么"，即通过绩效考核的指标与权重设计，明确向供应商传递目标并进行确认，并将这些目标作为考核供应商经营能力的标准。

也即只有将各个目标用数据进行量化，并与供应商做充分沟通，供应商才能明确企业的要求，企业的绩效考核工作才能有效推进。这里特别需要指出的是，目标必须有导向性，切勿大而全的目标，因为大而全的目标会导致目标模糊，供应商也会感到无所适从。

2. 考核改善

考核改善，分为两个部分。第一部分为"目标对比"——针对设定的目标，对供应商的工作开展进行考核对比。在绩效评估沟通之时，应当确定考核的时间截点，企业应当及时对供应商的工作，尤其对于供货效率、交货数量的控制等展开考核，更应将其列入特别考核项目。

当考核完成之后，关于考核成绩的信息，企业需反馈给供应商，让供应商对自己的能力有清晰的认识。如果没有这一过程，供应商也就难以知晓自己是否需要改善，或哪些方面需要改善了。

一旦发现供应商不能通过考核，接下来就要推动其进入第二部分——"改善阶段"。因为，供应商能否拿到有效的解决方案，将会直接影响到企业后续经营的顺利与否。这一阶段事关重要，如果供应商不能进行有效改善，很有可能导致接下来的生产工作陷入拖延，直接造成成本的增加。

供应商改善的工作，在日系企业通常由供应商发展辅导部门承担，专业且有效。在欧美企业通常由供应商品质工程师（SQE）负责，但实际 SQE 仅仅做品质管理等周边工作，对真正意义的供应商辅导还有一定的距离。

3. 优胜劣汰

优胜劣汰，是自然的生存法则，同样适用于商业领域。永远要记得这个道理：能者上，庸者下。对于采购，也不要"在一棵树上吊死"。

对于优秀的供应商，企业应该在订单、财务等方面给予倾斜，以支持供应商的发展。然而，倘若供应商始终无法达到自己的预期，而且难以实现改善，那么无论是因为供应商主观重视不足，还是因为客观上遇到了技术瓶颈，都应当及时调整供货数量、暂停供货整顿，甚至考虑采取更换供应商的措施。

需要特别说明的是，企业非到万不得已，不要轻言更换供应商，尤其是产品技术复杂、转换成本高的供应商。我们可以采用暂停供货、业务辅导、管理改善的方法尝试帮助其进步。

绩效管理三大环节环环相扣，层层推进。只有这样才能对供应商产生积极性效果，以提升工作效率，降低采购成本，满足采购绩效。

绩效管理的目的，就在于通过制度约束供应商行为，提前做好说明、有相应考核内容，供应商不达标，企业就会启动退出程序，这样供应商才能重视企业的业务，做好绩效管理协同。

在绩效管理的过程中，还有一点非常重要，就是沟通与分析。企业内部进行沟通，各个部门明确自身的考核目标，这样才能给供应商提供精准的方向；外部沟通，则是加强与供应商的交流，建立良好的关系，让对方真正认识到企业的价值观，激励形成"共存共荣"的理念，这样才能实现绩效管理的效果。

3.1.3 缺乏战略协同的乱象

企业在供应商开发管理中应特别强调"强强联合"，更应强调"门当户对"，尤其是战略协同的门当户对，就如下棋的精彩不是高手与低手之间的猎杀，而是"棋逢对手将遇良才"的精彩一样。

在企业竞争中，供应商的有效配合，对企业最终采购、产品定价、产品上市周期等起到了决定性作用。无论苹果公司，还是奔驰公司，都对其供应商提出了严格要求，一旦供应商出现明显问题，就会立即对其进行调整或者优化，避免因供应商环节出现的漏洞，引发严重的供应链风险。

供应商管理协同，是所有品牌都非常关注的重大课题。即便如苹果这样的世界级品牌，同样也遭遇过因为供应商无法有效配合，产生的新产品上市延期等问题。2017 年 9 月，在苹果发布十周年 iPhone 前夕，多家媒体报道，由于供应商环节出现了问题，苹果公司即将发布的十周年 iPhone，可能因为供货不足而推迟 3 周发货。果不其然，尽管苹果公司及时更换供应商，iPhone X 在发售初期，仍然遭遇了库存不够的难题，很多客户在预订之后一个月才拿到新机。而这些问题在国内手机公司如华为等也曾发生过类似事件。

因为供应商极度"不配合"而引发供应商的更换，势必会对产品的正常生产造成直接冲击。既定计划将被彻底打乱，其造成的后果除了导致项目停滞、成本增高之外，更可能导致企业的整个运转出现偏差。

没有一家企业愿意与不靠谱的供应商合作。那么，为什么供应商不配合企业？我们可以从以下两个角度找到答案。

1. 自身原因：采购战略不清晰

在开启绩效管理之前，很多企业都未曾明确过自己的采购战略，考核部门甚至都不明白考核的意义所在，只知道对供应商的要求就是"物美价廉、多快好省"。在这一前提下，绩效管理自然缺乏针对性，企业与供应商的相互配合也就无从谈起了。如此一来，供应商当然也不知如何配合企业的绩效管理。

同时，在与供应商签订合作协议之时，企业也没有对供应商进行相应的绩效引导，缺乏有效的目标沟通和考核体系，仅仅只对初级问题做出了约束，这很容易导致供应商在绩效配合上越走越远，甚至出现懈怠情绪，无法配合企业进行长远的发展。

供应商管理上接战略、下接绩效，缺乏战略协同，绩效管理当然就失去了意义。

锤子手机的初期发展就是一个典型案例。在初期锤子手机 T1 生产之时，由于对行业了解不够充分，罗永浩未曾制定完善的采购战略，其绩效管理当然也缺乏效用。供应商不仅没有按进度生产，而且品控极差，导致锤子手机的质量饱受诟病。为此，罗永浩不得不亲自赶赴供应商工厂，亲自把控质量，逐步完善采购战略和绩效管理。与此同时，曾被看作"黑马"的锤子手机不得不降价销售。

2. 供应商原因：缺乏战略协同

即使企业有清晰的采购战略，在与供应商的合作中，企业也应当与其进行充分沟通，说明绩效管理与采购战略之间的关系，让供应商对此有清晰的认知。然而，供应商也有自己的企业战略，虽然很清楚采购方（客户）的需求，但由于自身战略与客户不匹配，可能对客户的绩效管理重视不足或理解片面，难以实现良好的战略协同作用。

用"门当户对"一词来形容比较容易理解，即采购方将供应商作为重要战略供应商对待，但由于供应商战略转型或业务变化，供应商只将采购方作为一般客户而非重点客户对待，这样的协同效果自然大打折扣，就如图 3-2 中第二象限的那种合作一样。

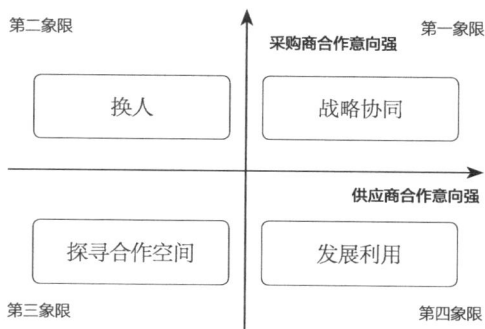

图 3-2 采购商与供应商合作关系

有些企业在与供应商的谈判与沟通中，始终将降低成本作为重点，专注于价格控制方面。此时，价格就成了唯一的评判标准。供应商也就可能为了给出更加优惠的价格，而在质量、交付、售后等方面做出牺牲与妥协。

绩效管理的组成，包括价格、品质、口碑、隐形进步空间等，单以价格做决定,很容易导致供应商以"价格便宜"为借口,选择不配合,导致产品问题频现。

在这两点原因的交叉作用中,供应商的配合力度自然不足,战略协同也就无从谈起。一旦问题大爆发,企业甚至供应链往往会面临重大损失。所以,只有建立了完善的采购战略,并以此为基础形成供应商绩效管理制度,企业才能在目标沟通中,确保供应商配合生产与改善,从而最终在采购战略的实现中,推动企业竞争力的提升。

3.1.4 采购战略方针与目标如何确定

绩效管理必须基于采购战略方针目标,那方针与目标怎么出来?

在与供应商缺乏战略协同时,很多企业将原因归咎于双方战略的冲突上,导致双发在合作策略、计划协同、交付管理等方面发生冲突。于是,有人会问,采购企业与供应商企业的战略应该是可以确定的,即都是基于盈利并高效发展的需求,且他们的战略方针与目标必然以企业绩效管理为导向。那么冲突是怎么来的呢?

其实,这不难理解。例如,同样去旅游,有人在乎旅游的目的地,有人却在乎旅途的过程……显然每个人的旅游方式与目标各异。更何况还有人可能是因失恋去旅游的,有人是为祝贺考上大学去旅游的等。因此,企业需要盈利并发展,而赢利点与发展点各有差异,当然绩效考核也会有差异。

例如企业绩效管理以成本为核心,供应商自然会不断削减成本;如果企业绩效管理更加关注质量,供应商也会将质量作为战略重心;如果企业绩效管理看重创新,供应商则会持续提升创新力……

因此,企业必须重视绩效管理制度的制定和完善。而供应商绩效管理制度的制定基础,就在于企业的采购战略。这就引出了本节内容的主题——采购战略方针与目标如何确定?

企业可以从四个方面着手进行,如图3-3所示。

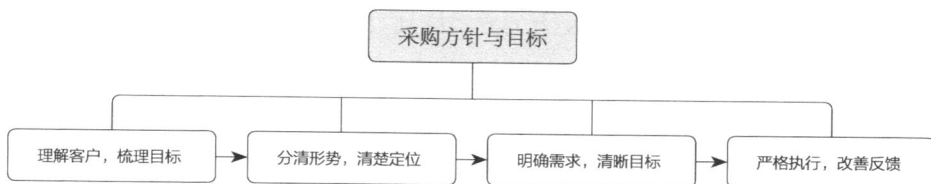

图3-3 采购方针与目标的实施

1. 理解客户，梳理目标

每个企业战略的开头都是愿景、使命和目标。很多企业将之看作空话，但这简单的几句话，其实蕴含了企业竞争战略的核心，其本质是理解当下与未来的客户。因此，在确定采购愿景、使命和目标时，企业首先要确保其与企业整体战略愿景、使命和目标相一致。

为此，在制定企业整体战略时，企业采购高管就应参与其中，从一开始就将采购战略融入企业整体战略中去，以发挥二者的协同效应。

2. 分析形势，清楚定位

强大的采购战略，不可能通过"闭门造车"的方式制定出来。所谓"闭门造车出门不合辙"，如果脱离市场形势，采购战略也就难以具备其应有的效用了，更不可能协调所有利益相关方的需求了。

因此，企业确定采购战略时，必须知晓供应链的运作逻辑以及外部环境。此时，企业可以采用PESTLE分析法，分析政治、经济、社会、技术、法律和环境等因素，以评估公司的运营环境；也可以采用SWOT分析法，分析竞争优势、竞争劣势、机会和威胁，以评估采购过程和供应链情况。总之，企业应借助各种方法，制定出符合市场形势的采购战略。

3. 明确需求，清晰目标

企业应明确竞争需求，探寻外部最佳匹配资源，从而支撑企业战略。此刻外部资源需要什么样的内容来支撑，即可以转化为企业整合外部资源的索引，我们称之为"目标"。战略目标想要落地，就必须与企业实际相结合，也只有如此，其方针才能执行，目标才能实现。

此时，企业可以采用由小及大的方式排列目标，在确定所有采购事项及其执行计划之后，根据计划的重要性将其进行排列组合，在凸显核心采购计划、兼顾所有采购需求的前提下，制定出合适的采购策略。

4. 严格执行，改善反馈

只有在执行中，采购战略的有效性才能得到证明。因此，企业要制定一个战略采购周期，在每个周期内，采用适当的管理工具监控采购战略的执行进度，并收集和评定可用的绩效信息，从而在战略采购周期后进行分析与总结，从而对采购战略进行改善。

3.1.5 供应商绩效的设计原理

在确定采购战略的方针与目标之后，企业才能以此为基础，设计出适当的供应商绩效管理方案，以绩效管理推动采购战略的实现。

对于供应商的绩效考核，企业应当做出科学设计，在大框架下不断完善各个细节，并通过打分制的模式，快速对供应商进行全方位的判断。这种绩效管理设计，能够帮助企业有效看到供应商的实力、价格水准，从而为其量身打造绩效考核计划，以发挥供应商的优势能力。

如图 3-4 所示，企业供应商绩效应按以下这几个步骤进行。

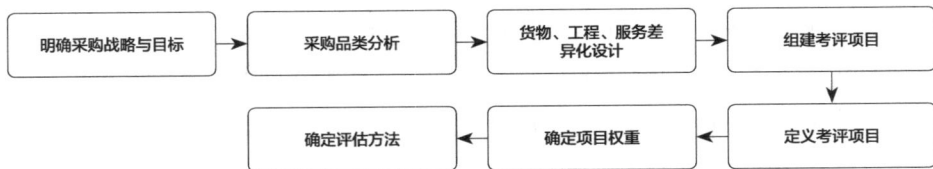

图 3-4 供应商绩效的设计原理流程

（1）明确采购战略与目标：就是明确企业采购战略目标与方针。

（2）采购品类分析：不同的采购品类有不同的 KPI 指标，例如同样属于沃尔玛，其海鲜品类与包装食品品类的 KPI 就完全不同。

（3）货物、工程、服务差异化设计：对于企业大品类分类有一个广度的行业分类与定义。

（4）组建考评项目：这是一个非常关键的步骤。依据企业采购目标、行业分类、采购品类三个要求，设计并组建具体的考核指标。

（5）定义考评项目：需要对组建的考评项目进行定义，否则会导致评估小组成员因差异化理解而偏离其本身意义。因为同样一个词，不同的人对其会有不同的理解。如有一个指标叫"健康"，不同的人可能有不同的理解：有人认为"1年内没去过医院叫健康"，也有人认为"每天保持 2 小时运动叫健康"，当然还有人认为"皮肤黑就叫健康"……，因此，为减少评估小组成员理解的差异，企业需要对评估 KPI 指标进行定义。

（6）确定项目权重：这也是一个非常关键的步骤，需要对不同的指标设置差异化的权重数据，以满足支撑企业战略引导的需求。

（7）确定评估方法：依据考评指标的特点，制定出不同的评估方法以供评估小组参考使用，如访谈法、问卷法、调查法、现场确认法等。关于评估方法在上章供应商管理评估里面已有相关的阐述。

在具体的供应商指标设计中，企业要对供应商进行全面的封闭考量，这就会涉及供应商的各个方面，包括供货能力、成本价格和交付能力等，并通过对过去的周期业务进行分析，从整体上观察供应商的能力。

同时，企业可以根据采购战略与目标，对核心指标进行重点考察。这里以政府采购行业产品分类为例进行说明。

1. 货物类

货物类供应商，主要侧重于消费品的生产。这类产品的考核，短期内重点在于产品品质与价格。

2. 工程类

工程类的考核，包括了供应商的场地基础、机械基础等。通常来说，供应商的加工设备越高端，产品品质越高、成本往往越低；厂房建设越完善，生产率就会越高，同样能够达到降低成本的目的。所以，在进行绩效考核时，企业同样需要将供应商同类项目经验、规模实力纳入其中。

3. 服务类

对于服务类的考核，应当侧重于产品的完整性应用、快捷度等方面。

4. 定点类

定点类产品，往往说明某类产品或技术被少数几家供应商垄断，必须采取定点类采购，如手机电脑芯片等，应重点关注交付。

绩效管理的制定当然不只考虑采购产品种类，企业要综合考虑采购战略和采购产品或服务，从质量、成本、客户体验和创新四个层面进行打分，从而判断供应商是否满足企业要求，是否存在相应的改善能力。

为了充分调动供应商的积极性，企业也可以将评分分值反馈给供应商，根据其中的问题与其进行有效讨论，最终拿出精准的解决方案，并将之融入绩效管理中去，这样的绩效管理方案也更能赢得供应商的认可。

丰田公司的策略即如此。在对供应商进行评分的基础上，丰田会与供应商进行紧密交流，定期开诚布公地与其进行谈判，直到双方满意、彼此接受时，才会进一步展开工作。丰田在质量、价格、体验、创新等方面的差异化竞争力，正是丰田与供应商从开发、生产、质量管理、销售到采购等一系列环节上紧密配合的结果。

这种绩效打分制设计原理看似简单，但为了确保效果，企业也要注意规避以下可能存在的漏洞。

1. 考核细节不够完善

考核细节不够完善，容易使企业对供应商的能力产生过高估计，包括供应商内部管理模式等，都会直接关系着生产周期和生产品质。如果忽视细节、只看核心指标，则很容易出现其他层面的风险。

2. 打分过于均衡

质量、成本、客户体验和创新，是企业战略的核心要素，也是绩效管理的核心要素。但是根据采购战略的侧重点不同，打分也应当有所侧重。否则，打分过于均衡，很容易导致产品全面平庸，毫无市场竞争力。

3.2 供应商绩效方案选择确立

在采购战略与绩效管理的协同中，企业可以确立供应商绩效方案的整体方针。但想要将其真正落地实施，仍需要通过量化形成完整的实施方案。量化方案的选择确立，不仅可以更准确地传达给供应商，也有助于企业更精准地进行数据判断和考核，从而与供应商进行更有效的沟通，提升企业采购竞争力。

那么，量化方案该如何制定呢？分类方案与加权方案，是目前最常用的主流方式。

3.2.1 分类方案

企业的有序运营，需要各部门的有效协作。而在实际运营中，各部门看重的数据也有所区别。采购部门可能更注重采购成本，生产部门则更关注交付时间……因此，如何让各个部门独立对供应商进行考核，其得到的结果也可能天差地别。

根据这一逻辑，则形成了供应商绩效考核的分类方案。分类方案主要从企业内部的不同部门入手，将各个部门进行分类，分别根据自身的考核重心，对供应商进行打分，并最终汇总，以形成完整的绩效考核成绩。

通常来说，分类方案完全是基于部门需求思考的。

1. 质量部

对供应商质量管理体系、样品管理以及提供物料质量和稳定性进行考核。

2. 生产部

通过供应商的生产能力、管理调度能力、瓶颈管控、过程控制、人员管理等维度对供应商做出评估。

3. 采购部

采购部对行业进行采购价格分析，考察供应商的价格体系，也包括供应商的供应商（二级供应商考评）、交付、物流仓储等。同时，采购部还要收集各个部门的数据记录，组织召开年度供应商质量考核评价会议，建立、保存供应商质量绩效考核档案。对供应商的改善、更换供应商等方面提供明确方案。

当然，还有研发、财务、人力资源等各个部门。多数企业，可以通过不同的部门分类，对供应商进行完整的绩效量化分析。具体操作中，每家企业则可以根据自身情况制定量化标准，由各个部门组成多个评分小组，对供应商进行独立打分考核，最终得出供应商绩效报表，这样就能对供应商提出有效建议，同时对供应商进行级别划分，如表3-1所示。

表3-1 对供应商进行独立打分考核及奖惩

级别	综合绩效	奖惩情况
一级	100~90分	一级供应商，可以优先进行合作，加强采购的力度。
二级	89~80分	二级供应商，保持现阶段的采购计划不变，对其提出针对性的调整方案。
三级	79~70分	三级供应商，适当减少采购量，提出明确的整改意见。如果依然没有得到改变，那么应当暂停采购计划，直到进行改善结束后，再决定是否继续进行采购。
四级	69分以下	从"合格供应商名单"中删除，从此不再与其进行采购合作。

分类方案，对于供应商的绩效考核非常直观，能够很快发现问题和改善的空间。所以，多数企业都可以采取这种方式对供应商进行考核。

联想集团即如此。联想集团，几乎每天都会进行一次分类考核。一旦发现供应商出现明显变化，联想集团就会第一时间采取行动，在短短几个小时内，即可将几十种产品、几千种物料、面对几百家供应商的计划做重新调整，以快速应对市场的变化。

对于中小企业来说，为了确保供应商绩效管理的推进，应当保证周度考核、月度考核，从而快速发现问题并及时解决。

一般而言，分类绩效方案，更适合采购需求越旺盛的企业，尤其是制造生产企业。在这类企业中，原材料、零部件的采购成本，高达企业总体运营成本的 40%~60%，甚至达到 80% 以上。因此，一旦缺乏对成本的有效控制，企业竞争力就会明显降低。

与此同时，供应商的分类绩效考核，也有助于对企业关注方向的评估。尤其是采购成本与价格管理、产品质量管理和生产交付等环节，是分类绩效考核方案可以单独、专项、重点考核的对象。

为了分类绩效管理的有效推进，企业也要注意以下容易忽视的漏洞。

1. 绩效考核周期

企业应依据供应商合作的情况来决定供应商考核周期。很多企业用固定周期的方式（如每月或每季度）考核供应商不利于供应商的绩效管理。企业必须设定差异化的绩效考核周期，对于合作绩效不好的供应商一个月一考核，因为短时间内暴露的问题，供应商可以及时修正；对于好的供应商，可以进行年度考核，即使这样，也不会导致数据失真。

2. 绩效考核的数据汇总

分类绩效考核的目的，是通过不同角度得到丰富的数据，从中发现规律和问题。所以，数据必须进行有效汇总，以便于企业通过多个角度对供应商进行判断分析。缺乏系统的数据汇总，容易导致抓不住问题的重点，始终难以解决供应商的首要问题。

3.2.2 加权方案

在分类方案下，由于各部门采取的考核指标不同，考核结果也可能出现难以汇总的问题。另外，在不同的战略侧重下，生产、采购、财务等部门在企业战略中的重要性也有所差别，分类方案则无法体现出这种差别。

因此，在分类方案之外，企业也可以选择加权方案。相比较分类方案的过于平均化，企业可以根据战略需求，对每个考核指标进行权重分配，使得供应商绩效方案更符合企业采购战略。

在加权方案下，企业可以制作一张统一的绩效考核表，并根据企业采购战略的需要，对每个考核指标进行加权，如价格、质量、交付时间、售后服务等指标，加权系数则记为 X_1、X_2、X_3……X_n，需要注意的是，"X_1、X_2、X_3……$+X_n$"的结果必须等于 1。

对供应商进行绩效考核时，企业内各部门都使用这张考核表进行打分，最终汇总形成供应商绩效考核的最终成绩。

这种考核方案，与企业战略更加协同，能够凸显采购战略的重心。在对供应商重点指标的考察中，企业也能对供应商进行有效分级。

然而，与分类方案相比，加权方案的实施无疑更加复杂，企业需要考虑更多细节，并对各项指标的权重进行合理制定，如表 3-2 所示。因此，加权方案更适用于核心供应商的绩效考核，能够推动核心供应商的优势能力进一步提升，从而推动企业战略的实现。

表 3-2 绩效方案优劣势对比

绩效方案	优势	劣势
分类方案	可以单独针对部门考核供应商，数据统计汇总可以灵活组合	会出现片面性，汇总计算有难度
加权方案	表格设计需要全方位考虑，统计简单	绩效突出性评估不强

3.2.3 绩效量化考核流程模型

量化是一种从目标出发，使用数字量化的手段进行管理体系设计和为具体工作建立标准的评估与管理手段。量化手段有两种，即客观量化与主观量化。

客观量化的评估结果不因为评估者的差异而变化，如合格率、交期达成率等。主观量化的评估结果会随评估者差异而有所不同，如供应商沟通能力、服务配合度等。在量化中，如果全部为客观量化固然简单，但极可能由于量化设计指标错误而导致评估结果错误。故在量化评估中，绩效考核通常会增加主观量化的内容来微调整体的结果。当然这都是基于产品采购目标而定的，不是为调整而调整的。在量化过程里面，我们也提议企业在设置绩效指标时将主观量化指标与客观量化指标的比例定为 2∶8。

根据企业情况确定好供应商绩效方案之后，企业则要着手展开绩效量化考核流程。在实现形式和适用情况上，分类方案与加权方案虽然有所不同，但在量化的逻辑上，二者大致相同。

简单来说，现代企业量化的方法为打分评估法，如图 3-5 所示。

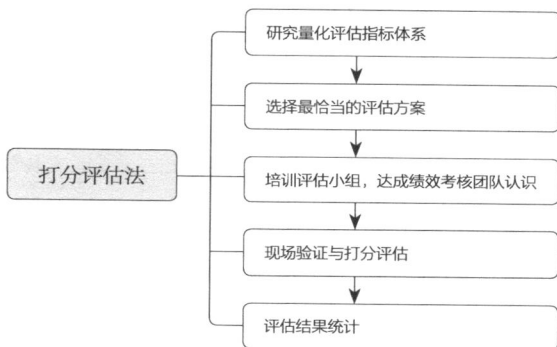

图 3-5 绩效量化考核流程

（1）研究量化评估指标体系：评估小组在开始绩效考核之前，企业首先要明确绩效考核体系，并深入了解具体指标，如成本、质量、交货期等。

（2）选择恰当的评估方案：在具体评估中，企业可以采用的方法有很多，但每一个指标的验证与打分需要有针对性的方法。企业要确定每个绩效指标的评估方法，如访谈法、问卷法、调查法、现场确认法等。

（3）培训评估小组，达成绩效考核团队认识：以上部分工作细化并确定后，企业应该形成一个评估执行规则，然后对考核评估小组进行统一培训，达成共识。因为对于同样的考核指标，各企业、各部门的理解可能会有所不同。因此，要对业绩因素进行定义，如质量指标，要确定是只看产品本身，还是对产品、包装等方面进行综合考虑；笔者发现，很多企业都是忽略这个工作的，最后导致的结果是同一个指标，不同评估人员的量化结果差异巨大。

（4）现场验证与打分评估：依据考核表的要求逐项逐条展开确认，并统计分数。

（5）评估结果统计：通过评估之后，企业则可以对相关结果进行汇总统计，确认供应商的最终考核成绩。

只有在严谨、科学的定义和定量下，绩效管理才能有序展开。否则，在绩效管理中，企业就可能陷入"做了无效、不做心不甘"的尴尬境地。

3.3 供应商的绩效管理关键指标与分级

绩效管理始终应该以企业采购战略为起点与终点，而在选择好适合的绩效方案之后，企业则需要一套详细的绩效管理指标。只有如此，量化考核才能做到有理有据。其绩效指标设计在某种程度上也需要符合SMART 原则，如图 3-6 所示。

S 代表具体 (Specific)，指绩效考核要包含特定的工作指标，不能笼统。

M 代表可度量 (Measurable)，指绩效指标是数量化或者行为化的，无论主观量化还是客观量化，可以验证这些绩效指标的数据或者信息。

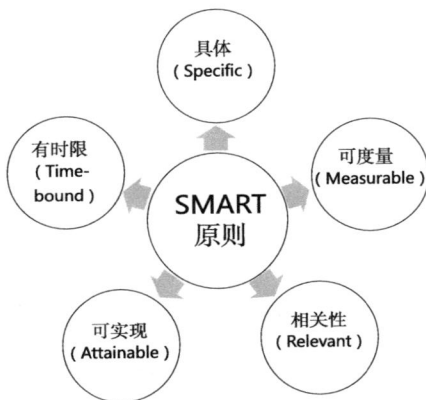

图 3-6 SMART 原则

A 代表可实现 (Attainable)，指绩效指标在付出努力的情况下可以实现，避免设立过高或过低的目标。

R 代表相关性 (Relevant)，指绩效指标是与供应商工作的其他目标是相关联的。

T 代表有时限 (Time-bound)，注重完成绩效指标的特定期限。

量化考核只是手段，而非最终目的。为了以绩效考核提升采购竞争力，企业仍需根据供应商绩效指标对其进行分级管理，从而有效整合供应商价值。

3.3.1 基于战略的供应商绩效的指标设计原理

绩效方案必须与采购战略相协同，因此，在制定供应商绩效考核指标的过程中，企业也应当基于采购战略进行设计，并将之融入整个供应商管理当中，形成完整的绩效量化考核的流程。同时，企业应做到以下几方面。

（1）考虑整体性。企业不应仅站在自身的角度讨论问题，而应该跳出企业的圈子，站在整个行业价值链的高度设置流程绩效指标。

（2）关注客户。企业在设计指标体系时要时刻自问，以客户真实的需求为终点，而非内部一相情愿。

（3）设置全流程。不要为了便于考核就切分流程，而应该直接设置"端到端"指标。

（4）指标具有突出性。指标不要多，但要突出，一个流程设置 3 个指标并能管理好就已经需要投入很大的精力了，切莫贪多。

那么，供应商的绩效管理指标应该如何设计呢？如图 3-7 所示，为战略、策略、流程与工具的关系。

图 3-7 战略、策略、流程与工具的关系

1. 指标设计自上而下，以采购战略为基础

供应商绩效管理必须以采购战略为基础，只有在采购战略的指导下，绩效管理作为一种"术"与"器"，才能支撑"道"的实现。因此，供应商绩效管理指标设计的首要原则就是以采购战略为基础。

特别需要强调的是，指标设计自上而下，以采购战略为基础，还应该结合行业与产品品类的特点综合设计，这就意味着在同样的企业，不同品类指标和权重是差异化的。

只有在完善的战略指导下，指标设计人员才能进入绩效考核的具体操作当中，对各考核指标细致核算，实现供应商的量化分级和有效管理。

2. 八成考核指标可客观量化考核

绩效方案在制定中，为了确保后续方案的有序实施，考核指标必须可客观量化，否则，也就难以在细致核算中，对供应商绩效进行准确的考核。

根据企业常用指标，这里以成本、质量、交期三大指标为例，进行简要说明。

（1）成本指标。成本指标的考核一般以物料价格为主导。此时，采购部门应与财务部门联合起来，针对每项物料的每批次价格进行评分，如价格高于行业平均水平，每高出10%，扣除10分，超过30%则不得分。

（2）质量指标。质量指标的考核则以品质管理部门为核心，此时，可由生产部门和品控部门联合考核：在产品验收时，如发现质量不合格则扣10分，如果连续不合格超过3次，那么不得分；使用过程中，如出现质量问题，每次扣5分，造成质量事故不得分。

（3）交期指标。交期指标同样可由多部门，包括采购部门、仓储部门和生产部门等联合考核，而在考核交期指标时，除了考核交付及时性之外，企业也要关注交付的准确性。供应商按约及时、准确交付，是基本的要求。在此前提下，如交付延误，但延误时间在1天以内，则扣1分；如果延误严重或影响企业生产，则扣5分等。

与此同时，如交付货物与约定物料的误差在±0.3%之内，则可以接受；如超过0.5%，应当扣除1分。

3. 适度拉开差距，便于供应商分级

在专注的指标核算下，企业可以对每个供应商的供应能力进行评估打分，从而确定供应商分级，对其进行有效管理，并对其做出针对性调整。但前提就是考核分数需要拉开差距。否则一个供应商82分，另一个供应商83分，在管理上还是会存在困扰的。因此，绩效指标不仅要满足量化考核的需求，也要能够有效体现供应商能力，拉开差距为后续的分级管理奠定数据基础。

一般而言，企业可按照既定的评分标准，将供应商分为A、B、C、D四级（不同企业叫法不同）。对于不同级别的供应商，即可进行下一步的流程。

（1）针对A级、B级供应商，在将其纳入稳定推进合作关系的基础上，维持产品生产监视、品质管理等供应商管理措施，推动优质供应商保持并提升其能力。

（2）针对C级供应商，根据供应商存在的具体问题的严重性，通过与供应商深入沟通，寻求解决方案，并提供相应支援，以帮助供应商有效提升供应能力。与此同时，也可适当通过停止交货、调整订单和重新确认等手段，对供应商施

加压力。

（3）针对 D 级供应商，其一般存在重大隐患，企业应将其作为重点监控对象，高度防范供应风险。在企业辅助供应商发展无效的前提下，一旦发现风险增大，则应当立即暂停与其合作，并进入"新供应商导入"的流程。

（4）针对新供应商，其同样需要遵循厂商征信、供应能力、品保系统、技术流程的全方位考核原则。此时，企业内部各部门应当及时进行协调行动：物料部门需要根据样品进行品质上的考核，并对品质做出详细说明；采购部门根据物料部门所做出的数据分析，对价格进行判断；物流部门对供应商的供货单进行查询，了解其是否能够顺利交货等。在多个部门共同参与的绩效考核中，如新供应商低于 B 级，则应当让其暂停供货，并根据企业产品情况调整供应商资格，甚至将其淘汰出局并重新选择。

当与新的供应商确定合作后，即可将其纳入试用供应商进行监督。随着供应商的正式投产开始，其定期还要进行"原材料质量检讨"，企业对材料满意度、服务体系、订单管理、工程进度、成本波动等方面进行调查。根据产业属性、订单需求、时节需求的不同，这种检讨周期应当以周、月、季度进行，并将这些数据考察纳入体系，最终再次纳入供应商绩效管理，对供应商的绩效进行量化考核。

4. 遵循长期使用、全面考核的原则

绩效量化考核流程模型一旦建立，就需要保持长期循环，让其成为供应商辅导和发展供应商管理的制度基础。而在这一过程中，供应商的很多问题也都能够第一时间发现，从而及时、有效解决。因此，在设计绩效指标时，企业必须考虑到长期使用的需求。

与此同时，绩效考核切忌只考虑核心指标，如成本、质量、交期等。任何企业都是一个内部协调运作的整体，企业内部的任何部门发生风险，都可能影响到整个企业。因此，企业在对供应商的绩效考核中，也应注重对非关键的其他指标的考核，此时，也可适当采用非量化考核的方法。

量化数据，可以直观地体现供应商的核心能力，但有些供应风险的衡量则需从其他角度进行衡量，例如：

供应商能否积极接纳企业提出的有关现场开放的需求；是否可以及时提供企业要求的新产品技术配合与报价；是否能够保证不与影响到企业切身利益的相关公司进行合作；能否遵守保密原则，保护企业的商业机密……

以上问题都关系到供应风险，乃至企业的竞争风险。因此，如果供应商难以在这些方面做出有效承诺，企业也要考虑是否对其进行降级处理或停止与其合作。

3.3.2 绩效指标

3.3.2.1 质量绩效分解

品质是产品立足的根本，所以质量绩效分解应当放在绩效管理的首位。企业应挖掘供应商的问题所在，通过不断改进来确立全面材料供应链的专业化管理，从而获得明显的竞争优势。

下面为某企业引入百分制打分模式，对质量绩效进行分解，如表3-3所示。

表3-3 质量绩效百分制分解

序号		评分标准	满分	打分
1	供应商物料入库检测质量状态	A. 因为质量问题产生退货，扣50分。	50分	
		B. 有瑕疵，需要返厂再加工，扣30分。		
		C. 入库无问题，不扣分。		
2	供应商PPM指标状态	A. 连续两个月以上超过目标值，扣30分。	30分	
		B. PPM实际超过目标值，扣15分。		
		C. PPM低于当月的目标值，不扣分。		
3	供应商新产品OTS/PPAP完成及时状态	A. 不能按时完成，或提交严重不合格，扣20分。	20分	
		B. 未能完成，代替交了继续改进的方案，可以有效执行，扣10分。		
		C. 能够按时完成，不扣分。		

质量绩效分解中，出现了两个名词：PPM 与 OTS/PPAP。这是关系物料质量的重要参数，必须引起重视。

所谓 PPM，它是产品质量检验水平的一个标准，即提供给用户的 100 万个零件中，不合格品不准超出多少的标准。为了得到这个标准，就必须保证工序质量，将坏损率控制在有效的范围内。例如 1PPM，就是百万分之一，一百万的产品中，坏品数量不能超过一个。企业应当与供应商不断讨论，找到合理的 PPM 值，并严格遵守、认真检查，保障产品质量。

同时，这也是对企业物料部门的任务要求：收到供应商的物料后，必须展开有效的抽样检查，尽可能使用自动化检查装置在生产线上进行全数检查，必要时还得进行双重或三重检查。

OTS/PPAP，指的是手工样件与试生产，它是指在与供应商正式签订采购协议前，对供应商的能力考核。通过对样品品质的分析，企业可以看到品质能否达到要求，此为 OTS；样品确认后，供应商进行少量试生产，进一步确认品质，以及预测供应商的生产效率，此为 PPAP。这是新市场开发的重要步骤，尤其当企业决定推出新品时，物料部门必须对 OTS/PPAP 进行严格监督，一旦发现有隐患，企业必须立刻停止与供应商合作。否则，等到正式开工，发现问题频出之时，所有工作都会陷入被动，不仅包括生产，市场营销、客户拓展、经销商计划等都会面临严重的成本浪费。

三星 NOTE7 手机爆炸门，就是 OTS/PPAP 不良的典型案例，导致了一系列后续问题难以解决。与供应商进行 OTS/PPAP 测试时，三星并没有做更为完整的测试，而是为了抢占市场不得不快速投入生产。但随后一系列爆炸事件的发生，各国航空公司的禁用等，让这款原本关注度极高的手机，迅速被市场抛弃。尽管三星公司不得不停止销售该款手机，并一再出面道歉，但该品牌的负面影响已经不可逆转了。

NOTE7 的问题，就在于设计之时出现了漏洞，如果能够做好 OTS/PPAP 测试，那么问题就会得到有效暴露和解决。所以，通过三星的 NOTE7 危机，我们可以看到：想要做好供应商的绩效管理，企业自身必须严格对待，认真执行 OTS/PPAP 考核。

质量绩效分解的目的，是发现问题。而解决问题的方法只有一个：做好第一次、做好每一次、不断改进。只有形成这样的递进关系，质量绩效分解才有意义，供应商才会愿意配合我们的绩效管理，不断提升自身能力。

质量绩效管理的重点就在于"不断改进"。所以，我们可以找到很多企业容易忽视的细节点。

1. 及时快速反馈信息

品控部门一旦发现问题，应当及时将相关报告交给供应商，在没有得到解决方案前，不可进一步进行生产。否则，采购的产品依然不能得到质量保障，给未来带来极大的隐患。也许，仅仅只需暂停一天的生产，但找到有效的解决方案后，会让未来很多问题得到提前解决，这就是所谓的"磨刀不误砍柴工"。

2. 对 PPM 的重视

PPM 的抽样检测，将会直接反映一批产品的品质质量，所以 PPM 应当多次进行，而不是只进行简单的少量检测，让检测数据更加丰富，这样才能真正发现问题。

3.3.2.2 成本绩效分解

成本，直接关系企业的资金运转，它就像一个杠杆：成本过高，杠杆过高，企业资金链高位运转，稍有不慎，就有可能从高处跌落，打破杠杆的平衡。只有让成本趋于合理区间，才能保证最终市场定价具有竞争力，从而实现资金链的正常运转。

成本绩效分解，可以从以下这几种方法入手。

1. 实际价格与计划价格的比较

通常来说，企业在与供应商进行正式谈判前，都会根据市场进行一定的调研，并制定计划价格。这个价格，与供应商的实际报价往往有一定差距，因此企业必须进行绩效考核，分析其中的差额是否处于合理范围内。

进行成本价格绩效管理时，企业应当参考以下三个价格评价。

（1）采购价格变化＝实际价格－计划价格。

（2）采购价格变化百分比＝实际价格÷计划价格。

（3）采购价格总变化＝（实际价格－计划价格）×年采购数量。

通过这三个评价，企业能够清晰地看到，实际价格与计划价格是否存在明显的差异，每一批次的生产价格，是否与上一次的生产价格相差过大。如果出现较大的数据波动，企业应当要求供应商出示详细说明。超出合理范围，企业应第一时间提出改善的意见；如果供应商并不愿意做出让步，那么企业应当及时与其他供应商进行联系，进行新一轮的考核。

2. 不同运营单位的采购价格比较

即便企业与某供应商建立了长期合作的关系，但同样需要不断与其他供应商进行合作，不断对采购价格进行咨询，这样才能真正拿到行业的标准价格，以此增加与长期合作供应商的谈判自信。

丰田公司即如此。丰田在全球建立了完善的价格情报系统，该系统的作用就是不断捕捉供应商的价格变化，使丰田能对在世界各地购入的零部件的成本竞争力进行比较、分析并对数万种零部件的报价、供应商潜在开发的零部件报价、新供应商的报价等情报，统一进行一元化管理。这样，丰田公司就能够对现有供应商与新供应商进行成本对比。这种因成本竞争力产生的采购价格比较，丰田全世界的公司都可以快速分享，并迅速与供应商展开谈判。

3. 达成期望目标价格情况

所为期望目标价格，就是企业通过与供应商的一轮轮谈判后，最终确认的、己方能够接受的价格。期望目标价格＝目标利润＋允许成本。一旦与供应商确定了价格，就意味着企业的成本得到了明确，企业也能够因此快速分析出未来的市场利润所在的范围。

目标价格，直接决定了未来的企业盈利，所以，在达成目标价格之前，企业还必须做好以下事宜。

（1）敲定目标价格前，一定要对企业的长期销售和长期利润做好目标设定：企业渴望达到多大利润率？这样的利润率预计会保持多久？确定了这个标准，目标价格就会更加精准。因此，企业在签订合同时，都应对价格体系维持的时间为多久，什么情况下会产生变化等问题进行全方位的分析，这样才能保证目标价格的有效性。

（2）确定目标价格时，必须考虑最终的市场。采购成本直接决定了最终的售价，"销售价格能否满足客户对产品价值的需求"这一原则应当贯彻于成本绩效之中。分析这个价格中有多少是技术成本，有多少是单纯的人工成本，这个价格能否让客户感到满意等。如果单纯的人工成本占据主导地位，那么产品往往很难给客户带来新鲜感。因此，企业必须与供应商展开新一轮的谈判，必须十分谨慎地制定切实可行的目标售价，才能对目标成本做出精准规划。

（3）如果企业的产品，在生产前夕需要大量资金投资，或是可以预见某款产品的售价和成本在生命周期内将会出现明显变化，那么针对产品的生命周期获利能力更要谨慎地进行分析，并根据风险系数进行成本的确定，找到成本变化的趋势。否则，成本会长时间保持高位，这样很容易导致生命周期的中后段成本依然居高不下，无法产生正常利润。

对于电子产品和消费类产品，以上问题最应当引起重视。摩尔定律决定了，当价格不变时，集成电路上可容纳的元器件的数目，每隔 18~24 个月便会增加一倍，性能也将提升一倍。这就意味着，电子类产品、消费类产品往往会在几个月后就出现价格明显下滑的趋势，因为新的技术、新的产品已经开始准备上市。所以，一定要将成本趋势变化同样纳入绩效考核之中，根据趋势对成本进行有效调整。

曾经中国手机行业品牌多达数百个，最终多数灭亡，一方面是因为品牌价值有限，另一方面是因为成本控制能力不足。一款产品销售多达数年价格却没有任何变化，自然不可能得到消费者的青睐。很大程度上，这些消失的品牌，正是因为企业对于成本绩效管理不足，导致最终资金链断裂。

通过对成本绩效管理三个细节的分析，我们也可以找到成本管理容易忽视的雷区有以下两点。

1. 对成本绩效不做对比

企业仅仅依赖一家供应商，很容易出现对行业价格走势不了解的情形，被供应商牵着鼻子走，使成本在高价运行。只有不断与其他供应商进行交流，企业才能发现成本的变化，并及时做出改善，避免成本远高于价值。

2. 目标价格不明确

无论长期性固定成本，或是阶段性采购成本趋势变化，都必须明确价格，这样才能避免供应商忽然涨价的情形出现。

3.3.2.3 交期绩效分解

交期，即为交货时间，供应商经常出现延迟交货的现象，这自然会对企业的正常生产带来很大影响，导致产品无法正常上市，同时，也影响了产品成本。

供应商延期交付这种做法对于企业的危害是恶性循环的：首先，导致消费者对于企业的不信任；随后，这种不信任转化为拒绝购买；一旦销量下降，企业利润大打折扣，资金链紧张；企业资金链紧张，意味着难以和优质供应商合作，退而求其次选择低价供应商；低价供应商不仅品质无法保证，同时又会继续出现超期交货的现象，最终导致恶性循环，如图 3-8 所示。

曾经智能手机领域旗舰品牌 HTC，就遭遇过因为供应商交期不断延误，导致品牌口碑迅速下滑的情形。2013 年，HTC 计划推出全新旗舰手机 ONE，但

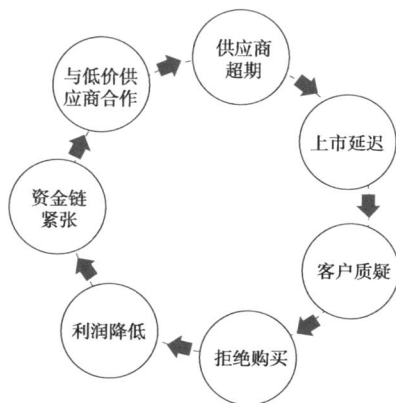

图 3-8 超期导致的恶性循环

一次次公布上市时间，却最终又一次次跳票，让原本喜爱 HTC 的诸多用户选择了其他品牌。随后，媒体报道，ONE 的发售延误，就在于金属外壳以及相机模块短缺。HTC 的供应商对这款产品并没有产生足够的重视，HTC 无法保证从供应商那里得到足够数量的相机模块。旗舰产品的跳票，直接导致 HTC 股价大跌，HTC 也就此退出了智能手机一线行列。

因此，对于交期绩效考核，企业不可出现任何忽视。交期绩效是供应链管理的重要指标之一，其不仅能够对供应商的执行成果进行有效评估，还可以反映出供应商的其他问题，以做出有效提升和改善。

对于交期绩效分解考核，企业同样应当引入百分制，然后从各个维度入手，对供应商进行打分，如表3-4所示。

表 3-4 交期绩效分解考核表

序号		打分项目及标准	满分	打分
1	（送货数量的稳定性）超交	A. 按照约定时间及时供货，不扣分	20分	
		B. 超交时间五天之内，扣10分		
		C. 超交时间超过五天，扣20分		
2	（送货数量的稳定性）短交	A. 按照约定时间及时供货，不扣分	20分	
		B. 短交的比例在30%以内，扣10分		
		C. 短交的比例超过30%，扣20分		
3	时间遵守率	A. 每次都能顺利按照时间交货，不扣分	20分	
		B. 不遵守时间比例不超过10%，扣10分		
		C. 不遵守时间比例超过10%，扣20分		
4	批量遵守率	A. 对于批量生产的产品，能够按照规律顺利交货，不扣分	20分	
		B. 对于批量生产的产品，出现三次以内超期，扣10分		
		C. 对于批量生产的产品，出现三次以上超期，扣20分		
5	特定产品计划遵守率	A. 特定加急产品，能够遵守交期，不扣分	20分	
		B. 特定加急产品，超出交期三天之内，扣10分		
		C. 特定加急产品，超出交期三天，扣20分		

通过这样的打分，企业既可以看到供应商的短期交付能力，也能看到其长期交付能力，从而很快可对供应商划分相应的层次。用这样的数据与供应商进行问题分析，供应商会主动进行业务调整，以满足企业的需求。

不要忽视对交期绩效的考核，多数情况下，频繁出现交期拖延的供应商，往往意味着其业务能力有限，存在赶工期的现象。赶工期通常表明产品质量难以保证，即便匆忙交货，产品很容易在使用过程中出现各种各样的问题。所以，当供应商的交期绩效始终停留在低分阶段时，企业应当及时更换供应商，这是保护产品品质、有效控制成本的关键手段。

3.3.2.4 服务绩效分解

相比较质量绩效、成本绩效和交期绩效，服务绩效在某种程度上对产品并不会产生直接作用，但是，它却能够体现出供应商的专业能力和服务态度。尤其对于问题的处理态度和能力，直接决定了这家供应商是否具有继续合作的必要性。

例如，有一个指标是考察供应商服务绩效的关键：供应商质量问题解决及服务评价：满分 10 分。

A. 能及时有效处理问题，并防止产生类似的问题重复发生，不扣分。

B. 出现问题及时与企业进行沟通，虽然花费一定时间，但危害较小，扣 4 分。

C. 处理问题极慢，直接造成公司停工，严重影响生产进度，扣 10 分。

不能达到 B 档，那么这家供应商就意味着无法胜任工作，企业必须第一时间进行供应商的更换。否则，很容易对企业的运营造成直接伤害。因为，处理问题极慢的供应商，往往说明其内部运营本身存在明显漏洞，面临着严峻的经营危机。继续与这样的供应商合作，很有可能导致全盘皆输。

中兴手机即如此。作为曾经中国一线品牌，中兴手机在销量榜"Other"里面挣扎，原因很多，其中也与供应商有着直接关系。2015 年 10 月，中兴手机的重要供应商福昌电子发布消息，由于对外欠款达到 4 亿元人民币以上，宣布破产，给中兴手机带来强烈冲击。福昌电子主要生产手机和电话机塑胶外壳，公司员工超过 4000 人，中兴的多数订单，都是在这里完成的。

事实上，在倒闭之前，福昌电子已经问题频现，尤其质量问题被广为诟病。尽管这家企业诞生很早，在东南亚多地均有分工厂，但其始终对技术革新有限。中兴没能意识到问题的严重性，结果同样渐渐消失于市场之中。

与之相反的则是华为。华为同样将福昌电子作为自己的供应商，但当华为发现福昌电子的服务已经完全无法跟上需求时，迅速将订单进行转移，逐步降低与福昌电子的合作次数。通过绩效反馈，提前管控供应风险。

对问题能否及时有效解决，是服务绩效管理的核心。这个核心，还可以进一步进行分解，从而进行更完善的绩效打分，如表3-5所示。

表3-5 服务绩效考核表

序号		打分项目及标准	满分	打分
1	态度/沟通	A. 能够对提出的问题快速进行回复，并拿出解决方案，不扣分	20分	
		B. 能够较快地进行恢复，三日内拿出解决方案，扣10分		
		C. 态度冷漠，始终拖延处理，不做答复，扣20分		
2	技术支持	A. 对产品有丰富的技术支持，主动进行技术说明，不扣分	20分	
		B. 询问后会对技术进行说明，不主动进行技术服务，扣10分		
		C. 不做任何技术支持，即使询问也不做答复，扣20分		
3	文件单据的准确性	A. 每次交货都会提供完整的单据，数据准确无误，不扣分	20分	
		B. 会提供完整的单据，有一定错误但不影响最终结果，扣10分		
		C. 不提供任何单据，或单据错误频出，企业无法有效进行统计，扣20分		
4	包装/外观	A. 产品提供完整的包装，没有任何破损，不扣分	20分	
		B. 提供简单包装，虽然有一定破损，但产品本身不受影响，扣10分		
		C. 不提供任何包装，外观破旧，甚至影响到产品本身，扣20分		
5	VMI/联合库存的配合度	A. 供应商提供完善的库存服务，不扣分	20分	
		B. 提供VMI/联合库存服务，但收取一定管理费，扣10分		
		C. 供应商不提供任何库存服务，将产品置之不理，扣20分		

在对反馈机制打分的基础上，将周边服务同样进行打分，这样，企业就能快速对供应商的服务绩效进行全方位的管理，并对其提出相应的要求。供应商接受这样的绩效管理，并主动做出改变，那么合作可以继续深入，否则必须迅

速将其淘汰，避免供应商自身有限的管理能力，对企业运营带来影响。

3.3.3 其他指标

质量 Q、成本 C、交期 D、服务 S，这是供应商绩效考核的四大核心指标。引入百分制考核模式，能够通过最直观的量化数据，对供应商绩效进行有效分析，这是所有企业都必须积极尝试的方法。

除了这四个指标，其他指标也会直接影响供应风险，企业同样不能忽视。在经营中，每家企业对于供应风险的考量都不尽相同，例如研发能力、安全性或响应速度等。

对于这些指标的考核，可能无法完全进行量化。此时，企业可根据行业特性和战略需求，对相关指标的绩效进行灵活考核。

通常而言，绩效管理的其他指标包括以下四点。

1. 新技术的开发

供应商能否不断提供新技术，向企业定期发布各类新技术、新产品说明书，会直接体现供应商的技术核心能力。对新技术开发欲望强烈的供应商，往往意味着其技术能力过硬，内部管理完善，是值得信任的供应商。

例如，丰田汽车就会对这样的供应商有一定倾斜。如果供应商的竞争力强劲，能够不断创造发现新技术的机会和场景，那么这家供应商就会进入"重点供应商"名单，一旦推出新技术，相关情报也会输入国际价格比较数据库中。

2. 非核心、牵涉成本产品的直接签约

对于非核心的产品，多数企业并不采取直接进行绩效管理的方式，而是委托其他供应商进行，这样会大大提升公司效率。但是，对于那些牵涉成本的非核心产品，企业应当对供应商进行直接管理，这会对绩效管控产生明显的效果。

以本田为例。本田公司有这样一个原则：如果下级供应商对公司的技术、成本、质量至关重要，即便不是汽车的核心部件，也会采取直接管理的方式。例如，皮革并非汽车核心产品，皮革商属于三级供应商，但本田依然选择直接签约。因为，皮革的价格昂贵，占整车成本较高，同时，其直接影响着用户体验。

所以，尽管只是三级供应商，本田公司依然对其进行全方位的绩效管理。

很多企业，往往对于一级供应商的绩效管理非常完善，而忽视了对下级供应商的绩效管理。结果，下级供应商就成了风险"高发地"。这是所有企业都必须注意的。

3. 供应商资产考核

对于供应商的资产绩效考核，企业同样应当将其纳入考核体系之中。一旦供应商的资金链出现明显漏洞，同样会引发无法开工、品质难以保障、交货期延长的问题，福昌电子就是典型的例子。

进行供应商资产考核时，企业往往无法得到准确的数据，这牵涉供应商的隐私。但是，企业可以通过其订单流水进行分析。如果供应商的其他业务都处于停滞状态，就意味着该供应商存在一定的资金链风险，必须引起企业的重视。

4. 供应商员工管理流程的绩效管理

员工素质，决定了企业内部运转的效率，这同样是需要进行绩效考核的周边细节。供应商的人才储备数量，一线工人的专业培训、工作经历等，都会直接影响到生产品质和生产效率等。

对于供应商的员工内部管理，企业一定要注意中层人员的跳槽率。如果跳槽率超过3%，则意味着该供应商的内部管理有一定缺陷。对于这样的供应商，企业要尽可能从多角度分析，一旦发现问题严重，立刻调低供应商的级别。

3.3.4 供应商分级管理

企业对不同的供应商进行分级管理，有利于采用不同的方式与供应商进行关系的建立。而供应商分级的基础就是其绩效考核结果。

目前，很多企业对供应商的分级都比较简单，只考量供应商规模及其物料因素，如图3-9所示。

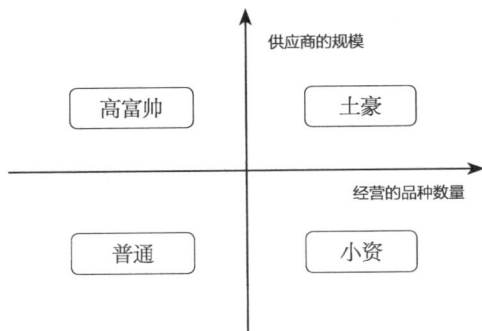

图3-9 供应商简单分类

根据供应商的规模，以及企业自身采购的重要性，企业确实可以迅速对供应商进行分级。但这种分级方法比较粗糙，难以全面体现供应商的供应能力。而绩效考核，则能更加科学地实现供应商分级管理。

由于供应商绩效考核一般都采取百分制，因此，企业可以根据供应商的绩效考核得分，对其进行四级分类，如图 3-10 所示。

图 3-10 供应商考核分级

按照每个企业的绩效指标设计方案，考核成绩的分层可能有所差别。大多企业会划分为 60 分以下、60~70 分、70~80 分、80 分以上四档。需要强调的是，关于考核成绩的分级，应当结合企业实际进行划分。

而在分级之后，企业则可以制定不同的管理方案，在订单、交期和财务等要素上，给予不同程度的倾斜。例如对待优秀 / 战略供应商，企业应给予较大倾斜，以放大优秀供应商的优质能力，并与其建立战略合作关系；而对待合作供应商，则在保持与其合作关系的基础上，以绩效管理推动供应商能力提升。

此外，由于供应商的资质能力处于动态变化中，供应商分级也并非一成不变。在定期的供应商绩效考核中，企业要对供应商的分级进行相应调整，从而保持采购战略的有效实施，也可以提升供应商的合作积极性，给予出色的供应商升级待遇，并让降级供应商积极改善自身问题。

3.4 供应商绩效管理运用

绩效考核只是手段，企业的最终目的，在于利用绩效考核推动供应商供应能力的提升，达成战略协同，从而控制企业的采购总成本，进而提升企业的采购竞争力。

绩效结果是企业进行供应商管理的有效依据，以对供应商实施针对性差异化管理。在此基础上，企业也要有效、灵活运用绩效结果，制定具有针对性的供应商改善方案。

3.4.1 供应商差异化管理

采购人员的时间和精力都是有限的，企业应通过考核结果对供应商进行差异化管理，从资源维度优化供应商管理方案，集中有限时间与资源最大限度盘活企业供应资源。

笔者在企业做咨询项目诊断过程中发现，很多企业对供应商管理不是立体化、差异化的管理，而是平面化的"雨露均沾"的管理，从而导致一方面供应商管理不到位，另一方面管理资源严重浪费。例如一个人手上只有一桶水（总管理资源有限）给植物浇水，不去区分"喜水植物"与"干旱植物"，平均分配一桶水资源，结果喜水植物因缺水而干枯，干旱植物因水多而出现涝害，导致出现问题。

3.4.2 绩效结果的作用——辅导与发展

绩效结果的作用究竟是什么？答案就在于推动采购战略的实现，提升企业的采购竞争力。

正如学生时代的每一次考试一样，考试不是最终目的，而希望通过一次次考试，告诉学生考点和需要掌握的内容，并让其有针对地提升自身成绩才是最终目的。

绩效考核的作用也同样如此，上文我们提到其作用可以总结为三点，分别是目标沟通、考核改善、优胜劣汰。

1. 目标沟通

在与供应商展开合作之初，企业就应该与其沟通绩效管理方案。但在实际操作中，很多供应商却不重视企业的绩效考核，仍然以"按约供应"作为自我要求。

因此，为了进一步让供应商明确企业的采购需求，当得到绩效结果之后，企业应当就绩效结果与供应商进行深入的沟通。在这一过程中，由于绩效考核结果对应着具体的奖励和惩罚方案，供应商也会更加重视企业的绩效考核，并积极配合企业实现采购战略的目标。

2. 考核改善

企业通过绩效考核给供应商提供完备的指引与方向，这是供应商系统整理与思考并提升自己服务能力的指南。

只有在每次绩效考核中，企业才能对供应商能力产生明确的认知，清楚地认识到每个供应商的优势与劣势。而以此为基础，在与供应商的有效沟通中，绩效结果也将成为供应商的改善依据，帮助供应商有针对性地改善自身存在的问题。

正是因此，日本的很多制造企业，甚至会在采购部门下成立供应商发展部，其作用就在于辅助供应商的发展。

如此一来，在供应商能力的定向提升中，企业的采购竞争力也将随之提升，最终实现共同发展、共同进步的目标。

3. 优胜劣汰

在优秀供应商管理方面，对于不同级别的供应商，企业将给予不同程度的订单、财务倾斜，以示激励。依靠这样的分级管理措施，优秀供应商的能力将进一步提升，企业与其之间的合作关系也将得到深化。

与之相对的，如果供应商长期无法满足企业的采购需求，难以在绩效考核中达标，这些绩效结果也将成为企业淘汰供应商的依据。优胜劣汰虽然是"丛林"基础法则，但在供应商管理上，这是不得已而为之的事情，尤其是淘汰供应商的行为。

通过这样的优胜劣汰，企业的供应池也能得到持续优化。

3.4.3 采购成本改善

供应商绩效的一个很关键、核心的内容就是成本优化与改善。通过绩效管理，企业可以不断实现成本管控，可持续管理的目标。

在当今的市场竞争中，采购成本的改善，将有效提升企业的市场竞争力。这一点，在中国竞争激烈的手机市场中表现得最为明显。

小米率先宣布进军千元机领域，很快魅族、锤子科技、VIVO 等迅速介入这一战场；某个品牌出现价格下调，其他品牌立刻随后进行更大的促销活动……这一切，都是以采购成本的改善为基础的。如果成本不能得到有效控制，那么就很难与其他品牌产生竞争。尤其在同质化严重的中低端手机市场，硬件配置大同小异，服务水平也差别有限，此时，谁能降低成本，谁就可以凭借价格优势占据市场竞争优势。

当然，改善采购成本，并不意味着以质量为代价。采购成本改善的意义在于，以更低的成本获取相同质量的物料，或以同样的价格获得质量更优的物料。在二者的此消彼长中，才能真正实现供应商绩效的改善。一家成功的企业，成本与品质并非对立，并不一定完全遵循"成本低，品质就低"的原则，如图 3-11 所示。例如，雷克萨斯在美国质量好，价格却是奔驰的 2/3,说明价格和成本的关系是非对称关系。

那么，企业应当如何合理运用绩效管理，才能有效帮助供应商改善采购成本呢？这里面需要有精益生产（Lean production）的思想与工具。

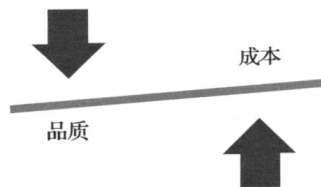

图 3-11 成本 VS 品质不对称性

1. 工厂生产项目的改善

如下这些项目，应当进行逐一解决。

（1）计划外停机时间：对计划外的停机时间进行重新规划，尽可能固定停机维护时间，避免影响正常生产。

（2）过长的循环时间：发现生产项目的问题在哪里，是什么原因造成生产项目循环时间过长，哪些工艺还有提升的空间等。

（3）报废、返工、返修：降低报废、返工、返修的频次，从品质保证入手，分析原因。

（4）场地的非增值使用：场地的非增值使用情况如何，能否有效利用场地进一步聚合生产，降低成本。

（5）过大的变差：品质的过大变差问题出在哪个环节，解决思路是什么。

（6）人力和材料的浪费：是否做到了人力和物料的最大优化，能否杜绝浪费。

（7）不良的质量成本：哪些构成了不良的质量成本，能否有良好的解决方案。

（8）产品难装配或安装：装配和安装存在怎样的问题。

（9）过多的搬运与贮存：如果货物过多，该如何有效进行储存，降低成本。

（10）顾客不满意，如抱怨、退货等：最终顾客的反馈是什么，不满意的点究竟在哪里，接下来生产该如何解决。

将这些问题与供应商仔细交流，并不断提出自己的建议和意见，协助供应商找到问题，启发其改善的思路，这样才能真正降低采购成本。

2. 持续改进技术与工具

在做好项目的全方位改善的基础上，企业还应当不断推进持续性的改进。对于这些内容，一方面企业要提供相应的数据，另一方面企业也应当要求供应商定期进行答复，提供相应的技术改进计划。这样，企业才能判断供应商是否能够不断进步，从而与企业的要求和发展相一致。

持续改进技术主要包括的内容，如图3-12所示。

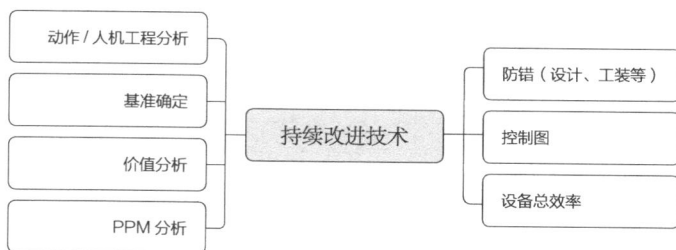

图3-12 持续改进技术

通过对供应商生产制造体系的改善，企业实施全方位自订单、生产到最终交付全过程，帮助供应商持续提升能力，以真正符合企业的要求。

对于成本改善，最忌讳的行为有以下两点。

1. 单纯只提要求

不能将问题有效表述，仅仅只表示"我们需要降低成本"，会让供应商找不到问题的关键所在，难以真正对成本进行改善。

2. 没有缓冲地带

成本的改善，需要双方不断交流才能最终确认。所以，即便供应商提出相反的意见，企业也应当让其将困难之处讲述完毕，再进行最终定夺。否则，原本有可能进行的采购成本改善，会因为过于强烈的拒绝，导致合作就此终止。

3.4.4 系统改善

供应商个体能力的提升对企业自身绩效提升的作用是毋庸置疑的。同时企业和供应商还应该提供对供应链系统的整合与改善，即采购商与供应商接口与流程的改善，包括二级供应商、三级供应商等。

某种程度上来说，企业与供应商是依赖关系——企业依赖供应商的生产，才能不断推出产品，打开市场知名度，获取利润；供应商需要通过企业源源不断地获得订单，获得收入的同时不断提升供应能力，以此吸引更多订单。

所以，对于供应链的系统改善，供应商与采购商都会有采购在接口关联的如图 3-13 所示的细节。

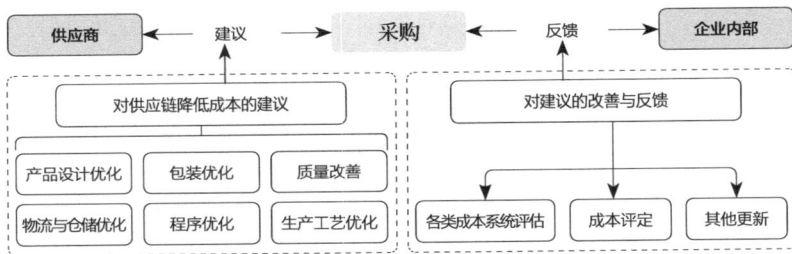

图 3-13 系统改善的流程

通过图 3-13 可以看到，采购起到了桥梁的作用：一方面，采购部门需要与企业内部其他部门不断沟通，发现供应商的问题，对其进行全方位评估；得到这些反馈数据后，对供应商进行积极的建议，以此提升供应商的绩效。形成这种良好的互动局面，那么供应商与企业都会得到长足进步。

对于供应链上供应商和企业内部的建议及反馈，企业应当从以下角度入手。

1. 企业内部的反馈

企业进行内部分析时，应将以下内容作为重点，交由采购部并与供应商进行交流。

（1）各类成本系统评估。

物料部、技术部、分类物料小组等，都应当对产品的成本进行评估，成本评估越丰富，那么最终的整体评估意见就越有参考价值。尤其应当听取市场部的意见，对比其他企业产品的销售价格，找到成本控制存在的明显不足。

（2）成本评定。

采购部门应当将各个部门的信息进行汇总整理，制定完整的表格，做到分门别类地进行评定。某一项成本明显过高时，企业应当重点标示，待与供应商交流时进行重点分析。

（3）其他更新。

根据供应商提供的相应建议，企业应在企业内部进行相应的更新，如流程更新、设计更新等。听取供应商的意见，会让供应商所提供的产品发挥最大效能，使最终产品的市场竞争力大大提升。

2. 供应商的建议

采购部在与供应商进行交流时，彼此的以下建议应当积极跟进。

（1）产品设计优化。

一方面，企业要听取供应商的建议，针对产品设计进行进一步的优化；另一方面，企业也要将自身的需求详细地告知供应商，并对设计进行一定改善，以达到企业的要求。

（2）包装优化。

企业与供应商应当针对包装进行优化：供应商提供的产品如果具有极高科技含量，那么最终产品包装上应当做明显标识，以此吸引顾客的注意。

（3）质量改善。

采购部将之前的质量绩效完整交给供应商，让供应商看到哪些环节存在质量问题，从而让其进行有效改善。同时，企业也应当听取供应商的意见，对设计本身进行一定调整，进一步提升质量品质。

（4）物流与仓储优化。

对于大批量生产的企业来说，其必须与供应商交流物流和存储的计划，尽可能避免物料大量堆积，无法顺利交货的情形。设计科学的物流与存储模式，不仅能够大大推动企业的最终产品上市，也能够让供应商的仓储压力大大减小，使双方互利。

（5）程序优化。

企业与供应商的对接程序应当进行提前确认，避免双方不同的程序导致问题始终不能得到有效传递，绩效始终不能得到改善。例如，问题如何提交、多久获得答复、何时进行打款等，将这些程序问题明确确认，会大大提升双方互动交流、业务开展的效率，从整体上改善系统运转。

（6）生产工艺优化。

企业应及时与供应商交流行业目前的工艺发展新趋势，了解供应商是否有工艺优化的计划。

想要让供应商的绩效得到明显改善，最关键的一点，就在于企业不断对绩效进行分析，挖掘问题。对于成本、交期、服务、质量，做到每周进行一次完整的绩效打分，将问题及时汇总，并向供应商反馈，找到解决问题的方法，这才是系统改善供应商绩效的有效手段。

苹果公司的供应商管理首屈一指，就在于这种高频次的不断分析。曾在苹果公司负责供应链管理的 Bill Banta 说："必须做好产品发布后的供应链监管工作，避免某一环出现问题影响全局。"苹果公司的供应商管理团队，仅仅依靠 6 个电子表格，但每天都会对其进行详细的检查，把更多时间花在构建报告工具上，结果对所有供应商形成了有效监管，22 家工厂、10 亿美元的采购额得到了充分监督。

对供应商进行绩效优化，必须避免的问题有以下三点。

1. 忽视全局，只看重点

供应商绩效管理是一门系统科学，除了质量绩效、成本绩效、交期绩效、服务绩效外，还有很多周边绩效需要共同观察。如果只关注某一个方面的绩效管理，或是各个绩效管理各自为战，最终不能进行有效统一，很容易出现厚此薄彼，打破平衡的现象，导致采购成本不断上升。例如，只注重成本绩效而忽视质量绩效，产品合格率极低，产品一旦上市，便会出现大规模的负面口碑。

2. 忽视重点，只看全局

同理，忽视重点，只看全局，也不利于供应商的绩效管理。绩效管理并非只取"平均值"。忽视重点，会让一些隐患不能得到有效暴露，绩效管理看起来非常完善，但如果隐患之处突然崩塌，会直接产生多米诺骨牌效应，原本的优势也会迅速消失。

3. 阶段过长，数据不精准

供应商的绩效系统改善，应当至少保证每周进行，通过不断的数据整理、分析，持续性发现问题。否则，时间过长，会导致数据产生"平均化"效应，低点的问题被高点平均，隐患无法得到有效解决。

3.4.5 调整合作方案与优胜劣汰

在讨论供应商分级管理时，我们曾多次提及，在与不同级别供应商的合作中，企业应给予不同程度的资源倾斜、管理方式，而这就是供应商合作方案的内容。

只有通过完善的绩效管理，企业才能确定供应商的分级，从而采取合适的合作方案。一般而言，供应商分级可分为优秀 / 战略供应商、合作供应商、一般供应商和潜在供应商四类，其供应能力也逐级递减。

面对供应能力更强的供应商，企业理应给予其更多的资源倾斜。但具体而言，应该如何倾斜呢？

在企业的供应池中，一般都会存在 1~2 家优秀供应商，他们的供应能力十分突出。因此，为了改善采购成本、提升竞争力，这些供应商也被看作主要合作的供应商。

但此时，有些企业却将之作为唯一的供应商，任由其成为自己的垄断供应商，这种做法看似提升了企业的采购竞争力，却在无形中放大了企业的采购风险。一旦该供应商遭遇任何风险，都会在供应链内引发连锁反应，使企业和下游经销商蒙受损失。

因此，在设计各级供应商的合作方案时，企业一定要考虑全局风险，而非只顾眼前利益。

具体而言，合作方案的制定应与绩效考核相结合，对各级供应商的基本合作方案进行确定，再结合每家供应商的绩效结果，对其合作方案进行灵活调整。如此一来，在供应商分级管理的同时，也应充分考虑每家供应商的独特情况，做出更具针对性的决策。

举例而言，某企业主要供应商的优势能力如图 3-14 所示。

在图 3-14 中，四家供应商的优势能力不尽相同，在供应商日常

图 3-14 某企业供应池优势分析

管理中，该企业应将更多订单分配给 A、B 两家供应商，尤其是具有成本优势的 A 供应商。但当企业的采购需求较为急迫时，C 供应商则应是更好的选择；与此同时，在新产品创新时，企业则可以考虑让 B、D 两家供应商协同参与。

而之所以能够形成上述合作方案，并根据企业需要进行实时调整，正是源自绩效结果的支撑。完善的绩效管理，能够让企业对供应商产生全面、客观、具体的认知，这一认知也使企业在制定供应商合作方案时能够做到有的放矢。

此外，虽然供应商的转换成本较高，但如果供应商确实难以符合企业战略需求，企业也应当及时将其淘汰，否则，企业也会损耗大量的供应商管理成本，却难以实现应有的效益，甚至随时可能面临潜在的风险。

3.5 供应商关系管理——供应链竞争力构建

说到供应商关系管理，每次培训授课中，笔者总是问学员两个问题，第一个问题是：企业与供应商是什么关系？回答虽说五八花门，但总体来讲，大家的回答集中在：战略合作关系、协同伙伴关系、双赢关系……

第二个问题是：在实际的工作中，企业跟供应商什么关系？结果大家哄堂大笑：买卖关系、竞争关系……

为何实际情况会是这样呢？原因各异，不好定论，但实际大家说的竞争关系是没错的。但同时，大家也很清楚，必须与供应商协同，获得供应商的理解

与支持。因为世界上成功的商业企业中，还没有发现一个企业的成功是建立在与其广大供应商竞争搏杀的基础上的。

因此，企业与供应商的关系，绝不只是买卖的交易关系，更不是相互搏杀的竞争关系。在市场竞争中，二者同处于一条供应链当中，是利益相关的两个节点。

在供应商关系管理中，企业应当遵循公平交流、积极合作的原则，从而与供应商建立起互信、互利的合作关系，并在价值整合中实现双赢。

3.5.1 供应商关系的误解

供应商关系管理涉及各个方面，是一门系统的学科，对于企业运营而言，供应商关系管理的重要性，并不弱于客户关系管理、经销商关系管理或公共关系管理，而在明确了供应商关系管理的重要意义之后，对于供应商关系管理的实际操作，很多企业却因为各种误解，而无法实现有效管理，也就难以实现供应商关系管理应有的效用。

1. 误解一：供应商关系管理只是采购部门的事

国内很多企业对供应商关系管理都有这样的误解："这只是采购部门的事情。"但事实上，如果没有其他部门的需求汇总和业务协助，例如生产部门对交期的需求、研发部门与创新供应商的对接、售后服务等部门的信息反馈等，供应商关系管理也就难以有序进行。

2. 误解二："一刀切"的供应商关系管理方法

供应商管理必须切合实际，无论是绩效管理，还是关系管理都是如此。"一刀切"尽管简化了关系管理，但却容易在实际中造成适得其反的效果。

例如，供应商因为不可抗力或初次产生问题，愿意积极主动进行协调，愿意配合企业给予赔偿，而企业如果此时一味地对其实施超额惩罚，乃至解除合作关系，则容易对企业形象产生负面影响，损害其他供应商的合作意愿。

供应商关系管理应根据具体问题具体分析，而非死板生硬地"按章办事"，否则，也难以与优秀供应商建立稳固的战略合作关系。

3. 误解三：压缩供应商利润就是为企业谋利

随着市场竞争的日趋激烈，以及信息技术的不断发展，多数产品的成本价格已经几近透明，企业可以通过各种途径，获悉供应商的生产成本。这也使得不少企业得以据此不断压缩供应商利润，以此降低自身成本，有的甚至凭借各种手段，将供应商利润压缩至负数。在供应商处于弱势地位的市场环境下，很多供应商也因此苦不堪言。

正是在这样的误解下，企业与供应商都很容易陷入对立关系。在采购与供应商关系中，双方都一味追求自身利益最大化，为此不惜牺牲对方利益。

当企业不惜压缩供应商利润为自己谋利时，就很容易形成对立关系，最终也必然出现各种问题，而在缺乏供应商配合的情况下，企业的最终成本其实不降反增。

4. 误解四：只需维持基本的合作关系即可

很多企业将采购比作菜场买菜："买哪家都是买，能买到就行了，何必管那么多？"这些企业只是将供应商看作货源，因此，也只愿意与其维持一种松散型的合作关系。

所谓松散型的合作关系，指的是采购组织从供应商那里采购的次数不多、数量不大，或没有建立更紧密关系的需要。

在这一关系下，供需双方均将业务看作是暂时的，二者关系也只到协议约定为止。此时，采购组织只关注自己的需求，却希望供应商在未来随时可用；但供应商却会保留信息，只在需要时提供，不会给予充分的预警信息。

松散型关系虽然能够形成一定的合作关系，但一切以协议为准的合作机制，也使得企业难以获得协议之外的收益，着眼于长远的采购战略目标的达成也将因此受限。

3.5.2 价值共赢的基础——关系管理

过去，由于市场竞争的不充分，世界上曾经出现过许多"超级霸主级"的企业，他们占据整个供应链，乃至整个市场的最大利润。但在如今的市场竞争下，已经不可能出现"全盘通吃"的大赢家了。

任何只顾自身利益的企业，都会被市场所淘汰，只有价值共赢，才能使得整条供应链的竞争力提升，而供应链上的每个环节，自然也都将因此受益。

如何实现价值共赢呢？其基础就在于关系管理。只有在充分的沟通与协作中，企业才能实现供应商的价值整合，并借助供应商供应能力提升，实现企业采购竞争力的提升，继而推动整个供应链的价值共赢。

对于这一点，丰田汽车非常值得各个企业学习。对于渴望进行合作的供应商，只要能够达到丰田的需求，那么无论国籍、规模、业绩，丰田均提供供应商公开的、公正的、公平的进入机会。即便某家供应商人数不过十人，但只要有足够的技术能力和潜在能力，就能获得丰田的订单。

"力争建立与供应商共同繁荣的交易关系"，这是丰田公司的供应商管理核心。

根据"相互信赖、共同繁荣"的基本方针，丰田会拿出自己的资源，让供应商进行内部改善。丰田公司会向所有供应商发布"丰田世界期待值制度"和"国际价格比较系统"。在明确表明丰田公司的成本需求后，如果供应商提出改善计划，那么丰田公司将会对其进行特别观察与指导。丰田渴望通过这种方式，帮助供应商主动提高竞争力。

同时，丰田公司并不限制供应商与其他汽车制商的交流，因为他们知道：通过与其他企业的合作，这些供应商的实力也会得到大大提升，这也会让丰田受益。

所以，丰田公司的全球供应商分布广泛，产品成本控制始终保持在合理的范围内。不仅丰田公司，多数日系企业都会采取这样的模式，这是日系汽车始终保持全球销量第一的关键。

3.5.3 丰田与戴尔的供应商关系构建

长期以来，丰田和戴尔都是行业内的佼佼者，为同行企业乃至其他行业贡献了各种实践案例和管理理论。而在供应商关系的构建上，丰田和戴尔同样是值得企业广泛学习的榜样。

丰田和戴尔的供应链竞争战略不同，但在供应商关系管理中，采取了相似的策略，他们并未采用孤立的眼光看待供应商关系，而是将之纳入整体采购目标中，并给予高度重视。

丰田和戴尔都是需要进行"重资产采购"的品牌，无论是汽车还是计算机，由于存在大量零部件的需求，两家企业都需要大量的供应商支持。因此，为了更好地实现采购战略，二者在制定采购目标时，不仅提出了产品多样化和大行业外竞争的策略，更是将这两大因素与供应商关系统一起来，与供应链竞争一起作为现代竞争模式的关键，如图 3-15 所示。

图 3-15 戴尔与丰田的采购目标

这里，我们也将逐项对其采购目标进行分析。

1. 产品多样化

在 VUCA 时代，易变的市场需求，需要企业推出多样化的产品，以满足各类消费者的需求变化。产品的多样化按理说能反映出供应商数目也很多，每一个零配件直接向厂家采购，这样可以消除"中间商"差价。而实际上，丰田和戴尔都采用了品类集中原则，打包某类产品给某一家供应商统一供货，这样将供应商单一产品改变为多元化供货的方式，这样不但可以节约成本，还能更有效地管理精练化的供应资源。

2. 大行业外竞争

竞争逐渐加剧，原来上下游之间的竞争已经不适合当下企业发展的需要了。上下游的协同发展已成为一种趋势。现在的企业与企业竞争已经转化为供应链与供应链的竞争，即跳出企业小环境，上升到了产业链竞争的层面。

但与此同时，很多行业也将面临大行业外的竞争。在信息时代的发展下，大行业外的竞争与颠覆越发常见，例如最早诺基亚手机颠覆柯达相机，最近则有支付宝颠覆银行、外卖颠覆泡面的案例。

对于丰田和戴尔而言也同样如此。汽车行业的竞争不再限于传统汽车品牌，各大互联网公司正在倾力打造无人驾驶汽车，而智能手机等移动智能设备也正在颠覆传统 PC 行业。

这样的竞争态势下，对供应商的创新力要求，也被进一步提高。

3. 培养与发展供应商

在新时代的市场竞争环境下，企业与供应商越发成为价值共赢的利益结合体。一旦整个行业被颠覆，行业内竞争也将失去意义。而要应对如此快速变化的市场环境，仅靠企业一己之力，当然力有未逮。

为此，丰田和戴尔均选择培养与发展供应商，将供应商培养为具有核心竞争力的优秀企业。如此一来，当企业为了应对市场变化而转型时，供应商也能快速应变，给予配合；甚至于，当供应商发现市场先机时，也能及时通知企业，与其共进退。

4. 联合决策

在丰田和戴尔的采购目标下，企业与供应商的关系，不只是简单的合作，更超越了战略合作，进入到了"联合决策"阶段。

这一点在戴尔计算机的研发设计上尤为明显。CPU、显卡是计算机的核心部件，而其关键技术则由英特尔、英伟达、AMD 等厂商掌握。作为戴尔的核心采购供应商，当他们对 CPU、显卡产品进行升级时，戴尔也需要随之更新产品线，以确保产品竞争力。因此，戴尔与英特尔等供应商的联合决策也就成为必然。

当供应商在企业的培养中，真正发展成为具有核心竞争力的优秀企业时，二者的联合决策也就更显优势：企业与供应商能够进行有效的信息互通，并对双方价值进行有效整合，以利益联盟的形式面对市场变化，以免出现过多内耗，从而保持自身的市场竞争力。

5. 合作双赢，高度共享

合作双赢、高度共享与联合决策，其实是供应商关系的一体两面，决策的目的在于深入合作以达成双赢，而决策的基础则在于信息、资源等要素的共享。

依然以戴尔为例。当英特尔、英伟达等核心供应商推出旗舰类产品时，往往会引发极高的市场关注度，刺激客户的购买欲望。此时，戴尔如能及时推出采用新 CPU、显卡的计算机产品，自然能够增加市场竞争力，并带动供应商产品的销售。要实现这样的合作双赢，就离不开初期的高度共享。

汽车行业也同样如此，随着智能驾驶系统、智能轮胎等新产品的问世，它们都需要经过汽车厂商的测试才能确保有效性和稳定性，而当丰田能够快速获取并测试安装相关产品时，其"智能汽车"当然也更受市场欢迎。

6. 供应链竞争

著名供应链管理专家马丁·克里斯多弗曾说："市场上只有供应链，没有企业。"伴随着行业内竞争愈发激烈，乃至大行业外竞争的威胁，未来的企业竞争，事实上已经成为供应链竞争。

无论是丰田，还是戴尔，其市场竞争力都并非来自企业自身，而是依靠整个供应链的共同努力。如果缺乏智能驾驶系统等智能产品的融入，在无人驾驶汽车技术的不断成熟下，传统汽车也将失去市场竞争力；如果没有英特尔、英伟达等供应商推出的高性能核心部件，PC 市场也将进一步被智能移动设备挤压。

3.5.4 供应商八大关系模式与策略分解

一般而言，企业与供应商之间的关系递进表现如图 3-16 所示。

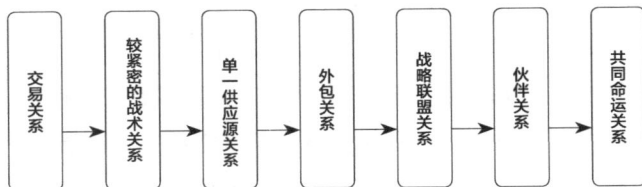

图 3-16 企业与供应商之间的关系递进

当下，多数国内企业，尚未建立完善的供应商绩效管理；而反观国外，供应商绩效管理的概念早已普及，并在数十年的发展中走向成熟。

供应商关系的构建，主要可以通过三个维度，即供应风险、物料价值和对我方的价值来构建，如图 3-17 所示。

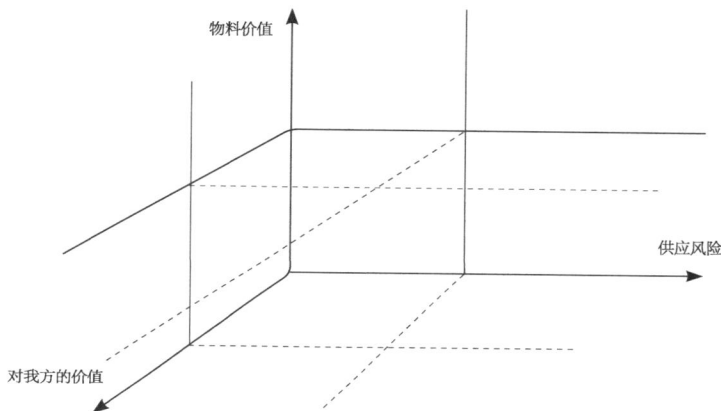

图 3-17 供应商关系维度

基于以上三个维度的评分高低，也就形成了供应商关系的八大主要模式，以及相对应的策略分解，如表 3-6 所示。

表 3-6 供应商关系的八大主要模式及相对应的策略分解

供应风险	物料价值	对我方价值	关系策略
高	高	高	优化设计，战略合作等
高	高	低	潜在替代，VA/VE 优化等
高	低	高	少量库存
高	低	低	少量库存，替代，优化设计
低	高	高	VMI（供应商管理库存），招标
低	高	低	潜在替代，优化
低	低	高	保持，优化
低	低	低	标准流程操作

上表中的关系策略较为简单，由于供应商关系一般呈现出多种形式，基于

企业需求和采购特性，企业需要视情况与供应商建立关系，但要切记：避免对立关系的建立，并尽量脱离松散型关系。

但在中国工业化进程与供应链信任建立初期，建议在供应商关系管理中，一般采用多个供应商策略，以分散采购风险。与此同时，借助绩效考核对供应池进行管理，也能在多个供应商之间形成良性竞争，实现供应商价值的有效整合。

需要特别注意的是，针对企业的核心采购供应商，企业对其供应商关系管理也应特别重视。在管理此类供应商关系时，主要有以下三种状态。

1. 垄断供应商

如果核心产品只有一家供应商能够提供，供应商形成垄断效应，那么，企业应当将维护重点放在这类供应商之上。强化与垄断供应商之间的关系，是确保采购战略得以实施的基础。

但需要注意的是，尽管垄断供应商占据话语主导权，也不可因此完全倾向供应商，否则很容易被完全控制。垄断为主，策略为辅，不要忽视建立与其他供应商的合作关系，这样才有可能打破垄断，拿到话语主动权。

2. 收购模式或垂直整合

对于核心采购供应商，如果市场存在多家，且自身具有较强的实力，企业也可以考虑收购或垂直整合的模式，让供应商成为企业的一部分。这种模式最有利于成本的有效控制，因为当核心采购供应商融入企业内部时，无论是成本控制，还是协调管理，都具有更高的效率。

苹果、谷歌等科技公司，经常采用此类方法。根据自身的战略需求，他们会直接将相关公司纳入旗下，从而拥有对方的技术、资源和产能。2016年4月，苹果公司 CEO 库克表示："在过去的四个季度中，我们已经收购了15家公司，以此推进我们的产品和服务路线图，而且我们还一直在关注那些拥有强大技术、优秀人才以及战略上适合苹果的公司。"

未来，这种模式将会成为供应商管理的重要手段。不过需要注意的是，这种收购整合模式风险较大，往往涉及大额资金，所以必须做好充分调研再展开行动。尤其是在收购方案的制定上，对于供应商核心人才，应当设定相关约束条件，不可收购结束后让核心人才选择离职，这样才能确保收购效益的最大化。

3. 采用合资或合营的模式

相比较收购模式，合资或合营的方式对资金的需求较小，更适用于规模一般的企业。在这种模式下，企业可以直接入股供应商，增加企业对于供应商的话语权。供应商可以开展其他项目，但同时又受到企业的监督，资源必须向企业倾斜，这同样可以达到成本控制的目的。

通常来说，当企业自身实力有限，或供应商体量较大时，合资或合营是一种有效的核心采购供应商关系管理模式。

3.5.5 卡拉杰克（Kraljic）模型与延展

卡拉杰克模型是一个供应商采购关系策略与匹配度识别的常用模型。该模型最早出现于彼得·卡拉杰克的《采购必须纳入供应管理》一文中，随着该文章在《哈佛商业评论》发表，卡拉杰克率先将投资组合模型概念引入采购领域，为企业带来适用于采购组合分析的卡拉杰克矩阵，如图3-18所示。

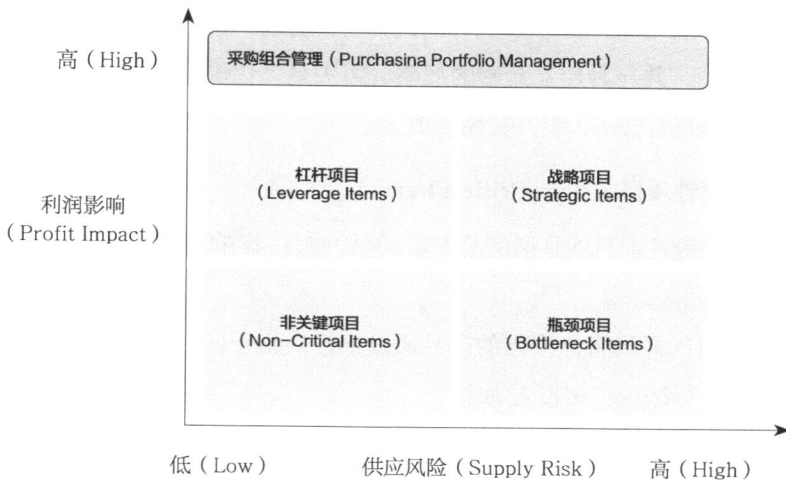

图3-18 卡拉杰克模型

卡拉杰克模型的横轴为供应风险（Supply Risk），涵盖了供应市场复杂性、技术创新、物流成本和供给垄断等市场条件；纵轴为收益影响（Profit Impact），表现为采购项目在产品增值、总成本、产品收益等方面的战略重要性。

在这两个因素的作用下，卡拉杰克模型将采购项目分为以下四个类别。

1. 杠杆项目（Leverage Items）

通常而言，当可选供应商较多，且替换供应商较为容易的项目，它们不仅一般具有标准化的产品质量标准，还能为买家带来较高利润，这种高收益、低风险的采购项目，也叫杠杆项目，如基本的原材料、紧固件和涂料等。

在这种项目的采购中，采购企业占据主动地位，因而与供应商的相互依赖性也一般。此时，相对应的采购战略也较为简单，企业只需在完善的采购招标程序下，选择合适的供应商，即可对目标项目定价并达成协议，继而按约完成供应程序。

2. 战略项目（Strategic Items）

战略项目在企业竞争战略中一般占据核心地位，具有至关重要的作用，但这也意味着较高的供应风险，如供给稀缺或运输困难等风险。关于高收益、高风险的战略项目的采购，是企业采购战略的重心，如汽车发动机、手机CPU等。

为了确保战略项目按计划采购，企业需要通过严格的筛选程序，选择力量均衡的供应商，并与其建立紧密的战略联盟关系，让供应商尽早介入，从而在共同创造、垂直整合中，提升长期价值。

3. 非关键性项目（Non–Critical Items）

所谓非关键性项目就是指供给丰富、采购容易、影响较低的一般性采购项目，如办公用品等。

这类项目同样具有标准化的产品质量标准。由于低收益、低风险，相对应的采购战略应以减少相关投入为主。

4. 瓶颈项目（Bottleneck Items）

此类项目具有高风险、低收益的特性，虽然它们的战略重要性较弱，但却只能由某一个或少数特定供应商提供，存在供应垄断或运输不便等风险，如某些食品添加剂或汽车零配件等。

在瓶颈项目的采购中，供应商占据主动地位，因而不会与采购企业建立相互依赖的关系。因此，为了降低供应风险，企业应以数量保险合同、供应商管理库存等方式为核心，制定采购战略，并积极寻找潜在供应商。

在战略层次，卡拉杰克模型确实能够成为企业制定采购战略的有效工具，帮助企业评估针对不同类型采购的供应商关系模型，从而规避供应中断的风险。

同时，企业应对卡拉杰克模型做多维度延展，如采购物料需求分析可从可获取性和采购周期两方面进行，分别如图 3-19 和图 3-20 所示。

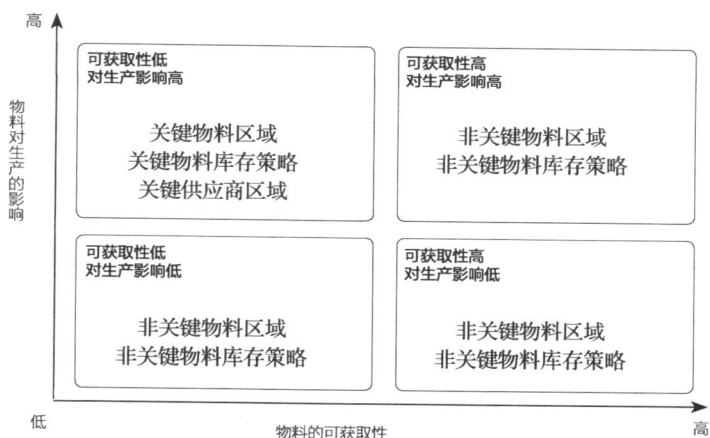

图 3-19 采购物料需求分析—可获取性

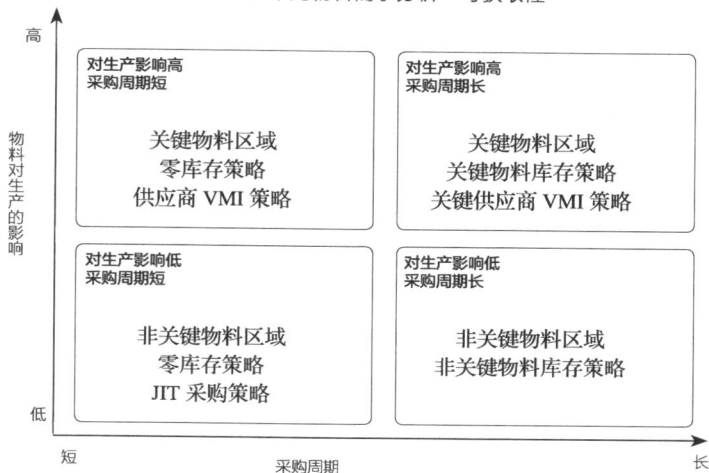

图 3-20 采购物料需求分析—采购周期

企业可依据不同供应商类别（主要是产品品类信息）对供应商采用不同的关系策略，而这些策略就存在于供应商八大关系策略中。

3.5.6 供应商感知模型

供应商感知模型，又称为供应商感知定位模型，简单说就是供应商如何看待采购商的分析模型，是采购与供应管理中与供应定位模型相对的一个重要模型。

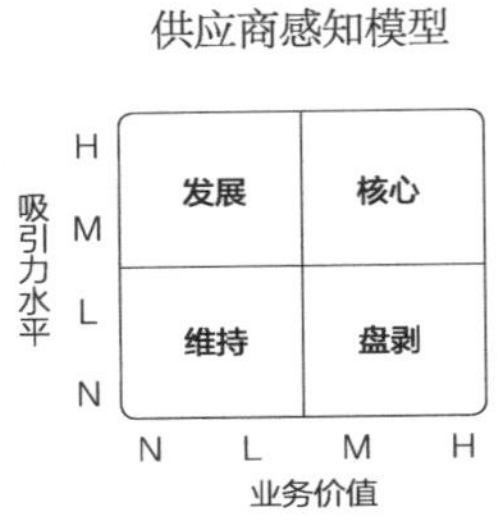

通过这个模型，企业可以在"角色互换"中，站在供应商的角度看待采购项目，对供应商的积极性产生有更加清晰的认识，从而实现换位思考、知己知彼的目标。

供应商感知模型一般以矩阵形式来表示，如图3-21所示。

图 3-21 供应商感知模型

横轴为采购价值，或称为业务价值，指该笔采购业务或项目的金额占供应商销售总额的百分比，一般而言，以 0.8%、5% 和 15% 三个指标分为四档，最低档可忽略不计，其后分别是低档、中高档和高档。

纵轴为吸引力水平，指采购项目吸引力中的非货币因素，包括战略一致性、财务稳定性、往来便利性、未来发展或间接利益等因素。基于这些因素，供应商可能会弱化对货币因素的考量。

在供应商感知模型的矩阵中，采购项目可被分成以下四类。

（1）维持：低采购价值和低吸引力。这意味着企业的价格竞争力不足、发展潜力有限，因而在采购谈判中处于弱势地位，供应商的热情并不高，企业可能会付出较高的采购成本。

（2）盘剥：高采购价值和低吸引力。尽管采购项目的占比较高，但为供应商带来的其他价值却很有限，供应商缺乏动力。与供应商建立长期合作关系，供应商可能因高价格，以获取更多的货币收益。

（3）发展：低采购价值和高吸引力。虽然采购业务量较小，但供应商看重长期发展潜力，或因为其他非货币因素，愿意投入时间和精力建立关系，因而企业可以获得一定的优待，这类采购也更适合建立长期合作关系。

（4）核心：高采购价值和高吸引力。企业采购项目被供应商看作核心业务，因而供应商会投入大量的时间、精力以保持合作关系。对于此类项目，如企业同样认可该供应商的能力，则可尝试与供应商建立战略合作关系。

3.5.7 卡拉杰克模型 + 供应商感知模型

从上面我们知道，卡拉杰克模型可以基于采购商对供应商的关系分析，而供应商感知模型是供应商对采购商的关系分析，那么两个维度可以构建更系统、全面的供应关系模型，如图 3-22 所示。

采购商感知 \ 供应商感知	维持	盘剥	发展	核心
战略物品	削弱合作，需方赶紧设计优化替代	需方需要开发、培养新供应商尽快脱离苦海	双方协同合作 关系维护 甚至合资或合营	双方高度依赖且高度意愿建立战备合作关系
瓶颈物品	合作维度趋势需方开发新的合作伙伴	机会主义，需方依赖供方，但供方供应商不关注需方	有合作意愿度大，探寻扩大合作机会	双方意愿合作度很强，扩大合作，优化成本
杠杆物品	没意义，替换供应方	警惕，需方需要尽快脱离供方服务	可以合作，供需双方可以各取所需	有合作意向，供方爱需方，需方不爱供方
一般物品	没意义，双方嫌弃	替代、竞争性合作	动态绩效管理，获利型合作关系	削弱合作，按照标准流程与策略采购

图 3-22 从采购商感知和供应商感知两个维度构建供应关系

同时依据双方市场地位与供需竞争关系，早期洞察双方博弈力量，提前布局与管理，降低采购风险，如图 3-23 所示。

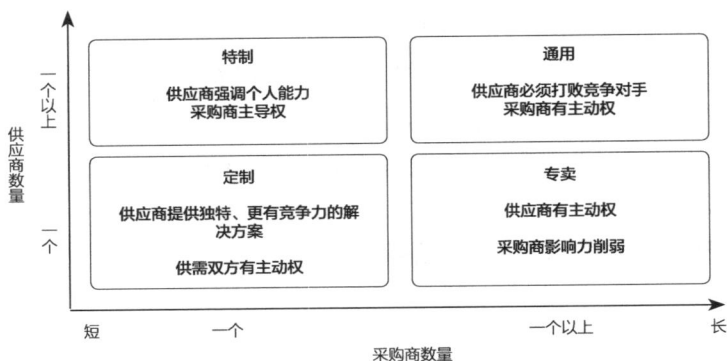

图3-23 依据双方市场地位与供需竞争关系博弈

在与供应商合作的过程中，依据潜在效益和难易程度，选择一种快速、有效，且成本可控的方式评估执行机会，如图3-24所示。

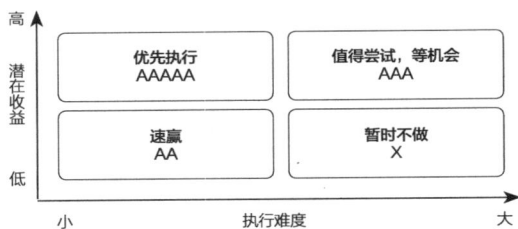

图3-24 潜在收益与执行难度的博弈

3.5.8 定期举办供应商联谊大会

如果企业的供应商数量较多，那么还应当定期举办供应商联谊大会，加强供应商与企业之间的情感互动，为未来的进一步合作拓宽渠道。尤其在年中、年终以及重大项目顺利结束后，企业应当及时开展联谊大会。

除了分享企业发展的成绩，企业在联谊大会上，还要做好以下细节。

1. 对绩优供应商实施表扬

联谊大会上，应当对业绩优秀的供应商进行大屏幕展示，并进行奖品颁发等，让优质供应商感受到企业的重视。

2. 分享成绩与未来的规划

及时分享未来的规划，尤其对于不同供应商的产业，进行详细说明，让供应商感受到未来进一步的合作潜力。

3. 分享对成本的发展看法

进一步强调对于成本的控制目标，让供应商在欢乐的气氛下，同样感受到未来企业发展的方向，以及自身的发展规划。

4. 对供应商实施调研与反馈

借助联谊会的开展，还应当对供应商进行调研，并在联谊会后对相关信息进行反馈，让供应商意识到自身的不足在哪里，和其他供应商相比还有哪些进步的空间。

3.5.9 战略合作伙伴关系的维护

在供应商分级管理中，优秀供应商当然应该被高度关注，尤其是优秀的核心采购供应商，企业更应该与其建立战略合作伙伴关系，这对于企业有序发展的重要性不可小觑。

对于战略合作伙伴关系的维护，应当从以下四个角度入手。

1. 高层互访

在高度互信的基础上，实现高层定期互访。只有双方高层管理人员相互熟悉、信任，战略合作伙伴关系才能在企业内部决策中得以体现。

2. 长期稳定，共同发展

建立立足长远、面向未来、可持续发展的合作关系。企业中层之间会根据彼此的发展，设定精准的共同发展计划。

3. 平等协商，合作共赢

通过友好协商在价格、质量、服务等方面建立平等互利的协商机制。这意味着，采购部门需要与供应商进行频繁接触，甚至采取"驻厂"的模式加强合作。

4.动态管理，绩效说话

通过定期评估与及时的信息反馈机制，对合作伙伴进行动态管理。

这四种维护手段，囊括了从基层管理到高层领导之间的所有互动，也让战略合作伙伴关系能够得到切实执行和落地，而非停留于口中或纸上。

第四章

供应商价格分析
——价格是否合理

　　企业赢利，不仅靠"开源"，更要靠"节流"，如果成本损耗过大，企业赢利就是一句空谈。因此，明白供应商如何定价，明白如何进行采购价格分析，采购成本才可能进入精细化运营轨道。

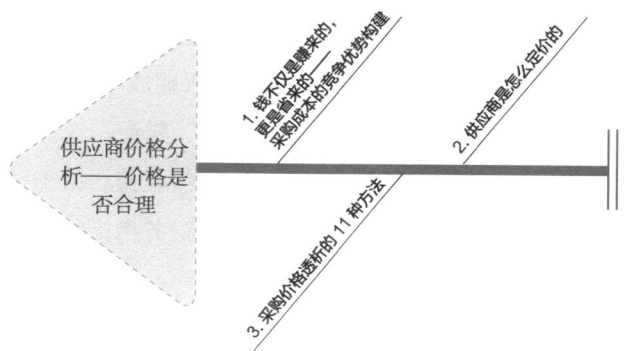

供应商价格分析——价格是否合理

1. 钱不仅是赚来的，更是省来的——采购成本的竞争优势构建

2. 供应商怎么定价的

3. 采购价格谈折的 11 种方法

4.1 钱不仅是赚来的，更是省来的——采购成本的竞争优势构建

竞争优势就是企业的战略优势。

企业的战略是什么？有人说是企业未来的方向，也有人说是有所为、有所不为的取舍。其实对于大多数企业来讲，就是：活下来，赚钱，发展下去。但赚钱的前提是企业必须有价值竞争优势。

其实，企业战略的第一要务就是赚钱。但企业凭什么赚钱？其竞争优势是什么？

纵观全球企业构建竞争优势的主要方式，企业必须对盈利有全新的认知——钱不仅是赚来的，更是省来的。只有制定合理的采购计划，降低成本，这样才能提升企业竞争力。

4.1.1 采购价格对财务指标的杠杆效果

据统计资料显示，在制造业，对原料、零配件、机器设备的采购金额，平均占总销售额的50%，部分企业采购额占比甚至高达70%以上，采购成本必然成为企业成本管控的重点对象。据机构调查表明"采购成本每降低1%，相当于企业业绩提高10%~15%"。故，采购成本，管得好，赚钱；管不好，亏钱。

采购成本的有效控制，确实能够为企业带来超额收益。由于采购成本占据企业营业额的大部分，降低采购成本对企业业绩与财务指标的影响也呈现意料之中的杠杆效果。

例如，售价不变，如何多赚3元钱？某企业的简单损益表如表4-1所示。

表 4-1 某企业的简单损益表

成本类别	成本额度	多赚 3 元方案	增减比例关系
采购成本	60 元	其他成本不变，减为 57 元	−5%
生产成本	12 元	其他成本不变，减为 9 元	−25%
人力成本	12 元	其他成本不变，减为 9 元	−25%
营销成本	11 元	其他成本不变，减为 8 元	−27.3%
管理成本	5 元	其他成本不变，减为 2 元	−60%
售价	100 元		
净利润	8 元	净利润为 11 元	37.5%

从上表很容易可以看出，为达到多赚 3 元钱目的，采购成本只要降低 5%，而同样的金额确使利润提高 37.5%，这种杠杆关系在采购成本占比大的情况下几乎达到 1：10 的效果。

美国 GARTGROUP 调查机构调查的结果是：采购成本每下降 1%，相当于业绩提高 10%~15%。因此，难怪很多企业运营者叹息：钱不是赚来的，而是省来的。

当然，不同行业之间，由于其物料与销售额的占比不同，降低采购成本对业绩提高的影响有所差异，如表 4-2 所示，可以看出不同行业采购成本与业绩的关系是有差别的。

表 4-2 不同行业采购成本与业绩的关系

公司名称	采购 / 供应成本降低	业绩提高
PHILIP	2%	12.1%
IBM	2%	14%
可口可乐	2%	3.58%
康师傅	2%	15.8%
大众	2%	64.34%
沃尔玛	2%	47.73%
IT 行业	2%	25.41%
……		

（数据来源：依据各上市企业对外披露的财报）

对于物料采购成本在销售额中占比小（如低于50%）的企业，其物料成本的降低对销售业绩提升的影响有所降低。在绝大多数行业当中，采购价格对财务指标都具有巨大的杠杆作用。

这其实并不难理解，我们可以引入一个简单的、以价格为主导的"成本—效益"模型：一家企业的采购成本占其总收益的50%，税前纯利润为10%，也即100元的销售额中，利润10元，采购成本50元，其他成本40元。

假设所有成本费用均随着售价变动，那么，如果企业想将利润率提高10%，也即增加至11元，该如何做呢？如表4-3所示。

①销售额提高10%~11%元。此时，税前利润11元，而采购成本随之增至55元，其他成本则达到44元。

②采购成本降低1元，其他成本不变保持为40元。此时，税前利润11元，销售额仍为100元。

表4-3 采购成本变化对比表

方法＼措施	销售额（增长率）	采购成本（增长率）	其他成本（增长率）	利润（利润率）
方法1	110（10%）	55（10%）	44（10%）	11（10%）
方法2	100（0%）	49（-2%）	40（0%）	11（10%）

注：销售额、采购成本、利润单位均为元。

在这样的计算方法下，企业只需缩减2%的采购成本，即可实现10%的销售额增长，从而实现利润的增加。对于大多数企业而言，上述两种方法哪种更容易呢？这也显而易见。

4.1.2 市场竞争性分析与供求关系——采购成本为什么降不下来

采购成本的降低，不仅有利于提升产品的利润率，对于减少资金占用、降低仓储成本和资金投资回报率等各方面都具有突出作用，更有利于企业整体竞争力的提升。

采购成本的竞争优势日趋明显，采购人员成本降低与管控（成本能降低则降低，否则重点管控）的渠道很多，但企业采购成本降低效果一直很不理想，无数采购人员和企业都被困于同一个问题：每年都在降成本，但成本还是降不下来，为何？原因其实可以从企业内、外两方面来看。

1. 缺乏系统的采购战略

如果市场采购价格已经确定，是否意味着企业就难以建立采购成本优势？

答案当然是否定的。正如戴尔等强大的 PC 企业，即使英特尔、英伟达这些供应商十分强势，戴尔仍然能够在采购成本上获得巨大优势。其原因就在于：降低采购成本是一个系统工程，需要从采购战略出发，系统架构采购运营管理系统，实现采购与供应链无缝对接，进而构建富有竞争力的采购商与供应商之间的关系总价值。

同时，规划并设计产品形成过程的诸多成本要素：设计、采购、生产、工艺、品质、物流仓储与配送等，关注企业总成本降低。否则，从单一战术层面降低成本，结果却只是降低了采购价格，却可能带来质量风险和更多的运营成本。

2. 企业谈价能力与策略能力有限

垄断市场与完全竞争市场的竞争差异必然带来运营策略、采购方案、关系手段等的差异。在采购团队系统技能缺乏的前提下，企业的谈价能力自然有限，策略能力也无法满足需要，难以将采购价格控制在合理的区间。

3. 市场供求关系确定价格

即使企业谈价能力再强，也不意味着采购价格可以无限降低。杰出的谈价能力，只能确保采购价格合理。但采购价格最终仍由市场供求关系决定，在不同的供应市场环境下，采购价格的谈价空间也不同。

如果是在垄断市场，由于市场被一家或少数几家供应商把控，即使供应商的利润很高，企业也难以通过谈价降低价格；与之相对的，如果是在完全竞争市场，企业则可以对多家供应商进行比价，从而有效控制价格。

因此，有时采购价格降不下来，并非因为企业的谈价能力不强，而只是因为市场供求关系已经决定了企业能拿到的采购价格。

4.1.3 采购成本不等于采购价格

首先，我们记住一个公式：采购成本≠采购价格。

面对全球性的经济衰退，在原材料涨价、劳动力成本上升的大环境下，"生存第一、发展第二"成为许多企业的首选的战略方针。此时，成本竞争优势则显得至关重要。

但是，很多企业将控制采购成本的重心放在价格控制上。甚至有一次笔者在珠三角某大型民企授课时，采购经理直接跟笔者私下吐槽：老板就在乎两个字——低价！

"成本就是价格，价格越低越好。"这是很多企业都会陷入的采购误区。采购成本就只是价格吗？笔者认为绝不止于此。事实上，很多企业的采购失败，正是败在了采购价格上！

某家电企业的紫砂煲是在炊具市场上的明星产品，其销量也连年上升，广告宣传"全部选用纯正紫砂烧制""富含丰富微量元素，补铁补血，有益身体健康"，而且"表里如一，从里到外地好"。

事实上，由于缺乏系统战略成本管理，仅仅采购价格无限追求一降再降，两家供应商使用内胆材料的原料泥不约而同替换为田土、红土、黑泥、白泥等多种普通陶土配制，并添加"铁红粉"、二氧化锰等化工原料染色，并非宣传的"纯正紫砂"，而添加的材料可致身体伤害。

事情一经媒体披露，可想而知对企业的声誉造成的巨大损失远远超过从供应商"压价"得来的"收益"，虽然企业后来采取了退货等补救措施，但造成的不良影响力已无法补救回来了。

因此，追求价格低廉的物料，反而成了企业运营总成本剧增的祸源。

1. 采购成本

采购成本控制绝不只是简单地降低价格，而是一个系统化的工程。单纯地降低采购价格，可能会给企业带来多种风险，如质量风险、技术风险、及时供货风险等。

从我们采购成本的结构来看，我们可以将采购成本等式写为：采购成本 = 产品价格 + 订单处理成本 + 采购管理成本。

产品价格是指供应商从获取原材料价格、设计研发成本、生产制造成本、仓储物流成本以及供应商利润等。

订单处理成本（也称上下游接口成本）包括订单识别与分析成本、谈判成本、合同与检验成本等。

采购管理成本指采购企业管理过程所涉及的运营综合成本，包括返修与客户投诉等成本。

如此看来，我们可将采购上面的成本理解三个成本总和：采购成本 = 供应商成本 + 上下游订单处理的接口成本 + 企业自身采购成本。

2. 供应商产品成本

供应商的产品成本最终呈现为供应商价格，我们可以将其构成主要部分分为三大版块，如图 4-1 所示。

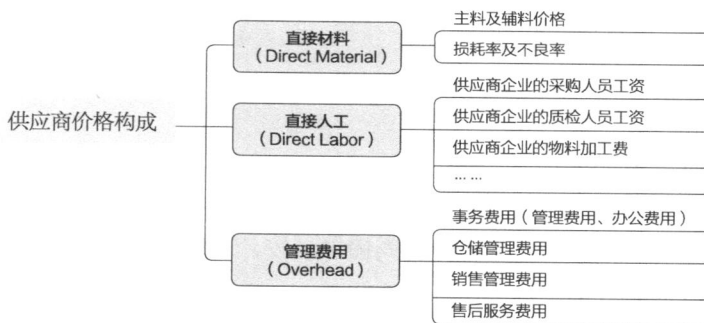

图 4-1 供应商价格构成

对于每个企业而言，采购成本具有若干个组成部分，故控制采购成本，显然不仅是采购部门的责任，从价格、研发、品质、工艺、运输、利用率等各方面涉及研发、采购、生产、仓储、财务和销售等各环节部门，它们都应当承担起重任，实现采购成本的全系统有效控制。

3. 采购成本竞争优势的完整计算

在上节中，我们以价格作为采购成本的主要衡量因素，探讨了采购价格对财务指标的杠杆作用。然而，那只是最简单的采购成本计算模型。真实的企业采购，远比该模型更加复杂。

如果再增加其他变量，如不良率、管理成本等，采购价格的应变量函数就更加复杂。即供应商成本 Y 的函数为：$Y=f$（物料价格、交易成本、管理成本、合格率……）

具体而言，如果引入良品率的概念：若采购成本降低 2%，却会导致良品率由 100% 降低至 97%，那么，采购成本反而会提高 1%。

如果引入管理成本的概念：为了找到采购成本降低 2% 的方法，企业需要额外付出 5% 的时间成本、评估成本、风险成本等。

采购成本绝不只是价格，正是因为采购成本函数自变量的复杂性，当采购价格被市场确定之后，企业仍然拥有更多的成本管控手段与渠道。

4.2 供应商是怎么定价的

在采购成本的构成中，价格是最主要的部分，也是最受企业关注的元素。几乎每个企业都会在价格上与供应商锱铢必较，询价与议价环节被看作采购工作的重点。笔者在进行培训和咨询的过程中，经常遇到企业询问如何询价与议价的问题，回答这个问题之前，首先要知道供应商的定价方法。

4.2.1 供应商的 5 种定价方法

早在 1978 年，Corey 就提出供应商定价的 3 种主要方法，即成本导向定价法 (Cost-based Pri- cing)、需求导向定价法（Market-based Pricing，又称为市场导向定价法）和竞争导向定价法（Competitive Bidding）。面对不同的供应关系，每家供应商都会根据自身成本结构进行定价，尤其是供应商自身的定价目标。

供应商的定价目标主要可以归纳为以下五点。

（1）获取足够的预期收益，衡量标准则分为长期和短期。

（2）在较长的阶段内，通过控制总收入和总成本，创造最大的总利润。

（3）如果自身能力不足，无法获得预期收益或最大利润，供应商的定价目标则是参考市场行情制定的合理利润。

（4）制定较低的价格，从而迅速挤占市场，提高市场占有率，再逐步提高产品价格。

（5）认真研究竞争对手的策略，制定更具竞争性的价格进行抗衡，以占领市场或保护既得市场。

"知己知彼，百战不殆。"只有在了解供应商定价的目标之后，企业才能更深入地明确其定价逻辑。很多企业却忽视了供应商定价目标，并因此陷入了误区。

目前供应商大部分定价方法有以下几种。

1."成本＋利润＝价格"法（也称"成本加成法"）

该方法常见于垄断市场或新产品刚推出的市场。

供应商定价心语：单件产品的成本是 5 元，自身必须赚 3 块（或者为成本利润率为 60%），故单件产品定价 8 元，这是底线。

在卖方市场下，当供应商具有更高的话语权，以"成本＋利润"定价的方法也更加常见。这种定价方法基本不考虑外部市场的情况，在估算出产品的平均成本之后，增加一定比例作为利润，再将二者求和得出最终价格。

按照这种方法，供应商首先需要估算产品的平均成本。此时，供应商需要先确定一个正常或标准的产量数字，再假定生产能力的可利用程度（一般在66%~100%），从而计算出产品中包含的平均固定成本和变动成本。利润率则依据经验制定，而非理论分析中的最大利润，但二者取值一般近似。

由于产品的平均成本一般不会大幅变动，行业利润率也较为稳定，所以，成本加利润的定价一般较为稳定。如果遇到税费增长，或原材料、工人工资上涨等情况，各大供应商往往会一起提升定价。

供应商这种方法的风险在于，一旦遭遇竞争对手或替代方案、产品等，供应商盲目于自己的价格而忽视市场变化，影响企业的产品推广与市场占有率，甚至错失企业发展的机会。

2. "价格 – 成本 = 利润"法

该方法常见于竞争性市场。

供应商定价心语：市场竞争太激烈，自己无法改变市场供求关系，即价格是一定的，如矿泉水2元/瓶。如果想获得一定的利润，只能内部优化，降低成本。

在竞争激烈的市场环境下，企业为了让产品的定价能够确保预期的目标利润，必须千方百计降低成本，从引入精益生产（Lean Production）降低生产制造成本，到引入采购与供应链OTEP降低采购运营成本，再到引入全面质量管理（TQM）降低质量成本……

这种定价方法完全基于市场竞争环境与企业盈利需求，在其中寻找到一个平衡点，即供应商需要运用收支平衡图（Break – even chart）。以市场竞争为导向可能牺牲企业盈利能力，以企业盈利能力为导向则牺牲市场竞争。

恒大冰泉是一个很典型的例子。

恒大冰泉作为天然矿泉水进入市场，因其水质良好、定位高端等原因，500ml瓶装矿泉水最早定价为4元/瓶。无论如何，作为"水"在国人心目中价格有一个这样的标准：水的价格2元/瓶左右，超过3元/瓶就应该是饮料！甚至有人开玩笑说，1000ml（1升）的水价格达到8元，95号汽油1升也才只要7.5元，直呼喝不起。在一个完全竞争的市场，任何企业几乎没有定价权，恒大冰泉的市场表现自然导致其销售量下滑。后来其不得不接受"残酷"现实，将价格调整为2.5元/瓶，后来又降到全国统一价2元／瓶，甚至超市出现0.9元／瓶（估计这是渠道管理混乱，价格也混乱）的情况……结果非常尴尬，得罪了原先的老客户，也没有获得新客户的认可，造成两边不讨好的局面。

3."价格－利润＝成本"法

该方法常见于夕阳产业市场。

供应商定价心语：市场竞争异常激烈，自己无法改变市场供求关系，且企业成本内部优化降本潜能与空间很小，只有不断减少利润获取生存空间。

由于行业过度竞争之后产业极度成熟，或产品竞争或被模仿，企业毫无定价权，基本处于随行就市的环境，成本挖掘空间也已尽竭，只待行业转型或者升级换代后，然后进入新的发展周期。

我国彩色电视机早期由于缺乏基本的技术，其核心配件CTR显像管几乎都源于日本厂商，国内的电视机厂几近沦为国外品牌的组装厂，各自企业贴上自己的品牌进行市场销售，各地纷纷建立彩电产品生产线，重复建设严重。随着生产能力严重过剩，供大于求的市场竞争价格很快到了底线。为制止彩电市场持续恶性竞争，防止透支市场，避免市场极度疲软，国内9家大型彩电骨干企业成立彩电价格联盟，但这种仅仅停留在产品价格层面的联盟很快就解体了。行业发展到这个时候必须凤凰涅槃、浴火重生。液晶面板电视的出现，才让彩电行业进入到了新的发展纪元。

4. 跳跃定价法

该方法常见于无法横向比较产业市场，如文化产业、新IP设计行业等。

供应商定价心语：价格是多少，自身也不清楚，定价看心情。

例如，同样是清朝末年两位不知名的画家画的国画，一幅标价2000元，另一幅标价2万元；一套企业管理软件，有标价50万元的，还有标价60万元的……这类定价方法由于横向比较与参照性弱，属于约定价方法。

同样，随着供应链拉车，市场偶尔风吹草动，某些产品短时间内涨价或降价的情况并不罕见，如2017年的包材价格，某些电阻、电容价格也处于跳跃定价，甚至某些供应商在涨价函中写道："下月个涨价20%～30%或更多，具体涨幅届时通知。"

在采购企业看来，这是无法理解的价格"跳水"或"暴涨"；但站在供应商的角度，这其实是以市场需求为导向的跳跃定价法。

根据市场需求状况和采购方反应，即使产品平均成本相同，供应商也会制定不同的价格。跳跃定价法的基点在于产品的历史价格，如果市场供不应求，供应商则可能加价出售；如果采购方需求较小、时间紧迫，供应商同样可能加价出售。

5. 社会责任定价法

该方法常见于从社会底层需求发出，社会责任唤醒后的定价。

供应商定价心语：作为社会大家庭，定价也应该考虑社会底层需求。

例如，某地发生地震，某帐篷厂立刻标出帐篷3折的价格卖给受灾群众等。

当然，在供应市场上，还有些供应商则以履行社会责任为目标，即以满足社会公众利益的最大化，作为企业定价的基本准则。

因此，公共事业或者公共责任企业也有责任定价法。

（1）公共事业型企业，如公交公司、自来水公司、电力公司、煤气公司等。它们通常以较低的价格向客户提供产品和服务。

（2）执行社会市场观念的企业。它们以保护或提高客户和社会福利的方式，将产品价格定得较低，只获得有限或低微的利润，以满足企业利润、客户需求和社会利益的兼顾。

4.2.2 报价单信息分析

面对企业的采购需求，供应商大多会以报价单的形式做出回应。拿到供应商报价单，千万不要只看价格来评价其价格的高低。

报价单类似价格清单，一般包括单头、产品基本资料、产品技术参数和价格条款等内容，如图4-2所示。

		深圳市 ×××金属制品有限公司			
		Shenzhen ×××Metal Products Co.,Ltd			
		TEL：0755–×××　　　FAX：0755–×××			
		地址：深圳宝安区×××第三工业区		报价日期：××××年04月22日	
		铜材报价单 Copper quotation			
序号	材料名称	产地	单价	铜含量	实测导电率
1	T2 铜排	洛阳（1#铜锭）	54300 元 / 吨	99.95%	90%~100% IACS
2	T2 铜棒	洛阳（1#铜锭）	54300 元 / 吨	99.95%	≥ 98% IACS
3	镀锡 T2 铜排	洛阳（1#铜锭）	55700 元 / 吨	99.95%	90%~100% IACS
4	T3 铜排	废料炼铜	52300 元 / 吨	97%	87%~89% IACS
5	镀锡 T3 铜排	废料炼铜	53300 元 / 吨	97%	87%~89% IACS
注	1. 以上报价从××××年4月22日起生效，有效期为一个星期，如有变更另行通知；				
	2. 以上单价含税普票（如有需要 17% 增值税，可进行电话咨询）；				
	3. 以上价格最少起订量：300kg，市内免费送货上门，外省一吨免运费；				
	4. 付款方式：预付 30% 定金，余款货到付清；				
	5. 以上材料质量无问题下，如已加工材料，恕不退换；				
	6. 如贵公司对我公司有任何建议和意见，敬请指教。望今后能一如既往地给予协助，共求发展，共同进步。谢谢！				
	以上报价真实有效版权由×××提供				

图 4-2 报价单

在一份完整的报价单中，一般包含以下信息：

1. 单头

单头主要包括报价单抬头、报价日期，以及卖家基本资料，如 Logo、名称、地址、联系方式等。个别报价单则会明示买家基本信息。

2. 产品基本资料

产品基本资料包括序号、产品名称、型号、规格、价格等信息，根据不同的产品，其内含的主要信息也不同，如图 4-2 中的"材料名称""产地"和"单价"栏。

3. 产品技术参数

对于特殊产品，其报价单则涵盖相应的技术参数。如图 4-2 中的"铜含量"和"实测电导率"栏。

4. 价格条款

价格条款包括交易方式、运输方式以及其他备注信息。

以上为一般报价单的完整内容，根据供应商和产品不同，每份报价单在细节上也存在区别，展示信息也可能会有所不同。但在对报价单信息的分析中，很多企业都难以做到全面解读，甚至做出错误的解读。

因此，企业常见的误区有以下几点。

1. 如果产品参数合适，就只需关注价格即可

报价单虽然名为"报价单"，但其内容却不只是报价而已。一份完整的报价单包含许多信息，如果企业不能全面解读，则可能落入供应商设下的陷阱，如材料的新旧程度、货币单位、报价有效期等信息。

2. 分析重点放在主要材料的报价上

对于企业需要采购的主要产品或市场透明度高的产品，供应商大多会报出合适或较低的价格，以取得企业的信任。事实上，在企业不熟悉产品报价的情况下，其可能蕴含更多的"水分"。

3. 报价单中的原材料不能动

企业在采购时大多关注物料产品的报价，而忽视对供应商的原材料成本的分析，因为企业认为原材料价格无法变动。这也给予了供应商趁机提价的空间，尤其是一些原材料价格变化较大的物料，即使供应商报价较高，企业通常也会轻易接受报价。

面对这些问题，企业该采取什么的策略和方法去应对呢？

1. 要按照采购方的成本结构来进行报价

为了阅读和理解方便，企业应尽量制定统一格式与要求的报价单格式表。

很多企业在拿到报价单之后，会被上面纷繁复杂的信息弄得一头雾水。于是，他们只好根据主要采购物料，重点关注其中几款产品的报价信息。这就可能导致企业在分析供应商报价和计算采购成本上，出现偏差。

企业应当要求供应商按照自身的成本结构来报价，报价单的格式也要遵循采购方的要求。尤其是企业在进行大批量采购时，可以直接发送报价单模板给供应商，让其按照统一的报价方式、格式以及成本计算方法报价。

这样将有助于企业快速分析供应商报价信息和计算采购成本。

2. 要对供应商提供的报价单仔细研究

如果报价单是供应商提供给采购方的，其内容格式并不统一。因此，采购人员在拿到供应商报价单之后，需要对其中的信息进行分析及判断，要带着疑问对报价单的信息细节进行深究。

（1）标的名称、规格、型号、特殊要求等项目是否齐全？

（2）有最小订单量（MOQ）要求吗？

（3）报价含税吗？是最终报价吗？

（4）价格透明度是否符合要求？成本结构合理吗？

（5）报价处于什么水平？有恶意低价的现象吗？

（6）报价有效期是多少？

（7）有促销活动吗？有现金折扣／数量折扣吗？

（8）涉及的工装模具费用分摊符合约定吗？

（9）预付款比例／付款期是多少？

（10）交货期弹性空间是多少？

（11）有质量保质期限与质量处理流程吗？

带着以上这些问题去看报价单，在报价单中找到明确的答案，企业才能尽可能地规避报价单中可能存在的陷阱。

3. 要注意报价单中的弹性项目

基于某些产品或服务本身的特殊性，供应商往往会对其进行弹性报价。由于供应商在解释报价时，会尽可能提升采购方对产品价值的认识，或说明市场价格的多变性。企业稍有不慎，这些弹性项目往往就会让企业付出不必要的成本代价，供应商则能借此在后续供货中获得丰厚利润。

有时报价单会采取阶梯式报价方式，即包含数量折扣费（QDA），后续内容会讲到。

4. 报价单要深入到供应商工厂中去分析

正所谓"知己知彼，百战百胜"。在采购周期（非紧急采购）允许的情况下，企业利用供应商开发、评估的机会详细了解供应商主要原材料采购价格、制造工艺、物料损耗率、产品合格率、设备变动率情况，对供应商报价评估有直接的参考价值。

最重要的是，企业应深入对供应商工厂了解情况，对二级采购保障能力、交付能力与研发工程等有先期的了解与预判，通过筛选出几家供应商进行前期分析对比，进行风险评估后，派遣经验丰富的采购人员进行实地调查，避免因为供应商生产经营问题，导致采购成本提升，甚至无法按期、按质、按量交货。

4.3 采购价格分析的 11 种方法

明确供应商定价方法之后，面对供应商报出的采购价格，企业有必要对其报价进行分析，以评估其报价是否合理。并据此进行采购决策，找到最适宜的采购定价、采购量和采购时机。

对此，笔者总结出 11 种常见的采购价格分析方法。

4.3.1 历史数据法

方法简述：用供应商的报价与历史交易数据相比较来评估当下价格合理性的方法。

大多数企业都有一定的采购历史交易数据，当评估供应商报价时，历史数据也是最先被采用的方法。在与历史报价的对比中，企业能够轻易发现可能存在的异常报价，并调查其背后的原因，从而对当前报价的合理性做出有效评估。

当然，企业采购也应该胸有成竹，明确以下影响采购价格的主要原因。

1. 采购数量

采购数量直接影响价格，购买方式不同，如单买、小批量买、大批量买等，使其在价格上存在明显的差异。

2. 合作关系

如果企业与供应商保持持续交易关系，企业也有更大的可能拿到相对优惠的价格。供应商感知模型象限差异决定供应商的报价差异（在第三章供应商感知模型里面有详细讲解）。

3. 交货期限

在较为紧张的交货期限下，供应商可能会提升价格；反之，则可能有一定优惠。

4. 市场行情

市场行情分为区域市场和宏观市场两方面。在市场的价格变化周期内，企业采购价格会随之变化。

5. 产品质量

质量决定价格，采购物料的标准是国标、行标，还是非标，对采购价格影响明显。

6. 付款方式

一般而言，企业以预付款的方式可以拿到更加优惠的价格。而如果付款期较长，供应商报价也会相对较高。

7. 供应商渠道

供应商渠道包括生产商、一级供应商、二级供应商和终端零售商等，从不同的供应商渠道采购，其价格也遵循由低到高的趋势。

8. 供应商成本

随着供应商生产成本的增减，其报价也会相应变化。

只有明确采购价格的构成原因，企业才能正确运用历史数据法，对采购价格进行合理的评估。否则，一味简单地因理解片面或信息不全，以买方身份强压供方，不但获得不了供应商的信任，而且会因构建不好的供应关系而陷入议价的被动局面。

那企业通常会遇到哪些误区呢？

1. 单纯将采购报价与过去的价格相对比

历史数据法表面上是价格的对比分析，但也要考虑到历史数据形成的相关要素，如历史成交量较大，故采购价格低；或历史成交在市场价格低点等。

2. 只做环比分析，不做同比分析

每种产品的价格变动都存在一定周期，大多以一年为一个周期。在这个周期内，其价格变动也存在一定规律，如果只做历史数据的环比分析，则可能忽视价格周期的影响。

遇到误区不可怕，可怕的是没有策略和办法去应对。历史数据法的核心就在于参考过去的实际购价，评估当前报价的合理性。需要注意的是，在评估过程中，企业必须结合相关因素进行综合评估，以免评估不准确，具体方法如下。

1. 建立基本数据档案

企业须建立起基本的采购数据档案（现在 ERP 系统几乎都具备数据汇总和导出功能），在每次采购活动中，企业都应当将相关数据记录下来，并将其整

理进数据档案中。

数据档案的基本内容包括：产品名称、产品参数、采购数量、采购价格、供应商、采购时间等。数据档案中的每一条记录都应当链接相关的单据、合同等电子档材料。

如单次采购价格存在异常，企业也需要备注清楚原因。

2. 历史数据趋势

根据产品的价格变动周期，企业可以对历史数据的变化趋势进行分析，一般以折线图或点状图的形式制作趋势变动表。借助这张趋势变动表，企业能够对采购价格的变化产生整体认知。

需要注意的是，在制作这样的趋势表时，由于历史采购价格可能存在异常，企业可以将这些异常情况作为离散点剔除，以免影响趋势分析的准确性。

3. 同比或环比分析

对于当前的采购价格，企业可以采用环比（month-on-month）或同比（year-on-year）的分析方法，将之与上期或历史同期价格进行对比分析。

例如 2018 年 3 月的采购价格，将之与 2018 年 2 月的采购价格相比，即为环比；将之与 2017 年 3 月的采购价格相比，即为同比。

结合历史数据变化趋势，在同比和环比的分析中，企业可以明确当前采购价格的合理性。

长期以来，中国动向（集团）有限公司（以下简称"动向集团"）一直坚持对采购数据的积累与分析。在从事品牌运动服装的市场推广与分销中，这一制度也为其采购价格分析提供了客观依据，从而做出了更具科学性的采购决策。

仅在基本数据档案的设计方面，动向集团就在细节上做到了极致。

借助完善的采购台账，动向集团能够对各采购物料的价格进行深入分析，并了解采购价格的变动趋势。为此，企业可以制作一张采购价格走势图，让这种趋势更加直观，如图 4-3 所示。

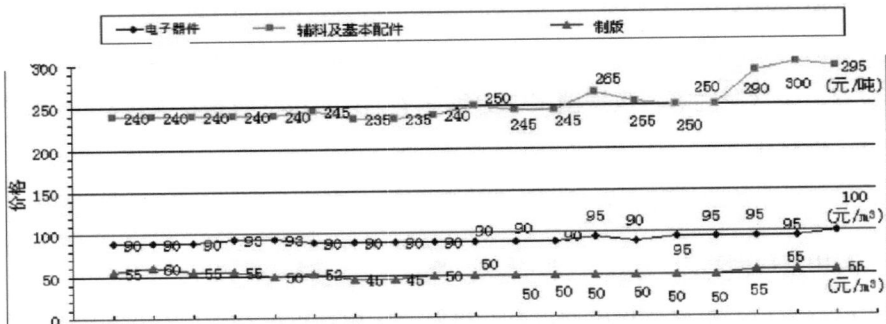

图 4-3 采购价格走势图

结合供应商的报价，企业也可以将之与过去的采购价格相对比，以同比和环比为主要指标，制作走势图，如图 4-4 所示。

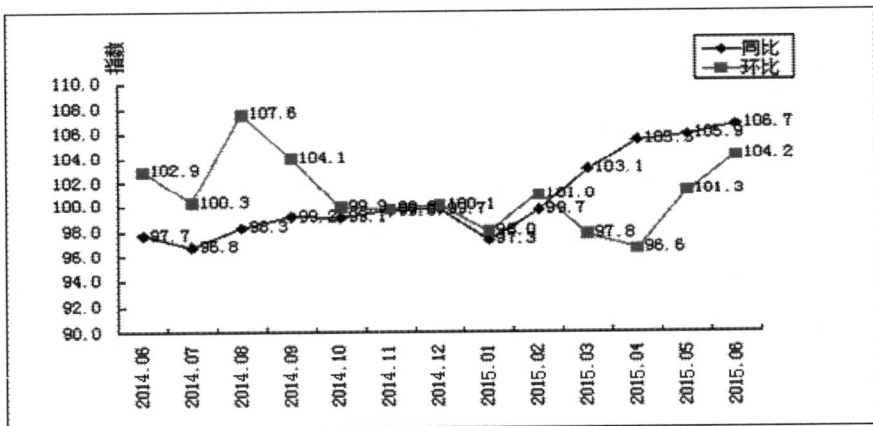

图 4-4 同比、环比走势图

经过日常的数据积累，在每一次采购时，企业都可以轻易将采购价格与历史数据相对比，进而结合价格影响因素，判断当前的采购价格是否合理。

4.3.2 目标价格法

方法简述：根据市场所设定产成品的目标卖价，减去公司目标利润之后所得的目标成本，通过价值工程 VE/ 价值分析 VA 分解到产成品每一个配件的目标价格与供应商报价所比较的方法。

正如供应商在定价时可能以某一价格为目标一样，为了确定价格的市场竞争力，企业对于产品的最终售价同样需要严格控制。在这样的售价限定下，企业的采购价格也必须限制在一定范围内，否则就可能倒逼售价上涨，或缩减盈利空间。

目标价格法起源于美国施乐公司，目前日本企业如三洋、丰田、松下、住友等用得比较广泛。

要确保目标价格法的有效性，企业要遵循以下五大基本原则。

1. 以市场竞争为基础、客户需求为导向

全面控制产品形成诸多成本要素，不仅关注采购价格这一单一因素，而应贯穿产品形成的全过程、全环节。

2. 供应链参与原则

邀请供应商参与，从研发开始运筹，全部门参加，拓展盈利空间。

3. 责、权、利相结合的原则

制定完善的绩效考核制度，推动全员参与、共同努力。

4. 职能控制的原则

按照目标价格计划，对采购计划的完成情况进行评估，并及时纠正计划执行中的偏差，以确保目标价格得以实现。

5. 目标管理的原则

在企业管理中，以目标价格及对应的目标成本为依据，对各项成本开支进行严格的限制和监督，力求在采购价格等各方面实现最少的成本耗费。

想要实现目标价格，采购价格的严格控制当然是重点，但其内容也绝非仅此而已。如果制定目标价格之后，企业只知控制采购价格，也可能会步入歧途。

目标价格法，即从产品的卖价逆算采购品所须有的目标单价，其计算公式为：目标单价 = 目标售价 – 目标利润 – 其他费用。

事实上，目标价格法的内涵丰富，它不仅是采购价格的透析方法，更是企业战略的重要模块。对此，企业要从目标价格、目标利润、成本控制等多个方

面着手进行。

1. 要制定合适的目标价格

根据不同的定价目标，企业的目标价格制定策略也有所不同。企业定价目标主要分为八种：投资收益率目标、市场占有率目标、稳定价格目标、防止竞争目标、利润最大化目标、渠道关系目标、度过困难目标和塑造形象目标（也叫社会形象目标）。

基于企业定价目标，企业还需结合需求价格弹性和市场竞争情况，确定最终的目标售价。该目标价格也应满足以下三项原则：

（1）目标价格的制定与企业的定价目标一致，有助于企业战略目标的实现。

（2）目标价格应符合消费者整体及长远的利益。

（3）目标价格的制定应与企业市场营销策略相协调、配合，以促进企业营销目标的达成。

2. 要确定合理的目标利润

目标利润是指企业在未来一段时间内，经过努力应当达到的最优化控制目标，如美国通用汽车将目标利润定位到 15%~20% 等。

目标利润制定得适当与否，直接关系到目标价格法的实施效果，如目标利润过高，则会加大采购成本的控制难度；如目标利润过低，同样不利于企业发展，甚至为企业带来大量无效成本。

在确定目标利润时，企业既要考虑自身经营发展的需要，也要结合上期利润计划的执行情况和行业平均利润水平。

3. 全过程控制成本支出

企业成本的控制应贯穿企业生产经营活动的全过程，从市场调查、产品策划、设计开发、材料采购、生产加工、产品销售和售后服务等各个阶段、各个环节，控制所有成本的消耗支出。

成本控制必须依靠企业全体员工的共同努力，因此，企业需要在其内部树立起降低成本、节约开支的理念，使成本控制建立在可靠的群众基础上。

与此同时，企业还需要完善前馈性控制制度，在严格的预算制度下，一般不允许超出预算的成本消耗，将无效成本的支出消灭在萌芽状态。

4. 基于目标价格和目标利润，控制采购价格

一旦目标价格和目标利润确定，企业就能得出要实现该目标的目标成本。

举例而言，如目标价格定为 100 元，目标利润定为 15 元，税金等其他成本费用控制在 40 元，则采购成本就必须控制在 45 元以内。根据产品采购成本组成，企业就可以计算出每种产品的采购单价。

此时，面对供应商的报价，企业可以直接以计算出的采购单价作为标准，筛选出报价合适的供应商，再对其资质进行考察，最终确定成交供应商。

如果采购的目标价格较低，企业也可以通过其他手段，如供应商渠道、付款方式等，增加采购议价能力，争取实现目标价格。

中国零售行业生态比较完整，竞争自然也是可以用"异常激烈"来形容的。故制造型企业也可以以流通企业沃尔玛的目标成本法做参考。

成立于 1962 年的沃尔玛在全球已经拥有超过 5000 家购物广场或会员店，其"天天平价"的经营理念是其成功的基础。沃尔顿的名言是："一件商品，成本 8 角，如果标价 1 元，销售数量就是标价 1.2 元的 3 倍。我在一件商品上所赚不多，但卖多了，就有利可图。"

而要实现"天天低价"，甚至提出"如果我店价格高于周边超市愿意按双倍奉还"的口号，就离不开全系统成本控制能力，低廉的采购价格固然也是关键要素。

在采购方面，沃尔玛制定了严格的目标价格。正是因为较低的采购价格，其所有商品与同行的商品相比都具有价格优势。

为了实现目标价格，沃尔玛首先会避开一切中间环节，直接从工厂进货。基于沃尔玛自身雄厚的经济实力，沃尔玛十分重视与供应商建立友好融洽的协作关系。沃尔玛给予供应商的优惠远超同行。

尤其是在付款方式上，美国第三大零售商凯马特的平均付款周期是 45 天，

而沃尔玛的平均付款周期仅需 29 天。这也大大激发了供应商与沃尔玛建议业务的积极性。

目标价格是控制采购价格的重要手段，但如果目标价格低于供应市场价格，企业又该如何应对呢？答案当然不是提高目标价格，而是要像沃尔玛一样，从其他方面给予供应商优惠，以争取到目标价格。

沃尔玛的采购体系在美国取得了巨大成功，但这在中国却遇到了挑战。一般而言，沃尔玛会取消供应商的"进场费"，以获得采购价格的优惠。但在中国，即使免除"进场费"，其实际商品价格也难以形成明显优势。

与此同时，其竞争对手家乐福却在通过收取"进场费"赚取不菲的收入，从而支撑低廉的市场价格。

正如沃尔玛一位高层管理人员所说："就像是'桔生于北则枳'一样，在强大的中国供采体系面前，沃尔玛开始在强势的美国沃尔玛文化和中国现实情况面前调整摇摆，甚至自己都无法找到方向。"

目标价格法具有明显的目的性，即实现目标价格，企业应当为此采取各种手段与策略。但在不同的市场环境下，这些手段与策略的有效性也有待检验。因此，在最初设立目标价格时，企业就应当考虑到实际市场情况。

4.3.3 横向比较法

方法简述：供应商有大量系列产品或者相类似产品，详细了解不同产品之间的报价差异与成本动因后做横向比较，以评估其中某产品报价合理性。

历史数据法能够帮助企业明确采购价格的变动趋势，但如果缺乏足够的历史数据作为支撑，或采购新材料时，横向比较法则更具参考价值。使用横向比较法时，企业需要选出和采购物料相似或相同的采购品，在调查影响成本的各项参数之后，将参数进行横向比较，从而得出采购物料的合适价格。

在进行横向比较之前，企业首先要注意其使用前提：

（1）比较品必须是同类产品，或是具有相同系列属性的产品，只有如此，其价格才具有可比性。例如同样品牌与排量的轿车，豪华版、商务版、精英版、技术版、入门版等之间存在配置差异，而不同品牌与排量之间乏有对比性。

（2）横向比较法的特点在于以空间为坐标，因此，比较品必须处于同一时间区间。同样大众轿车，品牌与排量相同的中国版车与美国版车也没有对比性。

横向比较法是指对同类的不同对象在统一标准下的比较方法，如果忽视其使用前提，该方法也无法发挥好的作用，甚至给予企业错误的信息。那常见的误区有哪些呢？

1. 直接使用同类产品的采购价格做对比

即使是相同产品的不同型号，其价格差别也可能十分明显。而在同类产品的价格对比中，如果不注重成本变动因素的消除，横向对比也将失去意义。

2. 使用不同时期的产品报价做对比

采购价格存在周期变化的特点，不同时期的采购价格存在差异。因此，企业在选择同类产品报价做对比时，必须选择近期的报价。

了解了误区，企业才能找到合适的解决方法。上面提到，横向比较法并非随意两种产品价格的相互比较，只有具有相同属性的产品，其采购价格才具备参考性。为了增强其参考价值，企业还要学会消除产品中的成本影响因素，具体包括以下几点。

1. 要区分产品的特有属性和偶有属性

横向比较法的比较对象是采购产品和同类产品，这就需要对"同类"做出明确的定义。

任何事物的属性都可以分为特有属性和偶有属性。所谓特有属性，就是事物和同类事物的共同属性，而偶有属性则是该事物的独特属性。

只有通过比较分析，企业才能找到采购产品和其他产品之间的共同点，根据特有属性找到同类事物，这也是产品分类的基础。

与此同时，由于事物之间具有普遍联系，在某一分类标准上的偶有属性，可能在另一层次上成为特有属性。因此，在具体分析时，企业需要从调查目的出发，对各类产品做合适的区分。

2. 要注意产品之间的可比性

横向比较法的使用方法在于统一标准上的比较，这就要求产品之间具有可比性，否则就失去了横向比较的意义。只有将产品纳入某一标准之下，横向比较法才具有可行性。

例如当某企业希望从日本采购索尼的 OLED 屏幕时，其选择韩国 LG 品牌的 PLED 屏幕进行横向比较。虽然产品属于同类，但由于出口国家不同，日韩对于此类产品的出口退税政策也有差异。如果不排除这种差异性，其可比性就很较为有限。

每个产品之间都具有相同点和不同点，在横向比较时，企业要善于抓住产品的本质特点。对于表面差异极大的产品，要学会"异中求同"，发现其中可能存在的共同本质；对于表面相同或类似的产品，则要发现其中隐含的本质差异。

3. 要注意消除成本变动的因素

如历史数据法一般，在使用横向比较法时，企业必须尽可能地消除无关变量，控制偶有属性的影响幅度，以增强同类产品采购价格的参考价值。

影响成本变动的因素，包括采购数量、合作关系、交货关系、市场行情、产品质量、付款方式和供应商成本等。

另外，对于不同品类的产品而言，其价格影响因素也有明显的差异。因此，在消除成本变动因素时，企业要抓住主要的影响因素，如图 4-5 所示。

不同商品的供应价格影响因素的构成

产品类别	成本结构为主	侧重于成本结构	50% 成本结构 50% 市场结构	侧重于市场结构	市场结构为主
材料				√	√
委外部件			√	√	
电子辅材		√	√	√	
运输	√	√			
成品	√	√	√		
服务	√	√	√	√	√

图 4-5 不同商品的供应价格影响因素

年初，某服装品牌企业开发出一种新型服装材料，希望以此作为新一季主打款式的主要材料。如果市场表现良好，在接下来的设计开发中，该材料将应用到企业的大部分产品线中，以此掀起新一轮的技术改革。

但由于市场上尚未出现这种服装材料，在采购时，该服装品牌企业只能使用横向比较法，计算出大概的采购价格。

为了让价格分析更加准确，企业首先根据新型材料的工艺，结合同类产品的生产流程，将其成本要素归结为原材料、机器架设、机器运作成本，以及加工、包装和运货四个方面。

与此同时，通过市场调查，该服装品牌企业找到 4 款同类产品，并结合其成本要素构成，对其进行综合性的横向比较，如图 4-6 所示。

成本要素

供应商	原材料 （$/1,000 单位）	机器架设 （$/ 架设）	机器运作成本 （$/1,000 单位）	加工、包装、运货 （$/1,000 单位）	100,000 单位 的全部成本	100,000 单位 的报价
A	$17.50	$125.00	$32.50	$7.90	$5,915	$6,800
B	19.95	160.00	29.00	6.80	5,735	6,595
C	21.80	110.00	31.80	11.00	6,570	7,560
D	16.40	170.00	27.00	9.50	5,460	6,280
"最佳案例"	16.40	110.00	27.00	6.80	5,130	

□ = 底价

图 4-6 根据成本要素做横向对比

在比较中，该服装品牌企业特别标识出各成本要素中的最低价格，由此形成了新型材料的采购低价，即 5130 美元每 10 万单位。如果取这 4 种产品成本的平均值，每 10 万单位产品的成本则为 5920 美元。

根据这一区间，该企业可以避免在采购时"一头雾水、任人宰割"。当供应商提出新型材料需要新型制造工艺时，该企业也能够根据成本要素分析与其侃侃而谈，最终将采购价格确定在每 10 万单位 5640 美元。

4.3.4 应用经验法

方法简述：在某个领域有常年丰富的工作经验，对产品结构、生产工艺、材料用耗、品质管理等了如指掌，可以对产品进行主观的估价方法。

凭借丰富的工作经验，企业对成本发生与动因非常熟悉，就能够对产品成本有一定的判断，甚至算出较为准确的成本区间。

在使用应用经验法时，很多资深人员也可能陷入经验主义的误区。常见的误区有以下几方面。

1. 应用经验法只凭主观判断

正常情况下，采购人员能够依据过去的工作经验，对供应商价格进行主观判断。但随着新技术、新材料、新工艺的变化，成本也会随之变化。故应考虑当下变化情况再综合判断，否则容易对产品价格产生错误判断。

2. 坚持认定自己判断计算的价格

应用经验法的价格计算只是一种合乎逻辑、具有经济意义的假定，但在实际采购中，这种假定并不完全准确。例如基于企业管理基础有关要素，丰田TOYOTA精益制造的成本与非精益制造的成本可能相差15%以上。

经验法是完全基于采购人自身工作经验，主观分析指标与各影响因素的关系，对采购产品标的物经过简单、提纯出主要成本后累计后，结合采购结合现状对当前指标进行的判断分析。

1. 了解产品属性与要素

企业拿到一个产品，很快能联想以前接触到的类似或同类产品，向供应商详细了解产品的各种属性，主要包括为：

（1）了解产品结构、主要物料、关键部件等。

（2）了解制造工艺、设备仪器、产品合格率、物料损耗率等。

（3）计算确定各因素影响的程度数额，预估价格。

2. 正确使用应用经验法

在采购价格的分析中，应用经验法并不需要如因素分析法一样具体深入，但也切忌只做简单的主观判断。

应用经验法更多的是运用分析人员的逻辑经验。基于丰富的采购分析经验，他们对于采购价格的影响因素具有经验性的分析，诸如几月份是旺季、旺季价格的涨幅、供应商的行业利润水平等。

但在具体分析过程中，企业仍需收集更多的相关信息，包括技术进步状况、经济分析以及企业现状等。

应用经验法的效用取决于两个方面：其一在于分析人员的采购经验或专业知识；其二则在于情报的准确、及时和相关程度。

4.3.5 货比三家法

方法简述：对于标准统一、技术规范、市场完全竞争市场的产品，采购方邀请三家或以上的供应商进行比价的操作方法。

招标采购就是货比三家法的规范典型应用。

俗话说，"货比三家不吃亏"。中国传统的消费习惯，就是在对多个卖家对比之后，再做出最终的消费决策。在这个过程中，消费者可以了解到更多的产品及价格信息，而在卖家的价格竞争中，消费者也更有可能拿到优惠的价格。

采购也同样如此，在很多企业看来，货比三家法是采购人员的必备工具。而在诸如询价单、招标等采购模式中，也都要求供应商数量不少于三家。在货比三家的采购中，企业可以借此获得产品的最低报价，或性价比最优的报价。

货比三家法并非随意而为，通常比较适合标准统一、技术规范、竞争激烈的市场，同时企业也需遵循以下原则。

1. 统一性原则

采购产品的规格应当统一，否则比价也不具效用。

2. 区域性原则

货比三家法一般在本地采购中使用，因为区域差异，可能会导致供应商的报价偏差。

3. 有效性原则

供应商只有一次报价机会，而且报价不能偏离产品本身的价格。如果出现报价偏离严重的现象，无论是过高，还是过低，企业都应当将之剔除。

4. 合格供应商原则

应用货比三家法的前提是，供应商能够通过企业的资质审查，只有合格供应商的报价才可采用此法。

货比三家法是采购中的常用方法，无论在单件产品的单一采购或批量采购中，还是在多种产品的集中采购中，至少市场有足够的竞争环境，都可以使用货比三家法。然而，即使作为采购常用方法，仍有许多企业难以正确掌握货比三家法的使用技巧。

那企业常常会遇到哪些误区呢？

1. 任何采购都必须要"货比三家"

货比三家法的使用需要投入相应的成本，如果不区分情况地使用此方法，不仅可能会导致采购成本的增加（购买一支圆珠笔的流程与购买大型设备都货比三家，交易成本差异巨大），还可能出现供应商因多次报价被拒而不再与企业合作的情况。

2. 货比三家法只比总价

如果企业只根据总价最低的原则选出供应商，供应商可以采取不平衡报价法，才可能完全规避价格陷阱。

例如采购某一设备，A 公司和 B 公司供应商两家公司报价，A 公司报总价大于 B 公司报总价。B 公司采取不平衡报价方法，即总价格相对低，但在易损件报价较高，以期后续获得更大的收益。

货比三家法，即通过对三家或以上供应商的报价进行对比，选择价格最低或性价比最优的供应商的方法。熟练使用该方法，能够有效帮助企业获取最优的采购价格。同样是货比三家法，企业其实可以使用不同的比价手段，具体如下。

1. 单一产品采购，视情况使用报价最低法

在采购单一产品时，由于产品规格、型号、参数唯一，企业在货比三家时，

只需选择报价最低的合格供应商即可。对此，企业可以制作供应商报价对照表，如图 4-7 所示。

供应商报价对照表

工程名称:　　　　　　　　　　　　　　　　　　　　　编制人:
产品类别:　　　　　　　　　　　　　　　　　　　　　编制日期:

序号	产品名称	技术参数	数量	单位	供应商								
					供应商 1			供应商 2			供应商 3		
					型号	单价	合价	型号	单价	合价	型号	单价	合价

图 4-7 供应商报价对照表

需要注意的是，如果采购产品较为简单，与某家供应商已经建立了长期合作关系，企业也可直接向该供应商发出采购需求，无需再引入新的供应商进行比价，以免损害与合作供应商之间的信任关系。

尤其是当企业已经有合作良好的供应商时，也不用固执于货比三家的方法。因为使用这种方法必然出现一定的成本消耗，如果只是为了"走程序"，也会带来无效的成本支出。

2. 较大宗、多种类产品采购，灵活运用货比三家法

在采购实践中，较大宗、多种类的产品采购时常发生，由于产品种类繁多、规格特殊、数量较大，每家供应商的价格优势也有所不同。此时，货比三家的过程也更为复杂。

企业可以制作信息更加丰富的报价数据库，对供应商报价进行对比整理，如图 4-8 所示。

依产品规格的最低投标商			
号码	差价	节省金额	供应商
A	$0.35	$44,100	2/3
B	1.00	43,200	3
C	0.10	2,000	3
D	1.65	17,606	3
E	0.40	3,280	1
F	0.35	2,765	2
G	0.55	18,849	1
H	0.42	7,946	3
结论			
供应商 3 在多数种类都是最低价			

对采购总额的涵盖范围	
供应商 1	100%
供应商 2	92%
供应商 3	74%
供应商 1 为最优	

依供应商排列节省金额		
供应商 1	14%	$83,932
供应商 2	12%	$63,568
供应商 3	27%	$115,672

最大节省金额		
根据最低定价 $444,960 的全部采购		
目前采购		$584,705
节省	24%	$139,745

不合规律的报价		
供应商	种类	%<10%or>25%
供应商 2	A	（28%）
供应商 2	A	（28%）
供应商 2	B	（56%）
供应商 2	D	（31%）
供应商 2	D	（29%）
供应商是否了解规格？		

图 4-8 供应商报价数据库分析

通过对总价和单项价格进行分析，企业可以采用相应的议价手段。对此，笔者总结有如下三种议价方法。

（1）总价最低法：将采购清单作为一个整体，对供应商报价汇总之后，选择报价最低的合格供应商，向其采购全部需求物料。

当采购清单不可拆分时，这种方法是最常用的比价方式。集中采购的方法也能确保质量和速度，但其中部分产品的价格必然还有谈价空间，企业难以获取真正的底价。

（2）单项最低法：获取每家供应商对采购清单的报价后，对清单中的所有产品逐一比价，然后向相应的供应商采购报价最低的商品。

当采购清单可拆分时，这种方法能够确保企业采购价格绝对最低，但由于供应渠道分散，企业难以享受到统一的服务。与此同时，单项产品的采购有时也无法享受到最初的价格优惠。

（3）集中压价法：该方法是将总价最低法和单项最低法结合的方法，企业在选出总价最低的供应商之后，再根据其他供应商报出的单项产品的最低报价，与该供应商进行压价，最终调整得出总价最低的报价。

这种方法能够在享受集中采购的优惠的同时，确保总价的绝对最低。但这种方法十分考验采购人员的议价能力，也受限于供应商自身的盈利空间。如果供应商在某项产品上本身就缺乏竞争力，他们自然不会接受议价。

3. 要注意非价格因素的谈判

采购成本的发生不止于采购价格，如供货期限、包装材料、运输、售后服务、付款方式等条款，均需经过严格谈判。即使采购价格最低，但如果供货期限过长，或售后服务较差，企业也可能因此付出额外的采购成本，导致总成本不降反增。

为了提高货比三家的效率，企业应事先制定快捷、统一的评比方法和内容，以减少重复、不准确的工作，避免个人感情的主观影响，对供应商报价进行客观评价。

晋城金焰机电公司在物资采购方面，对于"货比三家"制定了详细的管理办法。该管理办法规定：

①凡一次性采购单项价值超过 5000 元的物资，必须坚持"货比三家，择优选购"的采购订货原则。

②在物资采购订货时，要综合分析质量、价格、付款方式及付款条件、供货时限、其他费用、售后服务等方面的情况，坚持公开、公正的原则。

③所有参与报价的供应商，原则上应属于我公司合格分承包方。

仅从以上三点规定，我们就能看出金焰公司在采用货比三家法时的严谨性。在具体采购过程中，采购员会对供应商的报价信息进行汇总，并做详细对比，如表 4-4 所示。

表 4-4 发动机减速器的咨询信息汇总表

项目	第一家	第二家	第三家	第四家	第五家
价格	8000	9500	8700	9000	9250
供货期限	现货	2 个月	现货	1 个月	3 个月
包装	没有包装，估计需 2% 包装费	单件包装	有托架无包装	纸箱包装每箱 3 件	每箱 5 件包装，带托架
运输	出厂另加 5% 运费	到厂	出厂（在本市）	出厂另加 3% 运费	到厂
质保期	3 个月	2 年	6 个月	1 年	1 年
付款条件	90 天	60 天	90 天	30 天	30 天

通过上表，金焰公司可以明确每家供应商的采购价格、供货期限、包装、运输、质保期、付款条件等信息，并据此计算出采购的总成本，结合金焰公司能够接受的付款条件，选择出最适合的供应商。

在货比三家法的监督管理方面，金焰公司还规定：

①供应部必须建立完整的统计台账，保存完整的报价记录，并认真做好全部资料的档案管理工作。

②凡经过货比三家，且市场供求价较为平衡的物资，原则上一年内不再上会；通过竞争报价而确定的供货定点公司签订协议，按计划通知供货方供货。

这样的规定既能做好采购数据的积累，有助于后续采购的价格分析；又能避免频繁地进行货比三家，导致采购成本的增加。

4.3.6 市场价格法

方法简述：对于某些低技术附加值产品报价，其主要成本为原材料成本，故完全按照该原材料市场价格计算的其报价合理性的评估方法。

例如，矿泉水瓶子，当其生产量达到一定程度时，其价格几乎完全由其材料 PVC 的成本来决定。

对于此类产品，企业只需计算其原材料成本，即可大致推算出合理的采购价格。

4.3.7 实际成本法

方法简述：对于某些产品，如定牌生产合作（OEM）的产品，依据自己的制造成本来核算供应商报价合理性的方法。

例如，笔者曾在某知名运动品牌公司做项目时了解到，为缓解市场需求巨大与自身产能不够的矛盾，将部分产品外发给其他供应商生产，此刻供应商的报价是否合理，完全可以参考自己的实际成本来评估。

实际成本法更可以依据企业自身的成本管理。在作业完成后，企业可以计算产品的实际成本，对供应商整个生产过程的成本支出进行检讨，从生产工序、管理流程等多个角度，找出生产成本可供控制的部分。

从采购环节来说，企业则要分辨已完成作业的采购成本是否存在不合理之处，并对此进行分析改进，最终算出当前采购的合理单价。

成本控制的内容非常广泛，从企业经营全流程来看，企业的成本支出主要分为以下三个阶段：

（1）产品投产前的成本，包括产品设计成本、加工工艺成本、物资采购成本、材料定额与劳动定额水平等。这些内容对成本的影响巨大，尤其是采购成本。可以说，产品总成本的60%都取决于产品投产前的成本控制。

（2）制造过程中的成本，包括原材料、人工、能源动力、辅料消耗、制造管理费用等。产品投产前的种种方案构想、控制措施，都需要在制造过程中贯彻实施。但该过程的事中成本控制较为困难，一般只能在事后对其进行控制。

（3）流通过程中的成本，包括产品包装、场外运输、销售费用和售后服务等。在追求市场营销效果的同时，企业可能不顾成本地采取促销手段，导致该部分成本很容易超标。

实际成本法主要根据已完成的作业成本进行分析，这种分析不仅能够对采购价格进行控制，也能从全流程推动企业成本的控制。

实际成本法的实施过程，是通过对实际成本进行分析和检讨，从而在后续的采购中，实现成本控制的目标。因此，企业必须全面处理，而非局限看待。

根据成本计算对象的不同，实际成本的计算方法也有所区别，企业需要根据自身情况选择以下合适的计算方法：

（1）品种法。品种法只需按品种对成本进行简单归集和分配。此种方法主要适用于大批量、流程式生产的企业，此类企业通常在相当长的时间内生产大量品种的产品，其生产过程也都比较简单，因此只需根据品种简单核算即可。

（2）分步法。分步法即按照产品的生产步骤，计算其生产成本的方法。

根据是否计算半成品成本，分步法也分为平行结转分步法（不计算半产品成本的分步法）和逐步结转分步法（计算半成品成本的分步法）；按照半成品成本在下一生产步骤中反映方法的不同，逐步结转分步法又分为综合结转和分项结转两种。

（3）订单法。订单法以生产订单作为成本计算对象，该方法的使用需要考虑是否计算半成品成本。如无需计算，其计算方法与品种法类似；如需要计算，其计算方法类似于分步法。

4.3.8 采购价格标准法

方法简述：为控制价格风险、提高采购效率，企业价格小组对采购的所有标的物（尤其是备品备件办公用品的非生产原料性质的工业用品（MRO））制定一个红线标准价格表，供应商报价一旦超过公司价格红线，直接淘汰供应商的评价方法。

标准红线价格表由企业价格小组（由财务牵头，采购、技术、生产等部门参与）制定小组定期优化，其价格红线来自市场行情调查，或企业自身运转所允许的标准成本。

根据企业的正常生产条件，在高效率的生产运转下，企业能够对其生产成本预先进行计算，这就是标准成本。随着科学水平和会计管理技术的进步，越来越多的企业开始采用标准成本制度进行成本控制与核算。

标准成本是建立在合理发生的理论基础上的最佳成本，但由于实际成产中可能存在诸多问题，标准成本与实际成本之间通常会存在差异。

那么，相比于实际成本，标准成本的意义是什么呢？笔者认为有以下四点：

（1）一旦制定标准成本，企业在生产过程中成本费用的发生，就有了一个明确的参照标准。作为成本控制的依据，标准成本有利于企业对成本的事中控制。

（2）当实际成本与标准成本有差异时，有助于企业管理人员的监督，如果实际成本较高，则说明存在管理缺陷；反之，则值得激励。

（3）由于每个批次或不同时间段的生产情况不尽相同，实际成本就可能存在时间上的差异，标准成本则能为企业提供较为统一的参考标准。

（4）相比于实际成本的计算，标准成本的计算更为简便，减少了成本会计人员的工作量。

标准成本的制定更利于企业的成本控制和管理，在此过程中，企业就能够按照标准成本的尺度，评估供应商报价。但在国内企业环境下，即使是在采购生产的运用中，标准成本法的使用也容易出现偏差。

企业常见的误区有以下几方面。

1. 只需根据日常生产成本，对平均成本进行计算，即可得出标准成本

标准成本的计算需要依据标准用量、标准单位成本，对各部分成本费用进行综合计算。只以日常生产成本进行平均计算，就无法发现日常生产管理中的成本控制漏洞。

2. 标准成本法只用于账务管理，没有动态性

事实上，标准成本是在一段时间之内的"标准成本"，随着时间的推移，产品的供求关系会发生变化，也因此标准价格制定者要定期更新价格数据库，从而更有效、更客观地管理这个标准价格。这样才有标准参考价值，千万不要关注在财务的一个账本上。

标准成本制定主要考虑市场行情，也结合直接材料成本、直接人工成本和制造费用三个方面，全面综合市场宏观与当地环境的价格差异而定。

1. 明确采购价格标准法的适用范围

采购价格标准法的基础是标准成本法，而这种方法并不适用于全部企业，企业首先应当明确其适用范围：

（1）适用于产品品种较少的大批量生产企业，而对于单品种、小批量或试制性生产的企业则不适用。

（2）标准成本法可以简化存货核算的工作量，因此更适用于存货品种变动不大的企业。

（3）标准成本法的关键在于标准成本的制定，这就要求企业有高水平的技术人员和健全的管理制度，以确保标准成本的合理性和切实可行性。

（4）适用于标准管理水平较高且产品成本标准较准确、稳定的企业。

2. 要有标准化的生产程序和技术文件

对于制造型企业，其直接材料成本需要根据标准用量和标准价格进行计算，其计算公式为：

（1）单位产品耗用的第 i 种材料的标准成本 = 材料 i 的价格标准 × 材料 i 的用量标准。

（2）单位产品直接材料的标准成本 = ∑ 材料 i 的价格标准 × 材料 i 的用量标准。

其中，标准用量主要是根据产品的设计、生产和工艺现状，结合企业经营管理水平，以及使用、储存中的必要损耗，进行综合测算的。

而标准价格则是企业在当前采购时的采购价格标准，一般而言，需要根据日常生产的平均成本计算出合理的价格。其计算公式如下：

平均成本 =（入库数量 × 入库单价 + 现有数量 × 现有成本）÷（入库数量 + 现有数量）。

根据加权的时间不同，平均成本的计算也分为全月一次加权平均和移动加权平均。

无论是标准用量，还是标准价格，其发挥作用的重要前提就是：标准化的生产程序和标准的技术文件。

如果在日常生产中，企业缺乏标准化的生产程序，那么，日常生产的平均成本也不具有参考价值。因为在不规范地多次生产中，其成本数值可能出现较大的偏差。

3. 分析价格差异原因

在标准成本法下，当企业制定出采购价格标准之后，如果实际采购价格存在价差，企业则需要对这部分差异进行分析。

需要注意的是，当采购价格标准制定完毕时，并不意味着企业必须要按照采购价格标准进行采购。在带着采购价格标准分析当前采购价格时，企业首先要明确其中的差异状况，并对价格差异进行分析。

出现价格差异的主要原因包括以下几方面：

（1）采购价格标准计算失误，作为计算基础的数据可能出错，或不适用于当前市场情况，故计算结果与当前价格存在较大差异。

（2）过去的采购管理存在缺陷，导致采购价格过高，制定的采购价格标准也因此过高。

（3）基于当前供过于求的市场行情或供应商优惠政策，能拿到更加优惠的采购价格；反之，若当前供小于求或供应商无优惠，则采购价格可能高于采购价格标准。

通过分析价格差异的产生原因，企业可以根据采购价格标准，详细分析当前采购价格的合理性，从而做出更加科学的采购决定。

由此可见，采购价格标准法的使用，能够极大地方便企业对采购价格的考核。通过进一步分解标准成本，将标准成本指标分解到每个环节、每个人上，并将差异与奖惩挂钩，这样即可充分调动各方的积极性。

同时，使用标准成本法也有利于企业较为客观地、有科学依据地进行对比分析，为采购价格管理提供准确的数据支持。

"这个月企业实现销售收入 58 900 万元，标准成本 36 500 万元，毛利 22 500 万元，管理差异 2 694.23 万元（其中采购价差 1 500 万元，任务关闭差异 760 万元，标准成本更新差异 430 万元，发票价差 4.23 万元），管理费用 5 700 万元，营业费用 4 400 万元，财务费用 535 万元，净利润 9 070.77 万元，销售毛利率为 38.03%，销售净利润为 15.40%。与企业预算数据对比……"这是一位财务经理在公司月度经营总结会上汇报的一组数据。

该企业使用的是基于 ORACLE ERP 的标准成本法，因此，在日常的数据维护中，财务经理可以迅速获取相关数据，并在此基础上对其进行分析。

尤其是在采购环节，当月的采购价差高达 1500 万元。关于这部分成本差异的分析，也成为当月财务分析的重点。

需要关注的是其中的"标准成本更新差异"，一般而言，采购价格标准一经制定，就不能任意修改。但在实际采购过程中，由于市场行情多变，企业也应允许对采购价格标准进行修改。

该企业的规定是"对于 5000 元以上的单个物料成本，如果变动幅度超过 10%，则应更改标准成本；对于 2000~5000 元的单个物料成本，如果变动幅度超过 15%，则需要更改标准成本"。

只有在一个可控的成本框架下，企业才能从采购、生产等各环节，对成本进行控制。但要注意的是，采购价格差异的存在是常态，因此，企业不应将采购价格差异作为采购人员的考核要素。

采购价格标准只是采购价格的参考数据，如果采购符合标准程序，且存在合理的价格差异原因，则企业可以认可差异的存在。

另外，采购价格标准等标准成本应当由一个专门机构设定，并定期对价格变动趋势进行监控，分析价格趋势对成本的影响，从各个环节控制成本。

4.3.9 网络数据法

方法简述：对于某些替代性强，或含有部分标准化的产品，依据国内外各种 B2B 或 B2C 网络平台的数据报价，来评估供应商报价合理性的方法。

信息时代的到来，为企业采购提供了更加丰富的信息获取渠道。在分析采购价格时，企业可以使用网络数据法，借助专业商业网站数据、国际期货和原材料数据等，对采购价格进行更加深入的分析。

互联网的快速发展，让人类迎来信息大爆炸时代。但在含有大量数据信息的网络上，很多企业也可能陷入"数据过载"的尴尬境地。

企业常见的误区有以下几个方面。

1. 只关注采购价格数据

网络上的各类信息数据包罗万象，在获取采购相关数据时，如果只关注采购价格数据，无疑是"暴殄天物"。

2. 采信网络上的一切数据

大量数据的涌入，也可能导致无效数据甚至错误数据的增多。如果对网络数据不加判断地采信，则可能会被错误引导。

网络数据法是通过观察、调查、测量等方法，搜集企业所需的各类数据，并对其进行分析，并结合此类数据对采购价格进行分析。企业在使用该方法时，应注意做到以下几点。

1. 要明确使用网络数据的分析目标

（1）行业数据分析，了解行业现状和发展趋势。

（2）竞争对手分析，获取竞争对手的相关信息。

（3）客户需求分析，对客户需求进行深入分析。

（4）营销数据分析，借此改善企业的营销策略和促销手段。

（5）采购数据分析，获取采购价格、采购渠道等各方面信息。

（6）生产信息分析，了解生产现状，以及新的生产工艺等信息。

2. 整理收集数据，并结合第三方数据和经验进行对比分析

借助各种 B2B、B2C 互联网平台，企业可以收集到各类采购数据，但在数据收集完成后，必须对其进行统一的整理，以免数据杂乱无章，难以分析。

与此同时，在收集数据的过程中，企业就应有意识地对数据的真实性、有效性进行判断。如果数据错误或过时，对于企业的采购价格分析而言，则可能有害无利。

此时，企业首先可以根据自身的采购经验进行判断，如果数据明显地不合理，就要对其进行分析；也可以结合第三方数据，进行对比分析。如果三方数据存在差异，则要弄清楚差异出现的原因，并找到正确的数据。

企业必须明白，只有经过整理、检验的数据才具有分析价值，否则，最终的分析结果都可能出现差错。

随着电子商务的发展，采购也正从线下走向线上，尤其是阿里系的淘宝和天猫，在其背后则有专业的采购平台阿里巴巴 1688。数据显示，目前每月有百万量级的淘宝卖家从 1688 平台上采购，尤其是童装、美妆、内衣、女装等品类产品。

比如 1688 品质童装货源，吸引了 92% 的金牌卖家进行采购；男装方面，则有近 4 成淘宝卖家在 1688 进行采购。

即使非电商企业，在采购时，同样可以借助 1688 平台获取采购数据，对采购价格进行分析。2017 年 7 月，阿里巴巴 1688 专门推出"买手情报局"功能，从淘宝卖家、跨境买家、社交分析、线下采购商 4 个维度，向企业推送各种买手数据，如图 4-9 所示。

图 4-9 1688"买手情报局"推送内容截图

在 1688 平台上，企业只需简单搜索，即可获取各类产品的采购价格。事实上，随着电子商务的蓬勃发展，各类采购信息类网站也不断完善，如小蜜蜂采购网（公益信息共享）、中国采购与招标网、中国网库采购网、百卓采购网等。

这些网站既为企业提供了获取采购相关数据的渠道，也能成为线下采购的平台。在分析采购价格及其他相关信息时，企业可以借助这些平台的公布数据，或注册会员，获取付费的数据服务。

4.3.10 科学简易算定法

方法简述：借助财务计算公式：价格 P= 固定成本 F÷ 数量 Q+ 变动成本 V，根据供应商的几个报价，计算出供应商产品固定成本 F 与变动成本 V，再核算其他报价合理性的评估方法。

在供应商报价中，企业经常遭遇不同供应商报价差异大、价格横向对比弱的情况，如何评估供应商报价合理性呢？企业可以以预计财务的公式来判断。

例如，供应商报价如下：

数量（PCS）	50	100	150	200	250	300
价格（¥元）	20	19.5	19	18.6	18.3	18

依据：P= 固定成本 F÷ 数量 Q+ 变动成本 V，选择上面数据代入：

① $20=F \div 50+V$

② $18=F \div 300+V$

计算出 F=120 元，V=17.6 元。

将这个数据代入购买 100PCS 的价格，应为 $P=120 \div 100+17.6=18.8$（元），而其报价为 19.5 元，显然偏高。

在使用科学简易算定法时，企业常见的误区有以下几点。

1. 这种方法适合于所有行业的商品标的物

其实不然，如印刷行业，同样 A4 广告纸印刷，500 张的报价与 1000 张的报价相差无几。

2. 固定成本不能跨企业简单对比

例如拿 A 公司的固定成本与 B 公司的固定成本来做简单对比，由于其在工艺、设备、方案等方面存在差异，此做法固然有失公允。

4.3.11 数量折扣分析

方法简述：通过批量阶梯式报价之间的差异，寻找其合理性的评估方法。

数量折扣（Quantity Discount）是企业采购常见的采购优惠手段，也被称作批量作价，是供应商给予大量购买产品的企业的一种减价优惠。一般而言，采购量越大，折扣也就越大。

对于采购和供应双方而言，数量折扣分析是采购环节的重要课题。从供应商的角度来看，数量折扣的意义在于：

（1）数量折扣可以诱发更大的购买行为，激发采购企业为了争取数量折扣而加大采购量。

（2）数量折扣虽然使供应商销售额降低，单位产品利润降低，但却可以降低仓储、物流成本，提升资金周转效率。

（3）借助数量折扣与客户建立长期合作关系，节省了营销成本和开发成本，从而获得长远利益。

（4）供应商推出数量折扣的难点在于确定"甜蜜点（sweet spot）"价格，即制定怎样的折扣档次和折扣率，能够激发采购企业的大量采购。

利用供应商的数量折扣，企业可以通过大批量采购降低采购成本，但如果缺乏完善的数量折扣分析（Quantity Discount Analysis,QDA），企业不仅无法享受到最大优惠，甚至可能因为数量折扣而增加采购总成本。

例如某供应商批量折扣报价如下：

数量（PCS）	1~9	10~99	100~999	1000~3000	3000 以上
价格（￥元）	7.25	4.90	4.10	3.20	2.88

现在下单购买 8PCS 与 900PCS，各需支付多少采购金额？

很多人是这样计算的：采购数量 × 单价 = 采购金额

即得出（1）8 × 7.25=58（元）。

（2）900 × 4.1=3 690（元）

而实际的问题是：如果买10PCS，只要花费49元即可，同样，购买1000PCS只要3 200元。

故，未来面临这样的批量报价，一定要计算出每个区间报价的最大订货量，否则批量折扣不但没有折扣，还会增加采购成本。

如何计算批量区间的最大订货量呢？公式为：

本区间的最大订货量 = 下一区间的最小订货金额 ÷ 本区间的单价

上述案例中，"1~9"的区间最大订货量为多少？

"下一区间的最小订货金额"=10×4.9=49（元）

故，本区间"1~9"最大订货量=49÷7.25=6.76，即不能超过7PCS。因为，超过7PCS还不如直接购买10PCS的量，采购金额还会下降。

供应商总会设置数量折扣，以激发企业采购量的增加。但面对诱人的数量折扣，企业也要保持头脑清醒，始终关注采购总成本，以自身利益最大化为前提做到以下几点。

1. 认识常见的数量折扣类型

一般而言，常见的数量折扣分为两种类型，即累计数量折扣和一次性数量折扣。

（1）累计数量折扣，以一定时期内的累计采购数量为计算标准，据此给予采购方数量优惠，其目的在于建立长期稳固的合作关系。例如在一年内累计采购数量达到1万件，价格折扣5%；累计达到1.5万件，价格折扣6%等。

（2）一次性数量折扣，仅以单次采购数量为计算标准，用于鼓励采购企业增加每份订单的采购量，便于供应商在批量生产中降低生产成本。例如一次性采购5000~7000件，即可获得7%的价格折扣；采购量在5000件以下则无折扣。

2. 根据企业情况计算收益情况

数量折扣看起来优惠，却可能成为增加企业采购总成本的陷阱。

从另外一个角度来看，数量折扣分析的重点就在于：增加采购数量之后，是否有净收益。

无论供应商采取何种数量折扣，企业获得数量折扣的前提在于采购数量的增加，而这也意味着仓储成本的增加、占用资金的增多，乃至折旧费、人员工资等成本费用的增加等。

因此，数量折扣带来的采购价格缩减，必须能够覆盖相关成本费用的增加，以提升净收益。只有在这种情况下，数量折扣才具有价值。

此时，企业就需要借助"订货量－费用"模型，对数量折扣进行具体分析，如图 4-10 所示。

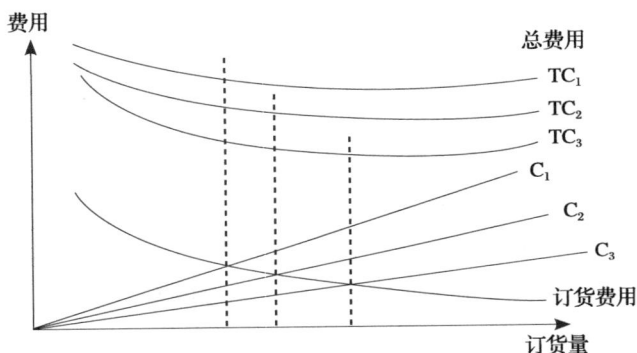

图 4-10 订货量—费用模型

在上图中，C_1、C_2、C_3 即不同数量折扣下的采购价格，TC_1、TC_2、TC_3 则是不同采购数量下的总费用。只有当接受数量折扣时产生的总费用小于预定采购数量所产生的总费用时，企业才应增加采购量以获取价格折扣。

由于每家企业的成本组成有所区别，所以计算模型也不尽相同。企业需要结合自身成本构成情况，进行准确的数量折扣分析。

3. 灵活运用经济订货批量（economic order quantity (EOQ)）

由于采购量增加的主要成本支出在于仓储成本，因此，企业可以运用经济订货批量（EOQ），通过平衡采购价格和仓储成本核算，得出总库存成本最低的最佳订货量。

在经济订货批量（EOQ）的计算模型中，主要考虑进货成本、订单费用和库存费用三个指标：进货成本即采购产品的成本，采购单价；订单费用即采购过程中的费用，如人工工资等；库存费用，则是单位产品的年库存成本，一般表现为库存费用占产品价值的百分比，即库存维持费用率。

在经济订货批量（EOQ）中，经济订货批量 Q=Squat（2×CR/PF），

其中，Q 为经济订货批量，C 为单次订货成本，R 为产品年需求量，P 为产品单价，F 为库存维持费用率。

根据订货批量，企业也能计算出相应的采购总费用：

TC（Q）= PFQ÷2+C×R÷Q+ PR。

在企业的实际经营中，采购总成本的计算当然更为复杂，但这一公式却能帮助企业计算出大概的经济订货批量，或进行简单的费用比较。

例如，国内某钢铁企业，LCI–D3210 型接触器是其生产中必不可少的备件。根据对最近三年生产备件需求数据的分析，年平均需求量为 1600 只。但由于该型号接触器备件使用量增长较快，企业将年需求增长系数定为 1.5。

此时，供应商提供的数量折扣为：采购数量在 1~299 只，接触器单价为100 元；采购数量在 300~599 只，接触器单价为 90 元；采购数量大于 600 只时，接触器单价为 80 元等。

此外，该钢铁企业每次采购相关费用需支出 400 元，综合各项指标，库存维持费用率为 15%。那么，该钢铁企业今年的最优采购数量应该是多少呢？如图 4–11 所示。

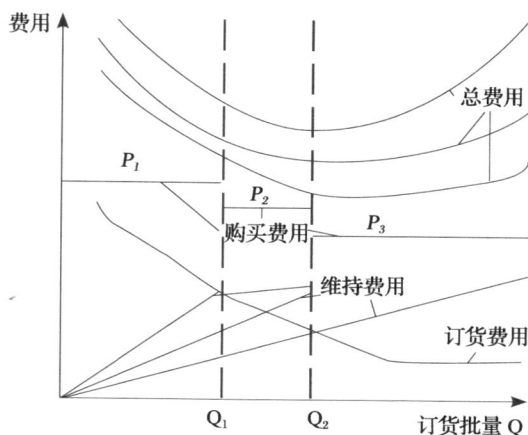

图 4–11 数量折扣经济采购图

据此，如果采购经济订货量的方式来计算，我们可以做出以下计算：

（1）如果价格最优，即单价为 80 元时，根据 EOQ 公式计算出的经济采购量：

Q= Squat（2×CR÷PF）=Squat（2×1600×1.5×400÷80÷0.15）=400（只）。

由于单价80元的前提是采购数量大于600只，而400<600，故这种采购不可行。

（2）如果价格次优，即单价为90元时，根据EOQ公式计算出的经济采购量：

Q=Squat（2×CR÷PF）=Squat（2×400×1600×1.5÷90÷0.15）≈377（只）。

由于单价90元的前提是采购量在300~599只，故377只是可行的。

（3）比较最优解与最低价格折扣的总费用差异，即采购377只与采购600只的总费用差异：

当采购量为377只时，总成本

TC（377）= PFQ÷2+C×R÷Q+ PR

=90×0.15×377÷2+400×1600×1.5÷377+90×1.5×1600 ≈ 221091（元）；

当采购量为600只时，总成本

TC（600）= PFQ÷2+C×R÷Q+ PR

=90×0.15×600÷2+400×1600×1.5÷600+90×1.5×1600=221650（元）。

由于TC（377）<TC（600），所以在现有数量折扣制度下，能使总费用最低的最优订货批量是377只。

但最终在实际采购中，该企业决定的单次采购量为400只。

这是因为，相对2400（1600×1.5）只的年需求量，单次采购400只，更便于采购，整数的采购量也更符合企业的采购习惯。

而且计算下来，

TC（400）=90×0.15×400÷2+400×1600×1.5÷400+90×1.5×1600=221100元，其总成本支出与TC（377）相比只相差不过9元。

第五章

多管齐下成本降低
实践方案

成本发生在过程，而非结果。

今日，企业不外乎从技术、市场与成本这三个方面获得竞争优势。

由于行业竞争激烈，企业非常希望采购价格能够降低，这也许是绝大多数企业对采购工作重要的期许，毕竟采购供应链成本占据制造企业成本 50%~80%。采购成本必然成为降本增效的重中之重。

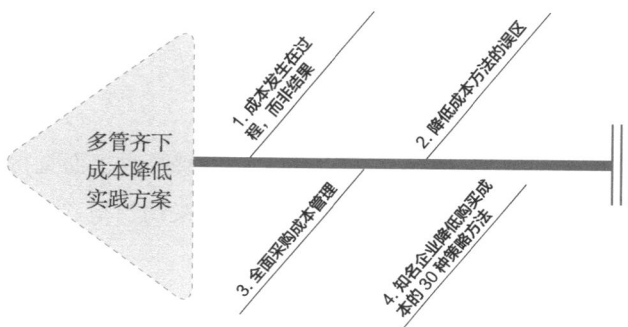

5.1 成本发生在过程，而非结果

采购供应链 OTEP 模型构建的目的就是四个：建设采购管理组织、优化采购运营流程、构建职业采购团队和实现企业降本增效。从大多数中国企业的实际出发，粗放型的管理方式从成本方面考虑着手是可操作性强的、也是最直接的。

说到降成本，低段位采购通常采用谈判、比较、议价、货比三家、以量换价、强制压价的方式，甚至出现故意拖欠货款以获取资金成本降低等，不足而论等的手段，殊不知这种方法把控不好最终会形成恶性循环。

这种做法短期内也许可以获得账面"成本"绩效，但从长期来看，着眼于平面化成本转移与牺牲供应关系无异于"饮鸩止渴"，因为这不是从根本上解决成本问题的方法。在采购与供应链 OTEP 模型中，这是一个典型的商务型采购的特点。

OTEP 模型更多强调战略采购而非单一成本降低，因为只有从系统上考虑供应链总成本才是真正的降本做法，否则是"按下葫芦浮起瓢"仅仅出现转移的降本假象而已。

有些采购供应链职业人一看"战略采购"，顿感高大上而觉得离自己实际工作关联性甚远而不予关注。其实，这是将"战略采购"与"采购战略"两词混淆了。

战略采购是以最低总成本建立业务供给渠道的过程，而不是以最低采购价格获得当前所需原料的简单交易。战略采购充分平衡企业内部和外部的优势，是以降低整体供应链成本为宗旨，涵盖整个采购流程，从原料描述直至付款的全程管理。

在 OTEP 模型的六段采购里面，战略成本越早介入，降低成本的空间越大，后续工作越轻松，如图 5-1 所示。

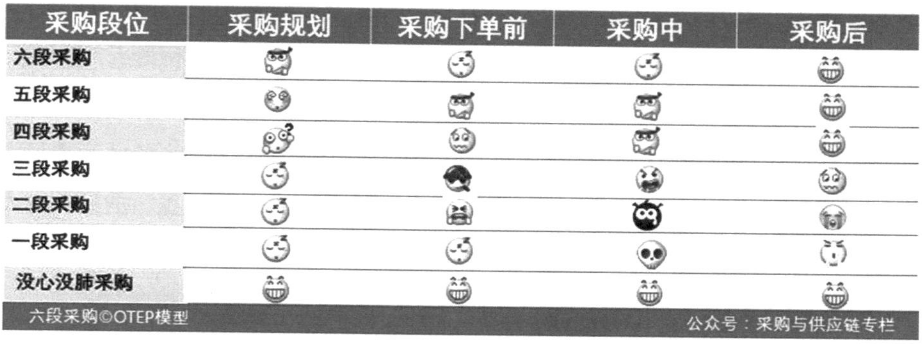

采购段位	采购规划	采购下单前	采购中	采购后
六段采购				
五段采购				
四段采购				
三段采购				
二段采购				
一段采购				
没心没肺采购				

六段采购©OTEP模型 　　　　　　　　　　　公众号：采购与供应链专栏

图 5-1 OTEP 模型的六段采购

战略采购包括以下几个重要原则。

1. 考虑总体成本

正如上文提到的成本最优往往被许多企业的管理者误解为价格最低，只要购买价格低就好，很少考虑使用成本、管理成本和其他无形资本等采购决策依据就仅是单次购置价格。例如购买一台复印机，采购的决策者如果忽略了采购过程发生的电话费、交通费、日后维护保养费用、硒鼓纸张等消耗品情况、产品更新淘汰因素等而只考虑价格，采购的总体成本实际上是没有得到控制的。采购决策影响着后续的运输、调配、维护、调换乃至产品的更新换代，因此必须有总体成本考虑的远见，必须对整个采购流程中所涉及的关键成本环节和其他相关的长期潜在成本进行评估。

2. 在事实和数据信息基础上进行协商

战略采购过程不是对手间的谈判，而应该是一个商业协商的过程，协商的目的不是一味比价压价，而是基于对市场的充分了解和企业自身长远规划的双赢沟通。在这个过程中需要通过总体成本分析、供应商评估、市场调研等为协商提供有力的事实和数据信息，帮助企业认识自身的议价优势，从而掌握整个协商的进程和主动权。

3. 采购的终极目标是建立双赢的战略合作伙伴关系

双赢理念一般很少用在采购中，更多的企业管理者更喜欢单赢，喜欢在采购的过程中"我方为刀俎，他人为鱼肉"。事实上双赢是"放之四海而皆准"的真理，它在战略采购中也是不可或缺的因素，许多发展势头良好、起步较早的企业一般都建立了供应商评估与激励机制，通过与供应商长期稳定的合作，确立双赢的合作基准，取得了非常好的效果。要知道，现代经济条件下市场单靠一家或两家企业是不能通吃的，必须讲求"服务、合作、双赢"的模式，互为支持、共同成长。

4. 制衡——双方合作的基础

企业和供应商本身存在一个相互比较、相互选择的过程，双方都有其议价优势，如果对供应商所处行业、供应商业务战略、运作模式、竞争优势、稳定长期经营状况等有充分的了解和认识，就可以帮助企业本身发现机会，在互赢的合作中找到平衡。现在，已有越来越多的企业在关注自身所在行业发展的同时开始关注第三方服务供应商相关行业的发展，考虑如何利用供应商的技能来降低成本、增强自己的市场竞争力和满足客户需求了。

战略采购是企业采购的发展方向和必然趋势。在企业创业之初，由于采购量和种类的限制，战略采购的优势并不明显，但在企业向更高层次和更大规模发展的过程中优势会日益明显。有远见的企业应该在成立之初就有组织地构建战略采购框架，实施战略采购，为企业可持续实现降本增效提供方向与策略。

5.2 降低成本方法的误区

很多企业都知道成本降低所带来的巨大竞争优势。因此，在与供应商的谈判中，采购人员都将采购价格作为重心，因为价格的降低，能够带来最为直观的成本削减。

然而，在这样的思路下，企业更容易陷入降低成本方法的误区，最终不仅没能实现成本降低，反而导致与供应商关系恶化。

5.2.1 关注价格

降低成本是提高企业收益的关键手段，在各项财务指标的增长中，采购成本所发挥的杠杆作用无比巨大，甚至强于业绩增长。尤其是当我们进入了 VUCA 时代，只有将目光投注到供应链竞争，特别是供应商管理中，企业才能真正构建属于自己的采购成本竞争优势。

然而，在谈及成本降低时，大多数企业的关注点却在于价格——似乎只有低廉的采购价格，才能实现采购成本的降低。

采购价格是采购成本的重要构成部分，但在具体实践中，企业能做的往往只是通过各种比价手段，分析供应商的报价是否合理，是否超出了行业平均水平。在这一过程中，企业可以在一定程度上实现采购成本的降低。

在寻求降低成本的方法时，企业切忌本末倒置。采购当然要关注采购价格，但降低成本的方法却不止于此。采购成本，不仅包括物料价格，还包括运输成本、包装成本、装卸成本等，而在生产销售中，还涉及品质成本、产品不兼容、售后成本、客户投诉等各项内容。

企业只关注价格，却无法实现采购总成本（TCO）的降低，这样的采购成本管理也是不合理的，更是无效的。

5.2.2 对供应商成本报表钻牛角尖

在实践过程中，为了有效控制采购成本，确保采购成本的合理，很多企业也有了对供应商成本报表钻牛角尖的习惯。借助供应商成本报表，企业确实能够获悉供应商的生产成本、管理成本、人工成本以及折旧等内容，并对此加以分析，从而协助供应商降低生产成本，进而降低采购成本。

然而，这种做法的有效性却值得考量。

1. 可控性有限

在实际操作中，即使企业对供应商成本报表钻牛角尖，但对于各项成本内容，其可控性却差强人意。即使企业发现了大幅增长的成本构成，但却难以做出有效的应对。

例如，在人工成本不断上涨的今天，可能短短一年间，人工成本就由4000元增至5000元，这就带来20%的成本增加，而企业对此的管控也无能为力。

还有就是管理费分摊是否合适、设备折旧是否合适合理等很多隐性和显性成本均无法计算。

在企业调研中，笔者曾经遇过一件十分有趣的事情：

有一次，笔者前往一家大型供应商的工厂进行实地调查。当时，笔者就发现这家工厂的中心区域有一座庙。这座庙的造价是300万元，而这300万元却在供应商成本报表里体现为管理成本。

管理成本是指管理过程中消耗的一些费用或成本，一般金额较低，且要被分摊到每个产品的成本构成当中。

而一座庙，明显应该是固定资产。因此，应该计算折旧费用。以15年的使用期限来计算的话，这300万元平均计算折旧，每年不过20万元，再分摊下来，导致的成本增加也就有限，远低于300万元的成本分摊。

但当笔者表达疑问之后，供应商的解释是："因为当地人都有这样的信仰，庙宇建成之后，人员流动率特别低，生产也因此十分稳定，所以这项成本被记作了管理成本。"

2. 真实性存疑

虽然供应商关系管理要求二者互信，但事实上，在成本报表上，各项数据的真实性都存在疑问，企业很难确保这些数据真实有效。

一方面，在实际操作中，由于各种原因，很多供应商的成本报表的真实性都无法深究；另一方面，很多企业老板都不太清楚自己的产品成本究竟是多少。

因此，与其对供应商成本报表钻牛角尖，不如从其他层面寻求降低成本的方法，而成本报表只能作为一个参考。

5.2.3 忽略动态市场与供应要素

物料价格并非一成不变，即使是最常见的原料，也可能发生价格波动。因此，在对采购价格进行比对时，企业也切忌忽略动态市场与供应要素。

例如之前的全球硬盘价格大涨，其原因在于，在台风影响下，作为全球硬盘工厂的主要聚集地，东南亚的大量工厂受灾，其产能也因此大幅下降甚至完全停产，这也导致全球硬盘价格大涨。这样的不可抗力，在市场发展中并不罕见。

与此同时，市场供求关系的变化也会造成物料价格的剧烈变动。

包括政策的影响，去年环保政策导致的包材价格一夜千里；以及持续到现在还紧张的阻容产品，其价格几乎可以用"日新月异"来形容。

在 2016-2017 年短短的一年时间内，8G 内存条价格由最初的 200 元骤增至 960 元，并最终稳定在 700 元左右。这样剧烈上涨的价格，也让相关企业感到压力倍增。

而分析其原因，则是智能手机市场的快速发展，对内存产品的需求大幅上升。但在全球产能稳定的情况下，供应与需求之间的差距不断被拉大，这自然导致价格的快速上涨。由于产能增加需要一定的周期，这种价格上涨也无法快速回落。

因此，企业也必须以动态的眼光看待物料价格的变动。如果忽视市场的动态变化和供应要素的改变，只是简单地将当期价格进行环比或同比分析，其价格比对结果也没有意义，反而会给供应商带来不专业的职业形象。

5.3 全面采购成本管理

全面采购成本管理（Total Costing Management,TCM），为基于企业竞争需要对产品从设计到交付全过程，以及涉及运营管理、风险等全要素的成本管理方案。

我们知道，成本发生在过程，且由无数具体问题累积而成。因此，降低与管控采购成本的过程，实际上就是预防与解决具体问题的过程。因此，在思考如何降低成本之前，应该系统、全面地思考采购成本发生的所有要素，从而真正理解成本。

为了让企业全面管控采购成本，企业需要提前布局，尽量将成本管控前置，从标的物分析、采购目标、项目周期、研发需求等 10 个方面逐项展开，尽量将所有的问题考虑周全，避免可能的问题与风险。

5.3.1 标的物分析

标的物分析，就是对采购产品标的物需求功能、属性等项目进行的分析。因为有时候，需求部门提出的需求，不是真实的需求！

如在炎热的夏天，某企业的中央空调冷凝控制器坏了，工程部门立刻向采购部提出购买控制器的要求，其市场价格随品牌不同在 2000~8000 元不等。考虑到稳定性，工程部建议购买价格 3500 元左右的某品牌。采购人员接到需求之后并没有立刻执行商务下单行为，而是跟工程部、技术部交流之后发现，其实就是控制器一根电缆被老鼠咬断了，只要换一根约 1 米长的电缆即可，结果采购人员只花了 30 元即达成效果。

从 3500 元降至 30 元，不是其他高大上的成本降低方法，仅仅是对采购标的物功能分析所达成的效果。

采购永远要记得：我们采购任何产品，是采购产品的功能，而非产品本身！

目标物分析并非简单地按图索骥，如果只是拿着采购需求表按单采购，那采购也将陷入误区，继而影响后续的采购和生产成本管理。企业必须从一开始就对目标物进行全面的分析。

1. 有必要明确采购目标物的基本信息

（1）明确采购需求由哪个部门提出，由哪个部门使用。

（2）明确目标物的名称及型号。

（3）确定目标物的需求数量。

（4）确定相关部门对于采购期限的要求。

（5）确定目标物的参数要求。

（6）明确采购预算。

2. 对目标物进行功能性需求分析

在明确目标物基本信息之后，采购人员仍需对目标物进行功能性需求分析。通过深入分析目标物的用途，采购人员才能在采购时有更大的选择空间。一般来说，目标物的功能性需求可以通过参数要求来辨别，如图5-2所示。

品名	技术参数及要求
电动三轮保洁车	额定乘员：1人； 整车尺寸：×××mm×950mm×××mm（不含后视镜）； 整车质量155kg；额定载荷：150kg； 后轮距：720mm；轴距×××mm；垃圾箱容量：500L； 最小离地间距180mm；额定电压：48V； 爬坡力：20%；续航里程（空载）≥60km 主要配置 标准颜色：按照业主需求；充电器：智能（略）； 座椅靠背：高档仿真皮革；大灯类型：长寿命LED；电机：800W电机；整车车架：高强度碳钢；表面处理：酸洗磷化＋高（略）：16×2.5；后轮型号：16×3.0

图5-2 技术参数及要求

（1）预算内优选。

如果相关部门对目标物没有详细要求，采购人员则可在预算范围内，做出更佳选择。例如预算3元的黑色中性笔，在预算内就有多种选择，采购人员可以选择更加物美价廉的产品。

（2）替代品分析。

即使相关部门对目标物要求较为明确，采购人员也可以在对功能性需求和市场信息进行综合分析之后，寻找更加合适的替代品。例如行政部门需要采购吸尘器做职场清洁，那么，可以考虑是否可以将吸尘器更换为更加便捷、便宜的扫地机器人呢？

通过对目标物的用途进行深入分析，采购人员也可以做出更加合适的选择，在满足相关部门的功能性需求的同时，从目标物上实现对采购成本的控制和管理。

3. 综合考虑当前价格、条件和年度支出

传统的采购管理大多局限于目标物的当前价格，为了获取价格优惠，采购人员可能盲目追求数量折扣，导致采购过量使采购成本增加。

目标物的价格分析是全面采购成本管理的重点内容，而对此也不能只局限于当前价格，必须结合当前价格、条件和年度支出综合分析，并将之纳入年度成本管理当中，做前期品类规划与采购计划控制。

需要强调的是全面采购成本管理应追求总成本最优化，而非价格最低化。

4. 要注意当前合约与失效日期

如非采购新物料，企业采购物料时大多已有合约在身。尤其是在准时制生产机制下，采购作为一项持续性的作业，每个旧合约的失效日期必然与新合约的生效日期保持同步。

因此，目标物分析也要注意当前合约的失效日期。一般而言，当前合约的失效日期，则是此次采购的最终期限。采购人员提前布局、准备好材料，与供应商谈判时可以将当前合约作为历史数据的一部分，其价格和价格条件，能够成为采购人员此次价格谈判的重要依据。

5. 区分目标物的战略重要性

根据不同物料的属性决定不同的采购方式。战略性物资通常以保障供给可靠性为主要目标，而非战略采购物资择优、择价、择时、择地进行交易。这一切都将决定企业的采购方式，因为采购方式也决定着采购成本。

例如，准时制采购方式是一种理想的采购策略，其极限目标在于原材料和外购件的库存为零、缺陷为零。简单来说，就是把合适数量、合适质量的物料，在合适的时间供应到合适的地点，从而最好地满足采购方的需求，运营综合成本相对比较低。

总之，全面分析采购标的物的真正需求与属性，在于剔除各种工作"成本杂音干扰"，明确要求，提前布局，控制成本。

采购人员都应对采购目标有所了解,但却可能存在一定的片面性,具体如下。

1. 只需分析各部门点名需要的物品即可

在采购之前,各部门都会明确需要采购的物品。对于采购人员而言,按需采购十分简单,但由于无法及时获取市场信息,各部门可能对市场情况存在误判,例如曾经物美价廉的物品大幅涨价,或出现了新的优质替代品等,因而导致采购成本相对增加。

2. 把采购看作一种短期行为

企业所需的大多数物料都需要长期采购,即使是临时所需,采购也是一次与供应商建立联系的机会。因此,目标物分析也要着眼于长期。

5.3.2 期望目标

期望目标是基于公司采购战略与策略要素所传递至具体采购需求的期望总和。具体到采购执行,只有理解需求对采购的期待,才能思考如何有效满足需求,包括低成本期待。

采购的目标是以最低的总成本,为企业获取满足需求的外部物料和服务。由于企业竞争战略的差异,不同企业的采购战略不同,会有差异化的采购期望,同时同一个企业对不同采购标的物也可能有不同的采购目标与期望,正如前文提到的:沃尔玛对生鲜类产品与五金化工类产品的采购的期望目标就不一样,因为生鲜类产品强调"鲜、活",而五金化工类产品强调"品牌、质量、口碑与稳定性",因此,采购目标与期望差异巨大。

当然,企业的采购目标的内涵极为丰富,企业的每次采购活动,都应当以此为出发点。但这需要结合企业、行业与产品,也因此涵盖更多内容:

（1）要实现整个企业的物资供应,在不间断的物料流和物资流中,保障企业生产和生活的正常运作。

（2）使库存投资和损失保持最小。

（3）在保持采购质量的基础上,不断提高质量。

（4）发展有竞争力的供应商，并与重要供应商建立稳固的合作关系。

（5）不断完善采购制度，力求将采购物料标准化。

（6）以最低的总成本，帮助企业获取所需的物资和服务。

（7）建立采购成本优势，提升企业竞争力。

（8）在协调物资供应的基础上，协调企业内部各职能部门间合作。

（9）不断增强采购管理能力，以最低的管理费用完成采购目标。

……

然而，大部分企业在这些方面少有分析，更谈不上有采购目标了。如果说有目标，那就是"物美价廉、多快好省"，因为采购人员难以做到全面，甚至会做出损害企业竞争的行为。

因此，在采购中应该依据与供应商的偶然、短期与长期采购采用差异化的采购策略，使采购工作集中力量，有的放矢。

具体实施过程中，应该采取怎样的策略呢？

1. 对偶然采购只需确保交易性关系

在企业运作的过程中，可能出现各种偶然性需求。由于这些采购需求大多呈现出明显的一次性和偶然性特征，采购只需保持最基本的期望目标即可，即在保障企业正常运作的基础上，尽可能削减单次采购成本，只需确保交易性关系，而无需耗费过多资源或精力在关系维护上。

每一次交易都应该明确步骤与内容，如表5-1所示。

表5-1 每一次交易都应该明确步骤与内容

步骤	内容	重点内容
1	明确采购需求	与需求方确认采购详细的需求书
2	定义采购需求	对有异议的特征与属性达成共识
3	分析采购需求	对供应市场分析与确定供应商
4	发出采购需求	形成完整无误的订单
5	交付反馈	按照需求计划对过程进行全程管控

2. 在短期采购中建立合作性关系

在短期采购中，企业一般只需几次交易，就能够满足企业生产经营活动的需要。与此同时，基于企业经营需求的变化，同品种目标物的采购需求也随之变化。因此，全面采购成本管理的期望目标就在于与供应商建立合作关系。

如此一来，企业采购能够保持极大的灵活性，能够随时调整供应商，但也要为可能出现的再次合作奠定关系基础。

当然，短期采购的不稳定性，也会影响采购谈判的效果，出现价格洽谈、交易及服务等方面的不足。因此，短期采购主要适用于如下情况：

（1）非经常消耗物品，如机器设备、车辆、计算机等。

（2）补缺产品，由于供求关系变化，当长期采购出现供货中断情况时，为保障正常经营需要以短期采购作为及时补充。

（3）价格波动大的产品，对于此类产品，无论是供应商或是采购商，都不希望签订长期合同，以免价格波动导致利益受损。

（4）质量不稳定产品，如农产品、试制新产品等，由于每批次产品质量不稳定，故需选择短期采购或一次性采购。

3. 在长期采购中形成双赢性合作

长期采购是指企业与供应商建立的长期合作合同（合同期一般在一年以上）。在合同期内，企业承诺向供应商采购约定产品，供应商则承诺满足企业关于产品数量、品质、期限等各方面的需求。

长期采购的稳步推动，离不开供需双方的稳定关系。因此，在长期采购中，企业必须以双赢性合作关系的建立作为目标，从而确保长期利益的实现，而非着眼于一时一地。

双赢性合作关系的形成，有利于增强双方的信任和理解，并通过签订长期合作合同，降低价格谈判费用，并依据明确的法律法规维护双方利益。

然而，长期采购也存在不足，如价格调整困难、合同数量固定、供应商变更困难等。因此，在长期采购之前，必须选定最合适的供应商，并确保合同内容足够完善，以免因条款限定，而在目标物的价格、数量或质量等问题上陷入被动。

在以上所述内容中，我们常见的误区有以下几点。

1. 将期许作为目标

期许是愿望，是梦想，绝非目标。目标必须符合 SMART 原则。

企业必须清楚竞争环境，制订符合自己最大化利益的采购目标，脱离世界的追求，"缘木求鱼"式的工作方式不利于提升采购效率，甚至还容易牺牲企业竞争力。

2. 力求与所有供应商建立长期合作关系

基于目标物的不同，企业与供应商的关系也有所不同，而非一视同仁地与其建立长期合作关系。尤其是在偶然采购中，由于采购本身可能就是一次性活动，长期合作关系的建立自然也没有必要。

3. 独立设定采购目标

采购目标必须纳入到企业整体战略目标当中，只有基于企业目标设定采购目标，企业才能在目标的协调中，实现各职能部门的通力合作，真正实现全面采购成本管理。

全面采购成本管理的目标，简单而言，就是以最低的总成本，为企业提供满足需求的物料和服务。采购在企业中占据非常重要的地位，对于企业利润提升来说，采购成本节约的作用，甚至更强于销售额的增加。

全面采购成本管理目标的内涵极为丰富，企业的每次采购活动，都应当以此为出发点。

5.3.3 项目计划与实施周期

采购计划是供应链计划的核心内容，根据销售或出货计划和生产计划，确认详细的采购要素，再依据采购要素做出采购预算、时间以运营采购项目，这将直接影响采购运营成本。

我们在采购谈判变量的筹码分析上知道，时间是一个非常有力的筹码：一个有时间的人与一个没时间的人，就算其他条件都一样，有时间的一方筹码远大于没时间的一方。

人无远虑必有近忧，非控的成本在很多企业常常发生在紧急采购和零星采购中，这就在于缺乏准确的采购计划与整体的统筹安排。采购项目的实施计划与周期给了优秀采购更大的运营空间。因此，优秀的采购经理人非常善于利用提前谋划与布局，集合运营需要从容应对供应市场状态的变化。计划不准确导致的成本消耗现象比比皆是，如物料积压或停工待料等。

仅以项目计划来说，单个项目的全面采购成本管理目标一般有五点内容，如图5-3所示。

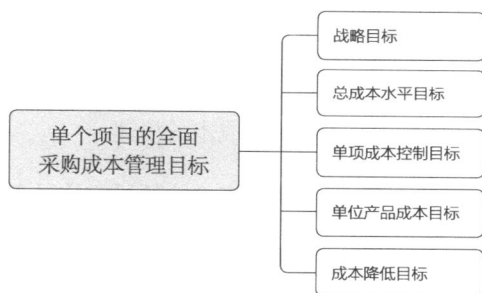

图5-3 单个项目的全面采购成本管理目标

①战略目标：即将该采购项目在企业整体战略目标中发挥的作用。

②总成本水平目标：即此次采购项目的总成本水平目标。

③单项成本控制目标：由于采购成本发生在各个环节，因此，需要明确各环节的成本控制目标，如管理费用、研发费用、财务费用等。

④单位产品成本目标：针对每单位产品，确定其成本目标。

⑤成本降低目标：基于对过往同类采购项目的成本分析，确定此次采购项目的成本降低目标。

基于如上五大目标，全面采购成本管理才能落实到每个采购项目中，并根据相应目标制定项目计划与实施周期。否则，全面采购成本管理也将浮于纸面、难以落地。

项目计划的制订，能够为企业的全面采购成本管理提供具体的操作指引。与此同时，根据不同的采购计划，其实施周期也有所区别，因此，企业需要进行全面分析，具体如下。

1. 评估年度潜在需求，在产能匹配中提前确定未来需求

根据年度销售规划，对未来采购需求做前期的设计。尤其在准时制采购的要求下，物料采购与需求应当保持同步，这就需要企业尽量做到严格的产能匹配，根据过去与当前的物料使用情况，提前对未来需求进行确定。尤其是针对企业的持续性采购需求，更应当制定完善的采购计划。

企业采购必须引入提前期管理的概念，将采购管理时间前置。项目计划的制定需要综合考虑各种因素，如果等待项目确定再制定计划，很可能因为时间紧迫而出现失误。与此同时，前置时间也使得企业能够发现更多的市场机会，从而把握住降低采购成本的机遇。

2. 针对细节制定完善的项目实施计划

在制订项目计划之初，企业需要明确实施周期，也即采购业务的时限要求。对于已有采购项目，一般以当前合约的终止期限为最终时限；对于新型采购需求，则要以项目开始时间为最终期限。

在实施周期确定之后，则要针对项目细节，制订完善的项目实施计划，或称为物料需求计划。常规的项目计划如图5-4所示。

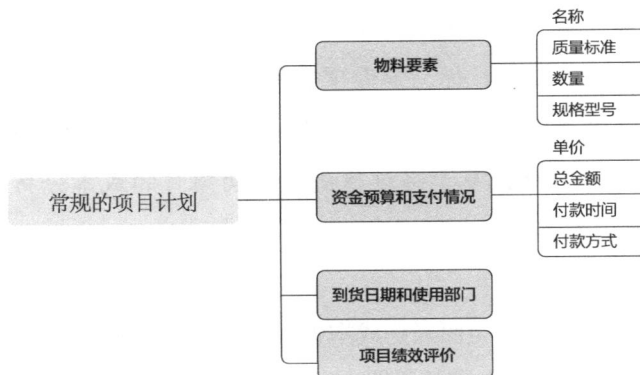

图5-4 常规的项目计划

（1）**物料要素：** 为了确保采购产品的名称、质量标准、数量、规格

型号等符合需求，要对相关供应商进行筛选和认证。

（2）资金预算和支付情况：包括单价、总金额、付款时间、付款方式等。

（3）到货日期和使用部门：在项目进行过程中，必须实时跟踪项目进程，解决项目推进中的如供应商纠纷、企业内各职能部门协调等各项问题。当供应商按照约定时间将约定物料交往指定地点时，质量检验部门则要负责对物料进行验收，并做好录单入库工作，继而交付使用部门。

（4）项目绩效评价。当项目全部计划实施完成时，企业仍需根据项目目标，对整个项目实施过程进行绩效评价，评价对象包括项目涉及的所有部门、人员，以及供应商。

在单个采购项目中，企业常见的误区有以下几点。

1. 只需制定整体计划，无需针对每个项目制订计划

根据企业业务模式的不同，采购工作的复杂性也有所区别。虽然事无巨细地制订项目计划可能会十分烦琐，但如果只停留于整体采购计划的制定，也会让采购计划失去效用。

2. 等待项目确定后再制订计划

在企业的正常运作中，很多采购需求都十分固定，呈现出持续性的特征。如果等到项目确定再制订计划，无疑会错失很多成本削减机会，也难以做到从容应对突发状况。

为了应对日益增加的采购成本，某企业规定：任何超过 20 万元的采购项目都必须按要求制定相应的项目计划书，并经过上级审批通过后才可实施。

项目计划书由此成为该企业采购管理的重要工具，其内容包括项目描述、采购产品类目等各类信息。具体而言，主要包括以下内容：

（1）项目的合理性说明：即为什么要进行这一项目。

（2）项目可交付成果：表现为一份主要的、属于归纳性的项目清单。

（3）项目目标：是项目成功必须达到的某些量化标准，项目目标至少包括费用、进度和质量标准等内容，并具有相应的计量单位和数量值。

（4）产品说明：即项目推动的流程说明，包含采购计划过程中需要考虑的所有技术问题或注意事项。

（5）采购活动所需的资源。

（6）市场状况：即采购物料当前的市场状况，包含价格、主要供应商、供应条件等内容。

基于这样一份详细的项目计划，企业能够有效掌握采购活动的情况，避免因采购计划不合理导致成本浪费。与此同时，项目计划中包含明确的项目目标，这也有助于后续的绩效评价，从而形成一定的监督机制，确保项目在实施周期内按计划进行。

5.3.4 供应条件

供应条件分析除了包括对主要采购标的品种、数量、规格、质量、价格、来源、供应方式和运输方式等内容进行分析评价外，还包括 JIT 准时供应、交付要求（FOB 或 CIF 等）、付款条件与期限、规格更新（结构更改等）、技术升级换代、折旧退让等。因为这些都涉及后续采购成本的发生。

总体来说，供应商是采购成本的重要动因：供应商的好坏，直接决定企业采购工作是否有效、采购成本是否受控。对于供应商的主要评价标准，除了产品价格之外，就在于供应条件。

供应条件的分析内容主要包括：

（1）物料数量：根据项目的设计生产能力，以及工艺技术和设备等因素，估算所需物料的数量，并分析和预测其供应的稳定性和保证程度。

（2）物料质量：通常而言，在项目生产和资源利用率提升中，物料质量发挥着重要作用，供应物料必须符合项目需求，以确保项目的正常运营。

（3）物料供应来源与方式：对供应来源的基本要求是其可靠性，在此基础上，需要对供应地区、供应商和供应方案等要素进行确定，根据采购需求，选择市场采购、投资建立物料基地、投资供应商等供应方式。

（4）物料运输和存储：物料运输方式和距离，会对采购成本和项目灵活性产生极大影响。根据物料具体情况，供应条件应包含存储设施、运输距离和方式、包装方式、运输费用等内容。

（5）物料价格：物料价格是采购成本管理的关键内容，也是供应条件的谈判焦点。

供应条件的内容极为丰富，涉及采购物料的各方面内容。由于每个项目所需物料的种类较多，企业供应条件的分析管理也可能陷入误区。常见的误区有以下几点。

1. 对每种物料供应条件进行全面分析

正如前文所说，每个项目所需物料的种类繁多，对每种物料进行全面分析无疑会消耗大量精力。根据帕累托原则，在项目评估阶段，只需着重对耗用量大或关键性的物料进行着重分析即可。

2. 只关注采购当下的供应条件

供应条件并不局限于数量、质量、价格等因素，也包括规格更新、技术升级换代等售后服务内容，采购谈判时切不可忽视。

供应条件的内容丰富，针对不同的物料、不同的供应商，供应条件的谈判策略也有所差别。因此，在全面采购成本管理下，企业必须把握住重点内容。为了便于理解，笔者用 JIT 采购为例进行讲解，具体如下。

1. 了解企业战略与品类采购特点

不同的企业战略与品类采购特点，对供应要求差异巨大。

例如，相对传统采购机制，在 JIT 采购战略下，为了尽可能地消除库存和浪费，采购作业流程必须极大精简。想要发挥这一效果，就必须在供应条件的谈判中，紧紧把握 JIT 供应原则。

对比来看，JIT 采购与传统采购的区别主要如表 5-2 所示。

表 5-2 JIT 采购与传统采购对比

项目	JIT 采购	传统采购
采购批量	小批量、送货频率高	大批量、送货频率低
供应商的选择	长期合作、单源供货	短期合作、多源供货
供应商评价	质量、交货期、价格	质量、交货期、价格
检查工作	逐渐减少、最后消除	收获、点货、质量验收
协商内容	长期合作关系质量和合理价格	获得最低价格
运输	准时送货买方负责安排	较低成本卖方负责安排
产品说明	供应商革新、强调性能宽松要求	买方关心设计、供应商没有创新
包装	小、标准化容器包装	普通包装没有特地说明
信息交换	快速可靠	一般要求

JIT 供应原则的核心内容就在于，需求拉动精益计划与零库存，实现采用较少供应商和小批量采购策略。

传统的采购模式一般是多头采购，在多个供应商中择优采购。但 JIT 供应的理想供应商数量只有 1 个，即对于每一种物料，只有一个供应商，也即单源供应。在单源供应中，供应商管理效率更高，有利于降低采购成本，并建立长期稳定的合作关系，实现价格、质量等供应条件最优化。但为了避免依赖性过大的潜在风险，企业也要视情况选择单源或较少供应商。

由于企业的物料需求不确定，大批量采购必然存在仓储和资金浪费的风险。因此，小批量采购则成为 JIT 供应的必然选择。但小批量采购带来的多批次采购，也必将增加供应商的运输成本，而要解决这一问题，最佳方式是选择距离较近的供应商。除此之外，企业也可要求供应商就近建立临时仓库，或将物料运输外包给第三方物流企业。

在较少供应商和小批量采购的策略下，企业必须在供应条件的谈判中占据主动地位，基于产品质量、交货期、批量柔性等条件，对供应商进行严格筛选，并与其建立稳固的长期合作关系。

2. 确定付款条件和交付要求

财务费用是采购成本的重要组成部分。一般而言，付款方式越灵活、账期越长，对企业自然越有利。但在实际操作中，为了减轻账期压力，供应商也会对付款条件做出明确要求。因此，在供应条件的谈判中，企业必须注意付款条件和期限的约定。

与此同时，针对物料报价，企业也要明确交付要求的设定。通常来说，交付要求主要分为 FOB、CIF 两种。

（1）所谓 FOB（Free on Board），即成本价，也称为离岸价，其计算公式为：

FOB= 货物的出厂价 + 国内的人民币费用（托运等过程中所产生的）－退税金额（500 美元以下不用报关，所以没有退税金额）。

（2）所谓 CIF（Cost & Insurance & Freight），则是成本加保险费加运费，其计算公式为：

CIF = FOB+ 货物从起运港到目的港的海运费 + 海外运输途中的保险费用。

由于 CIF 包含海运费和保险费用，所以，从采购成本上来看，相比于自付海运费和保险费用的 FOB，CIF 的价格相对较高。但二者却在责任风险方面有区别：在 FOB 下，供应商只负责到出货港船舷的风险，一旦货物上船，风险就转移到采购方；而在 CIF 下，供应商承担到目的港的全程风险。因此，在确定交付要求时，企业也要根据自身情况做出合适选择。

3. 要注意售后服务的相关约定

在任何采购项目中，都不能忽视关于售后服务的相关约定，如残次品更换、设备维修等。

但除了这些常规约定之外，针对成本较高或迭代较为频繁的物料产品，如大型设备、软件系统等，其重新采购成本远高于部分结构更改或技术升级。为了提升采购项目的长期效益，企业也可对规格更新、技术升级换代等内容进行约定。

JIT 生产方式由丰田公司大野耐一创造。在一次参观美国超级市场的运作时，大野耐一受其供货方式的启发，萌生了 JIT 的原始想法。在超市模式下，单源供应的特征十分明显，供应商则需要按照超市需求进行准时化供货即可。对此，大野耐一将其总结为："与传统采购面向库存不同，JIT 采购直接面向需求，其采购运输直达需求点；用户需要什么，就送什么，品种规格符合客户需要；用户需要什么质量，就送什么质量，品种质量符合客户需要，拒绝次品和废品；用户需要多少就送多少，不少送，也不多送；用户什么时候需要，就什么时候送货，不晚送，也不早送，非常准时；用户在什么地点需要，就送到什么地点。"

正是基于以上几点，大野耐一将之与丰田生产模式将结合，创造出了 JIT 生产和采购模式，并总结出完整的 JIT 采购流程：

（1）创建管理团队，全面处理 JIT 相关事宜。

（2）制订计划，确保 JIT 采购按计划实施。

（3）与供应商建立伙伴关系，在紧密合作中主动交流、互相信赖，确保共赢。

（4）先从某种产品或某条生产线进行试点工作，并不断改善推广。

（5）做好供应商培训工作，真正做到目标一致、相互认可，并视情况办理免检证书，以进一步提高采购效率。

（6）确定交货方式，理想的情况是：当生产线需求某种物料时，该物料刚好送达生产线。

（7）在持续完善和改进中，不断总结经验教训、修正供应条件，扩大 JIT 采购成果。

在这样完整的采购流程中，丰田公司得以在与供应商的互利共赢中，获得更加有利的供应条件，从而真正建立了采购成本优势。

5.3.5 顾客需求识别

顾客需求是指顾客对公司和产品或服务的总体目标、需要、愿望以及期望。这里有两方面的要求：

（1）有时候顾客说出的需求其实不是真实的需求，故必须分析达成一致的需求。

（2）顾客需求信息定义准确，尽可能减少含糊不清、模棱两可的现象，故必须澄清了解。

只有对顾客需求进行详细的确认与分析，企业才能在采购时做到有的放矢。

顾客需求识别流程大致如图 5-5 所示。

顾客需求来源于两种：订单需求与描述需求。"订单需求"在企业都

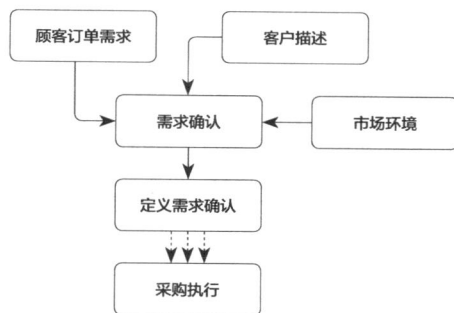

图 5-5 顾客需求识别流程

很常见，正因为常见，于是就"常规"处理，殊不知这种常规处理往往埋下对顾客需求"漠视"而出错的成本祸根。笔者曾经在企业就遇到过一个"老产品"需求的订单，企业对需求产品很熟悉，但由于太熟悉而忽略"镀锌"与"镀镍"的差别，导致客户退货。

另一个是"顾客描述"，这种需求在原始设备制造商（OEM）和原始设计制造商（ODM）中非常常见。对于这种需求，企业更应该不断探寻与澄清顾客需求，对产品的功能、品相要素逐项确认。否则后续不但会付出成本和时间，更会使客户对企业能力表示怀疑。

如果顾客需求识别环节出现失误，不仅可能导致采购成本浪费，也可能损害顾客体验。

企业是为顾客服务的，一切围绕顾客需求成为企业经营的宗旨。探寻顾客准确需求并以此展开工作是企业后续供应链的起点。

市场、研发、采购、生产等部门应参与评估顾客需求。

1. 对顾客需求进行分解确认

在最初的探寻中，顾客需求通常表现为产品、数量、价格等几大要素，但在订单确认中，企业必须对顾客需求进行进一步的分解，如交货期、包装、付款方式及特殊要求等。

如果涉及新产品研发，企业应针对订单涉及的所有要素，与顾客沟通协调，了解产品、功能等信息，并达成一致意见，从而形成一份完整的顾客需求表。

2. 对顾客需求进行评审

接下顾客订单时，企业必须确保能够满足顾客的所有需求。因此，企业应根据订单情况，安排专门部门或多个部门对顾客需求进行评审，以避免订单无法完成而损害顾客体验和企业形象。

一旦评审通过，则需要责任人签字确认。此时，顾客需求表才能交到采购部门，真正开始执行采购作业。

顾客需求识别任务通常较为繁琐，且需要多部门协作进行。因此，在具体操作中，我们可以学习 A 企业对订单进行归类。A 企业将订单大致分为两类：

（1）常规订单，同时满足以下四个条件，即：产品技术符合国家标准要求；属于企业现有产品或已为顾客生产过的产品；产品数量与交货期在有成品库存或生产计划能满足的范围之内；产品包装及其他要求符合企业的相关规定标准。

（2）特殊订单，指上述四条中不满足任何一条的订单。

在顾客需求识别的全流程中，A 企业各部门的分工也十分明确，如图 5-6 所示。

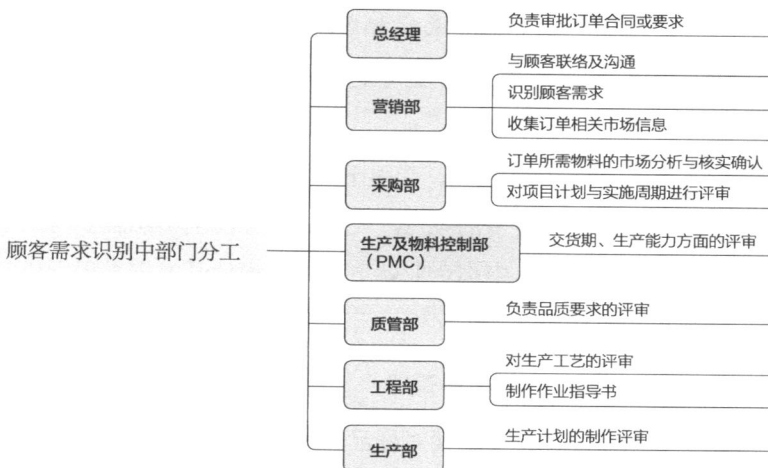

图 5-6 顾客需求识别中部门分工

在各部门的协作中，顾客需求识别效率得到极大提升，而完善的评审流程也能确保订单需求的分解确认，使每一份订单都能起到推动企业发展的作用，并在 JIT 采购中对采购成本进行全面管理。

5.3.6 设计开发需求识别

新产品研发风险之高不言而喻，一方面，开发周期长，投入资源多；另一方面，一旦研发失败则意味着血本无归。研发新产品通常也涉及开发新供应商，新产品导入 NPI 管理等一系列问题。

同时，在经济全球化的浪潮下，技术工艺的升级不断加快。因此，前置性设计开发需求识别，也是企业也能够有效控制采购成本的重点。

例如 TCL 公司在产品开发初期，就引导供应商参与到新产品的早期开发中。在这一机制下，电视机芯的供应商会专门派遣技术小组进驻 TCL 公司，参与新电视产品的开发与设计，配合设计部门完成早期开发工作。

与此同时，采购部门也会与设计部门、销售部门共同分析，确定产品功能和产品成本。

TCL 公司将这种设计开发流程称为"可采购性设计策略"，也正是借助该策略，TCL 公司能够与供应商建立紧密的战略合作关系。

与 TCL 这样的大型企业相比，受限于实力与规模，中小企业在实施可采购性设计策略时，通常面临更多的难点。大多数供应商也不愿意参与到中小企业的早期产品开发中。此时，中小企业就更要完善设计开发需求识别机制了，具体如下。

1. 完善样品、图纸等客户资料管理

在确认顾客需求时，企业就要对样品、图纸等客户资料进行整理分析。在这样的过程中，企业需对设计开发需求文档进行深入分解，如核心功能、外观、包装等。只有如此，后期的设计开发才能有的放矢，以免产品开发方案不符合顾客需求。

2. 召开设计、采购、工程、生产的联席会议

全面采购成本管理需要企业各职能部门的通力合作，而在设计开发需求识别中，为了确保设计开发方案能够真正推动采购成本控制，设计、采购、工程、生产等各部门的联席会议也成为必然。

联席会议需要解决的主要问题包括：

（1）顾客需求的最终确认。

（2）核心功能以及相关设计的确认。

（3）筛选出符合顾客需求的设计方案。

（4）从采购、工程、生产的角度，对设计方案进行分析。

（5）在满足顾客需求的基础上，在设计开发层面将成本最小化。

3. 客户 OEM 指定供应商管理

OEM 生产，也称为定点生产，即人们常说的"代工"。当企业品牌拥有一定市场地位时，企业只需掌握核心技术，并根据顾客需求不断开发新产品，而具体的生产加工任务，则可委托其他厂家进行生产，实现 OEM 供应。

客户为了控制产品质量与成本，通常会制定二级供应商的做法以降低风险。由于供应商资格是客户指定的，对夹在中间的企业采购管理起来非常困难，甚至有时候供应商比客户还强势。

对于这类供应商，有时候称之为单一来源供应商，其管理策略为：

（1）既然是先天性"单一来源"，维系关系是第一要务。客户指定其作为二级供应商，一定有其优势或理由，尽量在现有框架内做事，风险相对也小。

（2）培养供应商内部代言人。不要仅仅跟对方的销售建立单线联系，与对方的生产、品质、工艺等部门挖掘并建立代言人。

（3）保存所有的合作记录与实时数据。

（4）定期邀请最终客户代表协同进行供应商绩效管理，包括现场评估、产品评估、管理评审等工作。

4. 把握采购市场反馈

产品可以"研发"出来，但不一定能"做"出来，或者做出来成本很高，不利于产品市场竞争。事实上，很多设计方案的有效性都只停留在纸面上，在实际产品实现中可能与现实采购市场相悖，即无法通过采购获得。因此，确定设计开发方案之后，需要获得采购供应商市场的反馈并进行优化。为了避免此类情况发生，采购部门首先要确保市场信息的实时更新，而在设计开发方案出台之后，也要进一步获取供应市场的反馈。

5.3.7 产品工艺与标准化

产品工艺与标准化的导入对于采购产品的制造成本降低意义重大。

对一个企业来说，标准化工作是企业管理的重要课题。在标准化下，凭借更少的设计经费，企业能够获得更好的管理效益和更大的经济效益。随着全球高新技术的迅猛发展，标准化的作用也日益突出，尤其是产品工艺更是如此。

工艺标准化，不仅能够确保生产过程能够切实保证产品质量，也能提高效率、降低能耗，达到全面采购成本管理的目标。

1. 要认识到标准化在产品竞争力提升中的重要意义

标准化不仅是降低成本的重要渠道，事实上，工艺标准化率越高，产品也就越具竞争力。要理解这一点，可以从工艺标准化的四点主要内容进行阐述：

（1）工艺术语标准化。工艺术语是工艺领域内的共同技术语言，也是制定工艺标准、编制工艺文件等各项工作的基础。工艺术语的不统一，不仅会影响生产工作，也会影响技术交流。因此，工艺标准化离不开术语标准化，如国家制定的《机械制造工艺基本术语》等。

（2）工艺要素标准化。工艺要素包含产品工艺的一系列重要因素，主要如机械加工中的工序尺寸、加工余量；塑料加工中的温度、压力等因素。工艺要素的标准化和贯彻，能够简化相关工序和工具，推动产品工艺的改进。

（3）工艺规程标准化，又称工艺规程典型化。一般来说，企业生产的各类产品，在产品结构、加工工艺等方面都具有相似性，此时，企业则可以将之进行归纳总结，研究工艺上的共同特征，并结合企业情况，筛选并设计出更加先进的工艺方案，对相似产品生产进行工艺指导。

（4）工艺文件标准化。工艺文件成套、完整、统一的标准化工作，能够进一步加强工艺管理，确保工艺水平的简化和提高。由于各企业产品工艺存在差异，工艺文件标准化的工作首先要在内部进行，并通过行业协会或主管部门统一工艺文件格式。

2. 设计建议与采购反馈要及时提供到研发团队

产品工艺标准化的各项内容，都需要与企业实际相结合，否则，标准化也将无法有效融入企业运营当中，难以实现效益最大化。因此，研发团队在研究产品工艺与标准化中，也要充分采纳设计建议与采购反馈，确保产品工艺标准适用于企业。

与之相对的，设计和采购部门也要及时向研发团队传递重要信息。尤其是采购市场信息变动频繁，可能对工艺标准化产生重大影响。例如核心供应商的工艺标准化进程，基于促进技术交流和信息沟通的需求，也会反向推动企业产品工艺标准的变动。

工艺标准并非一成不变，随着科技进步，设备、环境、应用技术的变化，工艺标准在保持相对稳定的基础上，要适时对其进行修订。需要注意的是，工艺标准的修订也要保持积极慎重的态度，并充分做好相关准备工作，以免对整场工作造成重大影响。

3. 标准化在品质管理中的作用

品质管理是企业管理的重要组成部分，在全面采购成本管理中，全面质量管理也成为企业管理的重点。而在其中，标准化则发挥着基础性的作用：

（1）标准化是保证产品质量的前提。

正如 ISO9000 标准对"质量"的定义——"一组固有特性满足需求的程度"，其中的"固有特性"正是指代产品的感官、理化等指标，这些指标则共同构成一种规范性的、共同遵守的文件，而这就是产品工艺的基础标准。企业产品必须满足相关标准，才是合格的产品。

（2）标准化是品质管理的基础。

全面质量管理理念的发展，催生出许多先进的品质管理措施。但在任何品质管理中，都少不了品质管理。例如休哈特发明的控制图至今仍被许多企业采用，而控制图最重要的就在于三条判断异常情况的标准线。

标准化是品质管理的基础，不仅在于品质管理方法的标准化，也在于品质管理过程的标准化。在品质管理的全流程，都需要一套标准化程序作为指导。

（3）标准化是提高品质管理效益的工具。

标准化的最大特点就在于：简化、统一、协调和优化。品质管理作为企业运营的日常活动，如果能够对其进行标准化，明确人物、时间和流程等要素，则能够使各环节有效衔接起来，在提高品质管理效率的同时，降低品质管理成本。

5.3.8 采购限制因素

如果你去问企业的朋友，工作最大的瓶颈是来自外部还是内部？大家都会异口同声说道："内部"。

采购效率能否顺利提高、绩效目标能否实现，受到企业各种主、客观因素的影响，如资金、时间、审批、报告等。这些因素可以统称为采购的限制因素。采购限制因素的存在，会从各方面影响采购管理的效率。

因此，针对采购限制因素的应对方案，其也成为全面采购成本管理的重要内容。

例如企业的采购价格管理。随着竞争的加剧，企业越来越开始控制采购成本，采购价格自然重点关注：对采购价格货比三家，再讨价议价。甚至有些企业要求采购必须重新寻找三家供应商做价格比较，然后交给核价部门审定。核价部门忽视市场供应变化与价格波动，仅仅拿价格对比历史价格，一旦超过历史价格，则要求采购提供证据说明……为此，很多采购不是花时间研究提高采购绩效，整合外部供应资源，而是疲于奔命应对内部各种管理需要。虽然制定了完善的采购计划，却因为各种采购限制因素，使得采购无法按计划进行，采购成本因而不降反增。

在实施全面采购成本管理之初，就需要考虑采购限制因素的存在，尤其是对于企业内部限制因素，更要找到相对应的解决方案。

企业限制种类很多，不同的企业也会呈现不同的瓶颈要素，具体如下。

1. 避免新产品独立开发的信息壁垒

在企业的运作过程中，各职能部门的分工，有助于提升企业运作效率，但如果新产品开发相对独立，则可能导致信息壁垒的存在。

由于设计开发团队大多居于"后台"，新产品的开发也呈现出明显的独立性。虽然开发团队大多会考虑市场信息或采购成本等问题，但在信息壁垒的作用下，仍然无法避免开发方案偏向于理论的问题。

当开发方案与现实市场存在较大差异时，新产品的生产计划也可能出现极大变异，导致生产计划出现频繁调整，采购计划也随之发生变动。这就使得供应商管理陷入困局：采购计划的不确定性，使得企业在采购谈判中也失去底气，难以获得最佳的供应条件。

2. 小批量采购的冲击

多品种、少批量是现在企业采购的特点。JIT 准时采购是一个不错的方式，在小批量采购下，库存很少以至几乎为零，一旦供应商无法准时交货，就会使生产陷入停滞；另外，如果物料质量存在问题，物料退换同样会影响生产效率。

为了有效化解小批量采购的潜在风险，企业也要通过沟通协调，制定相应的供应商管理制度：

（1）让供应商参与到新产品的设计开发中去。

（2）帮助供应商提高技术能力和管理水平，提高供应商生产的连续性和稳定性，以免供应商生产不稳定而导致交货延迟或质量出现瑕疵。

（3）建立一个开放、兼容的信息平台，详细了解供应商的生产流程、质量控制等细节。

（4）企业与供应商共同协作，提升物流管理能力，确保运输过程的准确无误。

3. 财务成本审核的指挥棒

资金问题是采购管理的重要限制因素，甚至直接导致采购管理的失效。在采购环节，任何采购活动都需要经过财务部门的确认。

因此，在解决采购限制因素时，企业需要发挥财务成本审核的指挥棒作用，进入全面采购成本管理的各个环节，以财务部门指导采购限制因素问题的解决。

针对采购合同，财务部门审核的主要关注点在于：

（1）合同审批流程是否完整，有无越权审批现象？

（2）采购金额是否符合预算，库存资金是否足够？

（3）付款方式如何？惯例应是签约后付首款，产品交付后付第二期款，质保期后付尾款。首款比例如何，是否符合行业标准？

（4）有无验收不合格时的退赔约定？

（5）关于发票开具的约定是否明确？

财务部门在成本审核中，主要关注流程合规性、资金风险、税务风险等方面的问题。只有在严格的企业内控管理中，成本审核才能把好采购管理的最后一关。

4. 避免陷入完美主义的采购陷阱

物美价廉、多快好省，是采购管理的理想状态。"理想很美好，现实很骨感"，因为在实际操作中，想要达成这样的目标无异于登天。

5.3.9 供应环境分析

随着市场状况的不断变化，供应环境也随之改变。此时，企业也必须在供应环境分析中，调整全面采购成本管理策略，从而增强企业采购的适应性，确保采购战略决策的正确性，继而提升企业市场竞争力。

作为全球最有名的家居公司，宜家在全球拥有近 2000 家供应商，因地制宜成为宜家保持采购成本优势的重要措施。最初，宜家在亚太地区的中央仓库设置在马来西亚，所有亚太地区供应商的采取均需先行送往马来西亚，再运送至各地区的商店。

然而，随着中国市场所占比重的不断扩大，上述措施在成本缩减方面的作用愈趋弱化，反而导致中国市场的产品成本较高。于是，宜家开始逐渐改变供应商管理策略：针对中国市场的重点产品，交由中国供应商生产，并直接运送至中国商店，同时承担周边国家或地区的产品供应。

在企业运营中，深入的供应环境分析无疑十分必要，其涉及因素也较为复杂，笔者将之总结为三个方面：

（1）宏观环境因素：包括政治环境、经济环境、法律环境等。

（2）供应商及所处行业环境：可分为完全竞争市场、垄断竞争市场、寡头垄断市场和完全垄断市场。

（3）微观环境：即采购在企业内部所处的环境，包括领导及各部门的重视程度，信息技术在采购中的应用程度等。

供应环境的复杂性和多变性，使得供应环境分析难以实现一劳永逸。相反地，供应环境分析需要分周期进行，甚至以项目为基础，根据每个项目对供应环境进行具体分析。

经典营销学把供应市场分为四类：垄断市场、寡头市场、完全竞争市场与非完全竞争市场。其实由于企业差异、竞争差异与品类差异，根据前文，供应环境分析的重点主要集中于供应市场分析，即以物料价值、供应风险和我方价值为核心要素，对供应商及所处行业环境进行分析。

具体而言，供应环境分析的流程可分为以下五大步骤。

1. 确定目标

全面采购成本管理的任意环节都需要明确的目标作为指引。供应环境分析同样如此，如无明确目标，分析人员也可能在庞杂的环境因素中模糊焦点，分析效率和结果也将因此大打折扣。

供应环境分析的目标一般包括：

（1）要解决什么问题？瓶颈是什么？

（2）问题要解决到什么程度？

（3）解决问题的周期是多久？

（4）需要多少信息？信息的准确度如何？

（5）如何获取信息？由谁负责？

（6）如何处理信息？

2. 成本效益分析

供应环境分析流程同样需要投入相应的成本，如人力成本、市场调查成本等。因此，在分析之前，企业也需对其成本效益进行确定。确定供应环境分析全流程所涉及的成本支出，并确定分析结果带来的效益，是否能够覆盖成本。

需要注意的是，基于采购效率的需求，在对成本的分析中，也不能忽视时间成本。供应环境分析必须限定在一定的时间内完成，以免影响企业运营效率，导致后续的采购生产与市场节奏脱节。

3. 可行性分析

获取信息和分析信息需要一定的渠道和技术，如国际数据库或专业代理商信息，以及数据分析模型等。根据企业自身条件，是否能够获取相应的信息和技术？企业需要对此有清晰的认知，这就是可行性分析。

为了提高供应环境分析的可行性和效率，企业需要首先寻找企业内部和公开渠道可获取的信息，从而以更低的成本更快地获取供应环境数据。

除此以外，根据分析目标和预算，企业也可以购买高效的数据信息或研究分析服务，甚至进行外出调研，以此提升供应环境分析的准确性。

4. 制定研究方案并实施

当确定了分析目标、计划、负责人和所需资源等信息之后，企业也能够据此制定完善的研究方案并加以实施了。

一般来说，实施环节包含案头分析和实地调研两方面。

案头分析就是对数据的收集、分析和解释，可以直接通过信息系统完成。当案头获取数据不够完善时，则可以进行实地调研，与供应商或其他服务商进行面对面沟通，以追寻更新、更详细的信息。

无论如何，实施环节都需要遵循最初制定的分析计划，以免消耗过多资源或迷失分析目标。

5.编写总结报告与评估建议

在供应环境信息收集结束之后，负责人就需对此进行归纳、总结和分析，形成一份完整的供应环境分析总结报告。负责人在总结报告中，不仅要对供应商选择方案进行比较，还需针对分析目标提出相应的评估建议，为采购管理提供决策依据。

5.3.10 采购风险分析

即使制定有完善的采购计划，在采购过程中，也可能出现各种意外情况，影响全面采购成本管理的效果，甚至导致采购成本不降反增。例如因采购预测不准，导致物料难以满足生产要求或超出预算；或因供应商产能下降，导致供应不及时、产品不符合订单要求等。

采购风险的普遍存在，使得采购风险分析也不容忽视。纵观各行业的采购实践，我认为主要有七大风险需要高度关注：

（1）意外风险：在物资采购过程中发生的各种意外风险，如自然风险，或经济政策或价格变动等。

（2）质量风险：因供应商提供的物资或原材料质量有问题，或未达到质量标准，轻则会影响企业生产效率，重则会影响企业产品质量，对企业顾客造成损害，降低企业声誉和产品竞争力。

（3）技术风险：主要体现在产品和设备两方面。在产品的生产制造周期内，如发生重大技术进步，可能导致产品贬值甚至被市场淘汰，已采购物料也可能因此积压甚至无用；在以设备采购为代表的短期采购中，由于信息技术的高速发展，设备的更新周期也愈来愈短，可能刚刚重金采购的设备就已落后于时代了。

（4）验收风险：发生在验收阶段的风险，主要包括数量上不足，质量上鱼目混珠、以次充好，品种规格不符要求，价格变形等风险。

（5）存量风险，即库存风险：主要体现在三方面，其一是物料采购量无法及时供应生产所需，导致生产中断；其二是采购过量，导致库存积压，既会引发资金沉淀风险，也因此形成存储损耗风险；其三是因对市场行情预估错误，在盲目进货中发生的价格风险。

（6）责任风险：很多采购风险的发生，归根结底其实是以责任风险为主的人为风险，如合同审核不严谨导致合同纠纷，或采购人员收受回扣、牟取私利等。

（7）合同风险：以合同为客体的风险包括：合同条款模糊不清、责任约束简化，因而导致后续合同纠纷，甚至引发合同欺诈风险；合同行为不正当的风险，如对采购人员行贿，或给予虚假优惠等；此外，还存在合同日常管理混乱的风险，如合同丢失等。

虽然采购风险不可能消除，但通过一定的手段和措施，却能够有效防范和规避，将采购风险的发生概率降至最低，具体如下。

1. 建立并完善企业内控制度

采购风险中很多都是内因型风险，如合同风险、计划风险、责任风险等。与此同时，外因型风险，也需要企业内部人员进行控制。

因此，完善的内控制度也是防范采购风险的前提。企业应建立并完善内控制度，加强职工教育，尤其是对采购人员的培训教育，以增强其法律观念、培养其职业道德，从而确保内部人员按章办事，以企业利益为先，从根本上增强企业内部的风险防范的能力，并杜绝各种内因型风险。

2. 加强供应风险与履约监督

在与优质供应商的合作中，由于供应商资质佳、信誉好，外因型采购风险也能得到有效控制。为此，在采购供应环节，企业就要对供应商资质进行充分调查，确保采购流程符合程序、供应商符合要求。此后，企业也需定期对供应商进行复审评定。

一旦签订合同，企业就需要承担合同规定的各项义务，而其权利也限定在合同约定范围之内。因此，企业要进一步加强签约监督，确保合同条款符合政策、法律，且条款内容齐全、权利义务明确、手续具备、签章齐全。此外，在签约之前，一定要确定供应商资信调查已经完成，能够切实掌握对方的履约能力。

3. 加强采购全过程、全方位的监督

对于采购环节，企业必须加强全过程、全方位的监督。

全过程是指包含计划、审批、询价、招标、签约、验收、核算、付款和领用等在内的所有环节。重点在于计划制订、合同签订、质量验收和结账付款等四个关键点。

全方位则是指内控审计、财务审计和制度考核三管齐下。利用科学规范的监督考核机制，在推动全面采购成本管理的同时，企业也可保护采购人员的利益，避免发生外部矛盾。

限制采购管理的因素众多，既有主、客观因素，也有内、外部因素。如果一味追求消除所有限制因素，企业不仅需要投入大量的成本和精力，最终也无法完全消除，同时效益自然也不足以覆盖成本，理想的采购目标也不可能实现。

通过对前文提及的 10 项内容，优秀的采购职业经理人应提前把握可能出现的成本漏洞，减少问题发生，解决采购限制因素，寻找"成本—效益"的最优解，在投入资源可控的前提下，实现效益最大化，而非盲目地搞完美主义。

5.4 知名企业降低采购成本的 30 种策略方法

"如何实现降本"是笔者在培训课堂上经常提问大家的问题。答案五花八门，总体归类为两类：洞察供应商成本结构与探寻合适的降本方案。

洞察供应商成本结构，以期发现成本的非合理项目预计解决来实现成本降低，这种方法的前提是供应商必须提供完整的成本结构与可靠的财务数据。

探寻合适的降本方案，通过对产品全要素、全过程，结合国际企业成功降本方法，制定有步骤、有策略的综合降本方案。

相对于"洞察供应商成本结构"的要求和条件，以及结果输出情况来看，笔者还是比较推荐"探寻合适的降本方案"的方法。

正如前文所讲，成本是在过程中产生的，所以只要能够在各个环节上注重方法，"对症下药"，企业降低采购成本的方法很多。

基于此，笔者依据国际知名企业成本降低采购成本的方法，归纳总结出 30种降本方案，几乎囊括了采购过程中的各个环节。

需要说明的是，这些方法来自各行各业，也就是说这 30 种方法都对特定的企业有效。希望大家通过这些方法，能够更多地进行对比、参考，然后结合自己企业与行业特点，制定相对应的降本方法与措施。

下面来详细说一说各个方法的具体内容。

5.4.1 建立长期的供应伙伴关系

方案简述： 简要地说是采购商与供应商之间达成的较高层次的合作关系，它是指在相互信任、相互支持的基础上，供需双方为了实现共同的价值目标而采取的共担风险、共享利益的长期互惠互利合作共赢关系。

笔者认为，这是最经济、最有效、最直接，且最能挖掘成本潜能的一种降本方案。

由于传统企业缺乏供应链合作思想，为获得局部个体利益最大化各自为政与决策，必然牺牲系统的价值链成本，这个成本通过产品不断嫁接并传递，最终使供应链整体竞争力下降。通用前总裁杰克韦尔奇说：企业最大的成本是信任！缺乏上下游信任，不但会降低流程效率，而且会增加各种识别与交易成本。

一些知名企业如丰田、戴尔、苹果等都非常重视合作伙伴关系的建立。因此，建立良好的供应关系成为当下乃至未来企业获得利益的巨大空间所在。

具体来讲，良好的供应关系包含以下含义：

（1）以长期发展为理念，开展相互信赖支持的合作关系。

（2）伙伴关系有明确目标导向，双方共同确认并且在各个层次都有设置相应的沟通接口。

（3）基于双方关心的目标，双方共同制定行动与改进计划。

（4）供需双方相互信任、共担风险，打通合作壁垒，共享信息。

（5）共同开发，共同设计、共同生产、共同开发客户。

（6）用绩效说话，以严格的绩效尺度来衡量合作表现，持续改进。

建立长期的供应伙伴关系，并非一蹴而就的事情，也不是企业一方随心所欲的事情，这需要仔细规划和评估，具体如下。

1. 要清楚实现长期供应关系需要的前提

（1）根据企业战略与产品标的物的品类，鉴别哪一些市场和哪一些产品和服务是适合建立长期伙伴关系的，一般类物质就没有必要做这部分工作。

（2）把这概念向企业最高管理部门和企业内部以及向潜在的伙伴进行宣传，指出这些方面如采购营运和成本的优点、战略的优点等。

（3）按照潜在伙伴以前的业绩和他们从事伙伴关系工作潜在的能力，选择可靠的合作伙伴。

（4）与潜在的伙伴一致同意关系的类型，有形的和无形的效益，也一致同意不断改进的方针。双方必须对伙伴关系做出和保持承诺。

（5）按下述内容去做伙伴关系工作：保持向所有各方提出意见；建立由双方各自的部门成员组成的工作组；不间断地监测和测定进展情况；经常地精选与开发。

搞清楚这些前提，长期供应关系的建立才有目标和方向，才有具体的实施策略。

2. 捋清供应链的供应链和需求链，设计合适自己的伙伴接口与模式

供应链是商品从原始起点流向市场或消费终端的过程，而需求链是将市场的需求转化给供应商的过程。这二者的结合点就是采购和销售，其中一个叫订单渗入点 OPP（Order Penetration Point），如图 5-7 所示；另一个叫价值交付点 VOP（Value-offering Point），如图 5-8 所示。

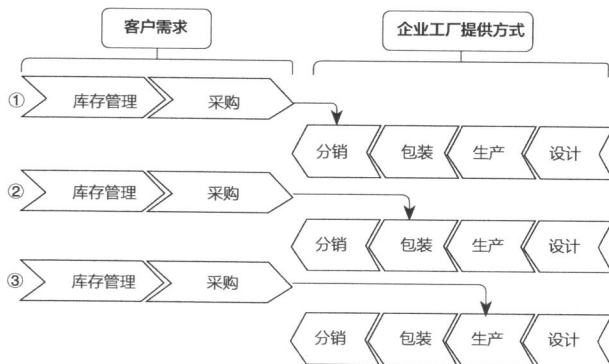

图 5-7 订单渗入点 OPP 示意图

订单渗入点，简单地理解为采购方下单到供应商哪个节点。这个节点决定了采购方与供应商的合作模式：

（1）采购下单在分销，即供应商已经将产品包装好了，并且处于分销状态，客户订单来了，直接按采购订单装运即可。比较适合于标准化采购。

（2）采购下单在包装，即完全按照订单要求进行个性化包装，这种适合于包装差异化的产品。

（3）采购下单在生产，即供应商按照订单来生产，这是目前工厂大多数的运营模式；同样，如果将采购下单点继续往后移动到设计，即为按订单设计（ODM）。

订单渗入点表面上看决定双方的合作接口，其实是两个企业合作伙伴的层次、信息共享、价值驱动与成本能力的综合体现。订单渗入点越往后面移动，双方的合作愈加紧密，需求的伙伴紧密度也越高。

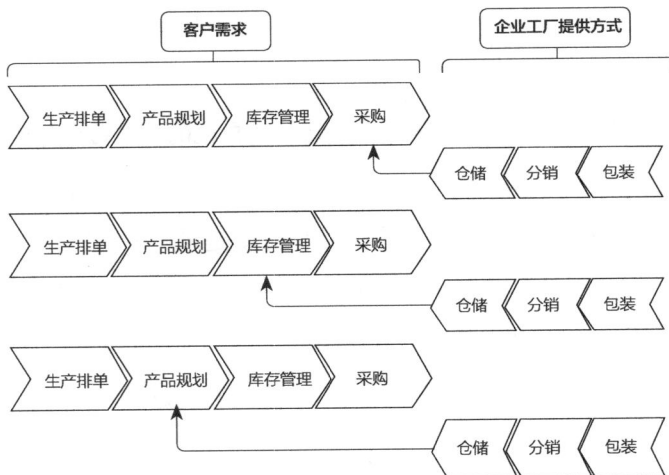

图 5-8 价值交付点 VOP 示意图

价值交付点，简单理解为供应商交付的责任切割点。这个切割点看起来是双方责任的划分，其实是订单服务模式的演化：

（1）供应商交付给采购，即对采购负责。供应商上下游信息屏蔽，上游只负责采购订单，无论是否真实需求、何时需求、哪些需求……都是基于订单信息来决策的，这种服务模式容易导致缺料或者库存。

（2）供应商交付给仓库，即对仓库负责。采购商将仓库信息、需求信息共享给供应商，供应商依据下游的需求动态，自动启动生产与配送。这种方式就是供应商管理库存（VMI）。

（3）供应商交付给下游产品规划，即基于供应商先期参与，共同参与产品规划与设计实现，利用双方智慧最大限度地挖掘供应链价值，实现共生共荣的供应链协同。

订单渗入点OPP强调的是以订单作为节点，由采购主动计划分销、包装、生产、设计等环节，以寻求最佳合作方式去优化成本。而价值交付点VOP则是以客户需求价值为节点，去管理仓储、分销、包装等环节的成本，这个过程中，客户的价值被放在首位，凡事以满足客户价值为准则。价值交付点决定双方交付模式，更是双方合作责任与价值空间，通过整合供应链上下游动态需求与仓储物流信息，达成供应链的数据精准与协同。

如果在上下游合作过程中，只有清晰明了地搞清楚这两个链条，你才有可能去分析这个链条上的各个环节，以及各个环节的合作伙伴，系统深入合作模式，通过对订单渗入点与价值交付点相互移动，实现供应链最佳结合点，从而实现长期合作关系，达到降低成本的目的。

3. 塑造共同的价值和文化，降低接口成本

文化层面上，长期合作关系当然要加强相容性或把不相容的文化方面减至最小或完全消除。

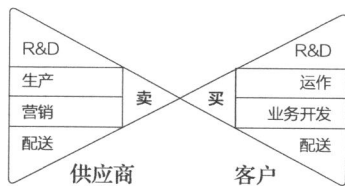

图 5-9 传统的买卖界面（单点联系）

而价值层面，能否共同生产实现价值以降低接口成本显得至关重要。

接口成本就是采购部门与供应商之间识别、评估、管理、绩效、合同以及风险预防与管控等运营成本的综合。尤其在供应链多变的情况下，信息缺乏透明度，导致无论是产品设计、计划联动、库存物流等都无法实现有效管控，最终接口成本居高不下。

传统的供应关系接口相对比较单一，多为"采购—销售"单点联系，如图5-9所示，企业和供应商之间的共同价值较少，因此成为长期合作关系的机会不大。

但在如今的生产和消费环境中，因为工具等要素的变化，企业和供应商之间的共同价值已经涵盖共同设计、共同开发、共同选址、共同生产、共同开发客户等层面，在多个环节都能实现共同的价值，如图5-10所示。这就给长期合作关系奠定了极好的基础。

以上是建立长期的供应伙伴关系的一些因素，满足了这些因素，双方之间的关系才能称得上是长期合作关系。很多人对长期合作关系认识不清，因此常有一些误解。常见的误区有以下几个方面。

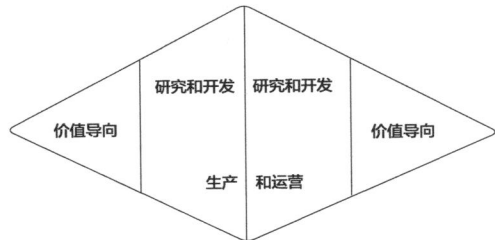

图5-10 多层面的共同价值

1. 所有的供应商都应该成为合作伙伴，或者成为长期合作伙伴

事实上，许多看似不错的客户或合作伙伴，最后获得的成效甚至无法弥补建立长期合作伙伴关系所花费的成本与精力。这样的合作关系的建立是没有太大意义的。

2. 合作伙伴是永久的

在供应链合作中，合作伙伴有阶段性特点。一方面是因为采购方自身企业经营战略调整，供应商伙伴管理也会受到影响；另一方面是合作伙伴需要动态管理，用绩效说话。根据双方合作情况对资格需要按照绩效调整。

5.4.2 集权法

方案简述：集中公司所有采购权限，统一计划、统一采购、统一调度与分配的采购获取方式，是很有效地降低成本的方法之一。

集权采购（Centralized Purchasing），即尤其是在集团公司或政府部门被广泛应用。为了降低分散采购的选择风险和时间成本，除了一般性材料由下属企业或各部门分别采购外，其他均由企业集权采购。通过采购量的集权来提高议价能力，降低单位采购成本，是一种基本的战略采购方式。目前有不少企业建立了集中采购部门进行集中采购规划和管理，以期减少采购物品的差异性，提高采购服务的标准化，减少了后期管理的工作量。

但很多企业在发展初期因采购量和种类较少而进行集中采购，随着企业的集团化发展，在采购上就出现了下属企业各自为政的现象，很大程度上影响了采购优势。如果去供应商验厂，看到他们的办公电脑：研发部的品牌是 DELL，工程部的品牌是联想，生产部的品牌是惠普，品质部的品牌是华硕……说明这家企业的采购为分散采购。相对于分散采购的另一面是集权采购。

云南白药采用与药用白卡纸集中采购模式，利用公司的知名度和集约规模效应与上游纸厂达成战略合作协议，争取到了非常优惠的供应价格，只比原纸上涨 7.47%，并且锁定了供应期价格。

近年来，沃尔玛一直在对原有的大卖场采购体系进行改革，加大集权采购范围，从而对供应商资源进一步优化。在这样的改革中，沃尔玛中国也取消了东北营运区，对剩下的五大运营区进行改组调整，加强集权采购直管模式。

调整之后，沃尔玛中国将保留五大运营区，即华北区（北京）、华东区（上海）、华中区（武汉）、华西区（成都）和华南区（深圳）。而采购管理也由遍布全国的 29 个采购办公室，浓缩为唯一的深圳采购办公室，沃尔玛中国的所有采购决策基本都由深圳采购办制定。

在集权采购中，各部门、下属企业的需求得以集中，由于采购量较大，供应商一般会给予更优惠的价格，从而实现采购价格的降低。与此同时，集权采购的方式也能够有效减少采购时间和运营费用，并节省运输费、质检费等间接费用。此外，集权法也压缩了各部门的采购主动权，避免各部门与供应商串通，导致腐败、贿赂行为的发生。

集权采购虽能有效降低采购成本，但同样存在弊端：

（1）在集权采购模式下，企业采购管理也因此变得僵化、失去弹性。

（2）由于需要集中各部门需求，因此，集权采购的响应时间较长。

（3）集权采购虽能带来价格优惠，但灵活性较低，不利于各部门的快速应变，容易导致服务效率降低。

（4）各部门需求的不同，也容易引发内部矛盾，尤其是在采购、研发、生产部门之间：采购部门更看重采购价格，而价格最低的供应商往往难以满足研发需求；研发部门需要更快开发新产品，更看重反应速度，因此倾向于小供应商；生产部门则偏好质量、交货稳定的大型供应商。

综上所述，集权采购的优劣势如图 5-11 所示。

针对集权采购本身存在的弊端，企业在采取该方法降低采购成本时，也要根据企业情况，对集权法进行改造，选择更加适合自身采购模式。一般而言，集权法更适用于大众物资、战略物资、核心物资的采购，其应用主要分为以下三种模式。

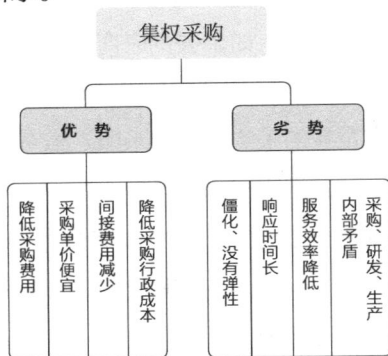

图 5-11 集权采购优劣势对比

1. 集中开发、分散下单

在集权采购下，为了提升灵活性，企业可对各部门需求汇总估算后，如年度总采购量 1 万件，并以此与供应商进行价格谈判，从而获得较好的数量折扣价格，实现集中定价。确认采购价格之后，各部门则可按需直接向供应商采购相应产品，以相应的价格进行结算。

该模式能够很好地提升集权采购的灵活性，并解决各部门需求矛盾的问题，但采购量和时间的不确定性，对供应商生产计划却会造成影响。因此，如非长期合作的供应商，该模式一般难以充分发挥集权采购的价格优势。

2. 集中下单、分散收货

在该模式下，各部门需求同样汇总至采购中心，集中向供应商下达详细的订单，供应商直接根据订单生产供货。而采购中心则会根据各部门需求情况，分发收货通知单至各部门。供应商则按照按需分别送货至各部门，由各部门验收，并将入库单汇总至采购中心。

集中订货、分开收货模式，在确保灵活性的同时，也更利于供应商制定生产计划。根据付款方式的不同，该模式又可细分为分开付款和集中付款两种：

（1）分开付款，即各部门对物料验收入库之后，直接与供应商进行结算，此后再凭借入库单和结算单进行内部结算。

（2）集中付款，即待各部门分开收货完成后，采购中心对入库单进行汇总，与供应商进行结算、集中付款。

3. 集权采购后调拨

在汇总各部门采购需求之后，企业采购中心负责全部的采购工作，包括供应商选择、价格谈判、订单签约、收货入库和货款结算等。此时，物料则存放于中心仓库，根据各部门的需求，采购中心则会启动内部调拨流程，按需调拨出库，并根据调拨订单做内部结算。

5.4.3 联合采购法

方案简述： 简称为团购。就是联合相关有共同需求的企业，将零散项目集合起来，形成大规模采购，以此来实现提高规模经济效益和降低采购成本的采购方式。

联合采购，可以自行组织采购，也可以委托专业第三方采购服务机构进行采购活动。在政府、行业协会、商会等社会组织中，联合采购的方式常见。

我们都知道，小批量采购难以获取较好的价格优惠，但对于很多中小企业而言，由于其自身规模的限制，其采购量难以达到一定规模，因而在采购市场上长期处于劣势地位。

此时，联合采购法则能聚少成多，通过将采购需求联合到一起，有效弥补企业采购规模小、单位分散、采购经验不足等缺陷，从而实现规模效益，降低采购价格并节约管理费用。

事实上，联合采购法不仅适用于中小企业，同样适用于大型企业。

非洲航空公司专门成立非洲航空公司协会（AFRAA），以行业联盟的方式获取采购优势地位。尤其是在变幻莫测的国际原油市场上，非洲航空公司协会成员每年都会根据需求进行联合采购。譬如肯尼亚航空等 9 家航空公司就曾制定原油采购计划：在一年内累计采购 7 亿公升、价值

15 亿美元的航空燃油。

联合采购法能够通过各企业联合，形成规模采购优势，增强企业议价能力，并摊薄采购费用。因此，联合采购也并不局限于企业间的采购。在实际操作中，目前存在四种联合模式，即：

（1）相近标的合同联合采购法。以合同标的为基础，实行少量品类或单一采购的联合机制。

（2）公司内项目部联合采购法。在大型企业尤其是集团企业中，各项目部在采购时可进行联合，以避免独立采购的劣势。

（3）企业联合采购法。同行业企业的采购需求相近，因此，企业可通过建立行业联盟的方式，进行企业联合，实现多品种、长期的联合采购。

（4）跨行业联合采购法。不同行业企业之间，同样可能存在相同的采购需求，企业可以据此实行跨行业联合采购。

借助上述四种联合采购方法，企业能够有效改进采购方法、优化采购模式，在采购效率的提升中，充分降低采购成本。但需要注意的是，联合采购的作业手续较为复杂，需要主办方拥有较强的协调能力，以统一采购需求、抓住采购时机。

5.4.4 谈判法

方案简述：双方沟通协调、探寻各自需求后获得各取所需的妥协，并扩大合作边界以获得互利双赢的方式。

谈判，即双方或者多方通过沟通、交流、协调等手段，达成有利于自己一方的活动，是一门获得更多的艺术。美国谈判协会主席定义谈判为合作的利己主义。

简单说，谈判就是利益各方就共同关心的问题互相磋商，交换意见，寻求解决途径，相互妥协与交换，最终达成协议的过程。其实，世界充满谈判，你跟朋友之间一个说吃麻辣火锅，另一个说吃清汤火锅，然后最终接纳鸳鸯火锅；

夫妻之间一个说去看电影，另一个说去看戏，最后双方接纳了陪小朋友去游乐场玩……所以也有专家说：只要有人的地方就有谈判，谈判发生在人际互动之中。

我们太多的人（其中包括不少资深采购经理人）误解谈判了，认为谈判就是讨价还价、议价砍价的零和游戏，为了一分利益使尽浑身解数最终达成自己的独家利益分配格局的过程。其实，这不是谈判，这是零和博弈。

在今天，企业与供应链经营环境日新月异、客户需求与市场格局也变幻莫测，但有两个变量趋势非常清楚，即产品生命周期越来越短、产品性价比越来越高。正是这两个大变量的存在，迫使供应链网络参与企业的供应链角色与企业对供应链产品的渗透性也不断变动。这种倒逼的变动就迫使供应链利益格局产生变动，甚至裂变。这就需要供应链网络企业自身不断敏捷化调整的同时，还需要大量的相互意见沟通、协调交换，寻找最佳解决路径！

每次的采购活动，都离不开采购谈判（Negotiations），即企业与供应商之间就合作协议内容进行的磋商，且内容包括物料品质、规格、数量、包装、售后、价格、交货方式、付款条件等。

在国内，通过适当的谈判挤掉供应商的报价水分，是必需且必要的。

1. 谈判基础

任何谈判都有一定的基础，基础不存，谈判不能。

（1）无法容忍的僵局或分歧。

这是谈判的第一个基础，我们很多谈判的朋友一听说分歧和僵局觉得头大，其实，如果没有分歧与僵局，一拍即合的事情为何还要你去谈判？

（2）有各自的期望。

简单地理解就是一个想买，一个想卖。跟一个不想合作的人谈合作，结果可想而知。

（3）有预期的交集空间。

任何交易必须满足双方利益诉求，否则单方面的"赢"最终也会导致"输"的局面。如图 5-12 所示，甲乙双方就有预期的交集空间。

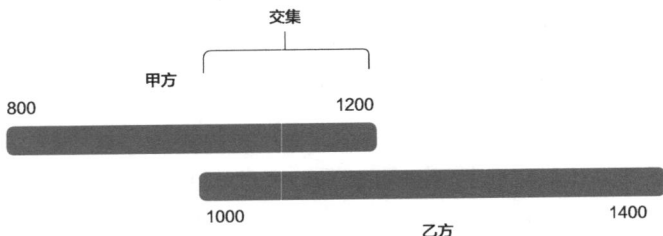

图 5-12 甲乙双方有预期的交集空间

2. 谈判策略

谈判之前必须先制定谈判的方向与策略，策略一旦确定就不要轻易修改，除非重构整个谈判架构。

如何制定谈判策略？采购谈判最后在乎两件事：获得的利益与双方的关系。于是构建图 5-13 所示的二维四象限和表 5-3 所示的分析对比。

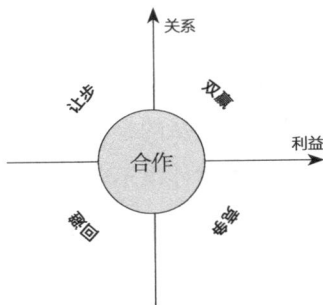

图 5-13 获得的利益与双方的关系二维四象限

表 5-3 获得的利益与双方的关系对比策略与谈判方案

关系	利益	策略	谈判方案
重	重	双赢策略	利益与关系筹码充分交换
重	轻	让步策略	在自己允许范围内做出最大妥协让步
轻	重	竞争策略	一切以自身利益为准，激烈争取
轻	轻	回避策略	不要浪费时间，不参与
一般	一般	合作策略	相互妥协，相互合作

优秀的采购经理人非常清楚，一个良好的谈判除了制定制胜谈判策略外，还得有一套完整的谈判推进方案，如图 5-14 所示。

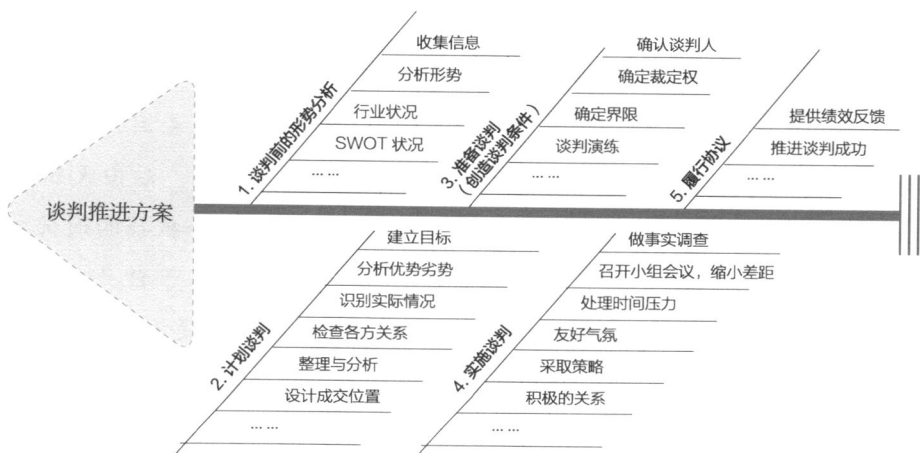

图 5-14 完整的谈判推进方案

从图 5-14 可以看出，一个完整的谈判分成五个过程，"准备"过程占领前三个，故良好的准备是谈判成功的一半。

采购谈判的根本目的在于与供应商建立合作关系，并在良好的合作中降低采购成本，实现双赢。因此，无论何种谈判方法都需要遵循合作共赢原则，但也要注意避免出现以下经常犯的错误。

（1）争吵代替说服。

（2）对人不对事。

（3）进入谈判却没特定目标和底线。

（4）逐步退让到底线却又沾沾自喜。

（5）让步却没有要求对方回报。

（6）让步太容易太快。

（7）没找出对方的需求。

（8）接受对方第一次的开价。

当然，谈判是一个集智商与情商一起的艺术影响力构建过程，一个良好谈判能力的职业经理人能得到自己想要的，还能获得供应商各方面支持。

拓展阅读：谈判课程中，我为什么很少讲"囚徒困境"？

"囚徒困境"（prisoner's dilemma ）是50年代美国兰德公司 Merrill Flood 和 Melvin Dresher 拟定的关于困境的理论，后由 Albert Tucker 以囚徒方式阐述，并命名为"囚徒困境"——两个被捕的囚徒之间在信息不对称情况下的一种特殊博弈，任何一方都会基于自身利益最大的决策方式，哪怕在合作对双方都有利时，保持合作也是困难的。

每次在企业内部培训或者 MBA/ 总裁班上讲授《商务谈判》谈判课程，课后总有学员朋友问我："柳老师，您的课程非常实战，很有 Feeling，对我触动很大。"话锋一转："我也看过不少商务谈判类图书发现，几乎所有的商务谈判图书都或多或少讲述过'囚徒困境'在谈判博弈中的应用，但听完您两天课程下来，我几乎找不到这方面的痕迹，这是为什么？"

其实道理很简单，简单的方法就是通过谈判的定义找到答案的。

谈判定义版本很多，但文字如何差异化描述，其核心字眼都是：相互磋商、沟通交流、交换意见、寻求解决办法、最终达到意见一致的妥协过程等。从关键字中，我们可以看出，谈判的过程是互动的、表达的、寻找方案的，并推进一致意见的过程。

囚徒困境中，A 囚徒与 B 囚徒之间首先无法做到基础信任，同时警察做信息切割、封闭、甚至带有惩罚恐吓特质和异想诱惑引导的背景下做出的生物体敌我斗争的本能反应，由于人性的弱点表现出来的零和游戏是必然且可以理解的，这对个体独立封闭信息决策个体心理学研究是很好的样本，但对于互动交流的谈判参考价值不大。

我们都很清楚，商务谈判的本质是希望通过沟通获得对方的支持并达成法定承诺并签订合同，但在签订合同之前难免对部分条款产生分歧，这是正常的商务特点。只有双方坦诚面对，真诚交换与妥协，创造更多的商业空间才能获得各自的谅解并达成协议。如果谈判双方都采用囚徒心态进行谈判，敌我关系心态明显，最终忽略甚至忽悠条款的某些分歧细节，就算一时达成协议也无法很好地履约。这为其未来继续合作设置了障碍，这样的困境心态注定谈判结果的双输。

在商务中，我们都很希望可持续的合作双赢，这也就注定在今天的商务谈判中，了解双方需求，做实时的分析，处理时间压力，保持良好氛围与积极的关系是主旋律，也就注定"囚徒困境"会离我们的良性谈判越来越远。

5.4.5 折扣法

方案简述：即企业能够拿到的、比原价降低一定比例的价格。是以参照物成交价格为基础，考虑到市场策略、交易条件、关系维护等多个维度，设定一个价格折扣率来实现优惠降价的方法总和。

我们知道，采购成本每下降1%，就相当于业绩提高10%左右。故，能获得供应商价格折扣就能够帮助企业有效降低采购成本。在价格的降低中，企业采购成本自然随之大幅降低。

根据交易需要，采购总能寻找到获得折扣的理由，常见的折扣包括。

（1）一次性购买某种产品超过一定数量的折扣。

（2）合同金额达到某个数量的折扣。

（3）一段时间内累计订单数量达到多少的折扣。

（4）一段时间采购某种产品到某个数量的折扣。

（5）季节性折扣。

（6）庆典活动折扣。

实际上，究竟有多少种折扣类别没能说清楚，其本质就是能够找到一个让供应商降价的理由，比如说"今天我生日，你得给我折扣"等。

对于企业而言，折扣能够直接推动采购成本的降低，但在获取折扣时，也要注意折扣政策，切忌盲目追求折扣，导致采购过量。

5.4.6 标准化

方案简述：通过产品标准化设计，达成产品标准合并而获得采购成本优势的方法。

企业在采购时就应充分考虑未来储运、维护、消耗品补充、产品更新换代等环节的运作成本，致力于提高产品和服务的统一程度，减少差异性带来的后续成本。

采购产品差异性所造成的无形成本往往为企业所忽略，这需要企业决策者的战略规划以及采购部门的执行连贯性。

笔者早年去一家企业做咨询项目时遇到一个很奇怪的库存数据：入库后就没怎么用过。一问原因让人哭笑不得，原来该企业在产品标准方面是一片空白，每来一位设计工程师都是按照其在上一家企业的工作设计习惯选择产品配件。几乎每来一位工程师，都留下一种"独特"的标准物料，结果导致库存层层累积。

商业社会面临着四个关键挑战：最大化利润、减轻风险、提高业绩和增强业务灵活性。在应对上述四大挑战时，标准化能够发挥出色作用。

即使是在 VUCA 时代，面对层出不穷的个性化需求，企业也可以通过标准化不见的不同组合方式，来满足用户的个性化需求。

此时，为了控制个性化带来的成本增加，企业同样可以设计各种不同的标准化部件，以独特的排列组合——单元制生产方式和顾客产品组合的最小模块化零件组等，实现产品整体的个性化设计。例如在消费升级的时代，很多用户追求个性化的计算机，其主机、显示屏、键鼠，乃至主机的机箱、显卡等部件都需要个性化设计。

在标准应用中，我们坚持"国际标准—国家标准—行业标准—企业标准"

四级标准管理，即国际标准最好，实在不行就采用企业标准。前文提到，产品工艺与标准化，能够从企业内部推动各项成本的降低。标准化也能够提升效率、降低库存、实现规模化采购、增强业务灵活性，进而使企业在快速应变中减轻风险、提高业绩。

某企业就专门对标准化工作进行分析。调查中发现，企业内部虽然早已明确了标准化的积极作用，但在实践过程中，仍有许多问题需要加以完善与改进：

（1）标准化采购工作的协同推进机制还不完善，缺乏配套的考核评价机制，设计、采购、销售等部门，未能形成合力。

（2）采购需求十分分散，物料"万国牌"问题突出，采购需求难以集中，也就难以实现规模化采购。

（3）现有物料编码数量庞杂，既存在一物多码、一码多物等现象，也有许多非自然属性的个性化编码。

（4）物料采购未能与信息系统有效整合，业务操作十分烦琐，工作效率低下。

正是针对以上这些问题，在分析判断中，该企业展开了一系列标准化改革工作。

在标准化的过程中，借助实施规格的标准化，产品、工装夹具或零件使用共通的设计、规格，以及使用工业标准零件，能够有效增加采购便利性，降低采购费用。

与此同时，为不同的产品项目或零件使用共通的设计、规格，或降低订制项目的数目，也能凭借规模经济量达到降低成本的目的。

然而，上述内容只是标准化的其中一环。在标准化进程中，企业应扩大标准化的范围，以获得更大的效益。仅以采购领域而论，主要包括以下三点内容。

1. 产品标准化

依据国标建设企业标准，对产品本身与产品属性进行标准化建设，产品标准化包括通用件模块化、质量标准化与 SKU 标准化。

通用件模块化能实现规模化生产计划、制造加工、运输储存等诸多便利。质量标准实现对产品的内置属性进行约束。SKU 标准涉及产品后续组合管理、运输与储存的成本管控。

2. 推进技术协议标准化

技术协议是采购的重要依据，目前来看，在大多数行业中，企业内部与企业之间的技术协议格式都不统一，在技术交流与确定中，也容易发生纠纷。

尤其是在技术协议的签订过程中，涉及顾客、设计方、采购方、供应商等多个角色，一旦技术协议未能统一，则可能导致物料采购陷入被动，难以采购到符合顾客、设计需求的物料，采购成本因而增加，供应商利益也可能因此受损。

在标准化中，切不可忽视技术协议标准化的作用。为此，在产品设计阶段，企业就应与顾客、供应商充分沟通，确定技术协议标准。

3. 推进采购流程标准化

由于物料需求品类的繁杂以及供应环境的复杂，企业采购大多呈现出"百家争鸣"的特点，几乎每个采购人员都有自己的一套方法与流程，企业内部也大多会给予其一定的发挥空间。

但总体而言，非标准化采购流程弊大于利，既无异于规范有序的市场竞争，也可能滋生腐败、贿赂等风险。

因此，企业必须推进采购流程的标准化，编制《企业采购手册》，推进标准化成果在采购中的应用。此外，企业也要健全企业采购技术条件规范，并在内部开展技术评审，汇编形成一整套采购规范。

2012年针对纸制品质量价格参差不齐，鱼龙混杂的现状，云南白药发挥公司集中采购规模优势，将纸盒供应链向印刷厂上游的造纸厂延伸，经与国内几家最强的白卡纸生产商直接洽谈，综合对比了众多品牌白卡纸的产品质量及上机适应性，最终与一家上游纸厂达成纸张统一采购的合作方案，从环保理念确定选用了新型的高松厚白卡纸替代原用普通白卡纸，将纸张利用率提高了6.67%，大幅提升了产品环保性。

纸张的统一有效规避了各印刷厂因纸张差异导致的纸盒产品质量推诿问题。

基于对纸盒生产工艺的深入了解和学习，采购中心着手对纸盒印刷品进行价格梳理，透明各印刷厂的加工工序，明晰供应商利润结构，建立了白药纸盒印刷品的价格模型，通过梳理统一了产品价格，确定了合理的供应商利润，结合上游原纸的统一采购，实现了 7% 左右的成本降低，同时有效降低了供应商恶意竞价导致的质量风险。

云南白药纸张源头管控的标准化长期收益不断体现。2015 年在不增加采购成本的前提下，云南白药将高松厚白卡纸升级为更环保的食品级高松厚白卡纸，是业界最先使用食品级白卡作为药盒包装的内资企业。

同时，对颗粒剂包装材料材质进行统一标准。2011 年白药集团整体搬迁至呈贡新厂区，很多品种规格药品、机器设备整合集中到一个生产区，公司颗粒剂药品由原来三个生产区集中到一个产区生产。由于历史原因，公司近 30 个规格的颗粒剂产品，采用了五种结构的包装复合膜。更换品种更换材质更换设备就要频繁调整参数，转产周期长，生产效率低，废品率高。另外，供应商为保证供应，不同材质的物料都要备货，由于品种结构不同，订单量变化大，一方面呆滞库存增加，另一方面还经常交不出货。原来的部分品种只是省内销售，销售统一后将会进行全国销售，原来的部分材质发往省外高温、高湿环境存在产品吸潮结块的质量风险。采购中心从集中采购的角度，提出统一材质的思路并且牵头成立项目组，将供应商、生产车间、质量管理部门一起拉进项目组共同开展工作。

通过前期的调研和沟通，在对材质物理化学特性进行专业分析的基础上，开展了大量的稳定性考察，最终将材质全部统一为 PET/AL/CPP 结构。这样从产品安全性上得到了最大的保障，材质的阻隔性在原有材质中最高，但是成本也相应最高。这样的优化对于采购来说成本是上升的，但是从供应链总成本角度核算是合理的：

（1）质量风险降低，质量成本降低。

（2）材质统一后供应商备货量减少，呆滞库存减少，交货准时率提高。

（3）生产环节一个材质适用于所有设备，不用频繁调整，换产迅速，生产效率提升，废品率降低。

这三降一升，最终实现了总成本优化。

5.4.7 品质分级

市场需求是多维度、多层次，从高端到低端全覆盖。如果产品只需中低端物资即可满足需求，那么，采购高端物资也会带来成本的无端增加。

品质分析能更好地识别自身企业采购需要，明确采购品质需求，拒绝"一刀切"的品质要求与片面高质量的盲目追求。尤其是很多研发型企业，研发人员为保障研发顺利通过，通常仅仅考虑研发的需求，而对产品的经济性疏于关注，最终导致产品定位与质量不匹配而造成浪费。

同时，品质分级管理也可以根据产品品项对产品质量影响进行纵向分级管理。

例如，某著名钢制品企业就根据物料对最终产品质量影响程度，对各主要原材料进行了品质分级管理，如钢管、支架、聚氨酯组合料等，以确保物料受控、产品质量稳定。

在该分级制度下，物料被分为 A、B、C 三级，分别是：

（1）A 级，直接影响最终产品关键性能的物料，如外护管、聚氨酯组合料等。

（2）B 级，直接影响加工质量的物料，如钢管等。

（3）C 级，对最终产品质量无直接影响，或虽有缺陷但可通过技术措施弥补的物料，如支架、油漆等。

技术部也据此制定了完善的企业物料分类明细表，并分发至资管部、生产部，营销、采购等各部门都需要按规办理物料入库。

于是，品质分级维度可以分为产品品质的横向分级与部件对产品影响的纵向分级，如表5-4所示。

表 5-4 品质分级维度

公司产品定位	A 类物质	B 类物质	C 类物质	D 类物质
高端	重点关注			
中端				
低端				低关注度

注：越是斜线上方的物料，需要重点关注；越在斜线右下方，其关注度越低。

通过明确的品质分级管理机制，企业得以在品质管理中做到区别对待，将重要资源投入到关键物料中，从而在节省成本的同时，确保产品质量稳定。

在完善的品质分级管理机制中，其主要内容包括以下三点。

1. 对物料重要程度进行分级

正如上述企业所做的，企业采购的物料品类十分繁杂，如果对每类物料都进行详尽的品质管理，无疑需要投入大量人工和技术成本。因此，在品质分级中，企业首先要对物料进行分级，按照物料对产品质量的影响程度，将其划分为多个等级，并制定各级物料的质管方案。

2. 对产品品质需求进行分级

任何物料都不可能全都是合格品，其中必然存在次品。对此，在与供应商约定明确的合格率之前，企业也要先对产品品质需求进行分级：哪些物料品质必须达到优良？哪些物料品质稍有瑕疵也可？

只有对产品品质需求进行分级之后，企业在采购时才能做到有的放矢，以免盲目追求优良物料，反而导致采购成本增加。

3. 对供应商进行分级管理

供应商资质是物料品质的直接保障。经过筛选之后的供应商，必须能够按约提供符合品质要求的物料。在与供应商的合作过程中，企业也应对合作历史进行详细记录，并据此对供应商进行分级管理，从而确定是否要继续合作，或交付更加重要的物料订单。

5.4.8 目标成本法

方案简述： 通过目标市场所允许的成本，倒推到产品／零件所允许的目标成本，并依此目标成本对产品形成的全要素进行手段优化的综合。

正如供应商在定价时会使用目标成本法一样，目标成本是企业在降低采购成本时，在成品价格与利润确定的前提下，所允许发生的成本数额。

简单来说，例如丰田汽车准备进入50万元的中高端汽车市场，这是其产品目标价格；而对于这样一台车，丰田要求有10万元的利润，这就是目标利润；此时，用目标价格减去目标利润，即得到产品的目标成本——40万元；之后，丰田则可以对40万元成本进行分解，通过每个零配件和每个环节的成本控制，实现目标成本的要求。

于是，丰田在目标成本管理方案下，改善工程师依据所允许的成本目标对供应商进行辅导，最终达成目标成本。

在传统企业定价中，大多采用"成本＋利润＝价格"的模式，也就是按照实际成本和目标利润，制定市场价格的模式。但当产品推向市场之后，才发现定价失误，不得不开始削减价格。

如今，越来越多的企业开始认识到这一定价机制的不足。在《在企业的五大致命过失》一文中，著名管理学大师彼得·杜拉克将企业的第三个致命过失定义为：定价受成本的驱动。

事实上，任何产品的研发都应以市场乐意支付的价格作为前提，也即能够帮助产品获得市场优势的价格。而在价格确定、利润确定的前提下，企业就能够据此将成本控制在目标范围以内。

为了更有效地实现供应链管理的目标，在极大满足顾客需求的基础上降低成本，作为一种全过程、全方位、全人员的成本管理方法，目标成本法能够发挥突出作用。其实现阶段如图5-15所示。

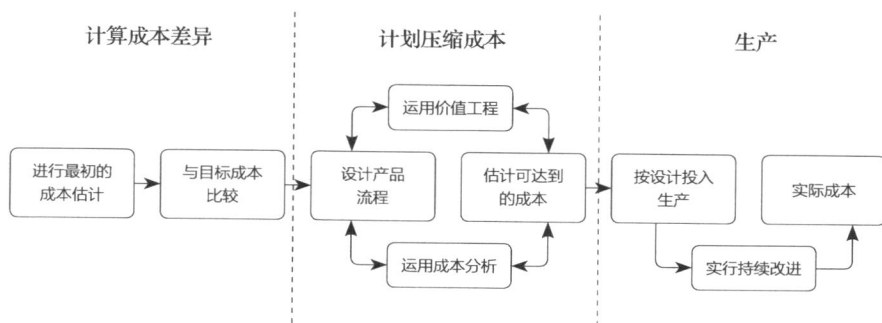

图 5-15 目标成本法的实现阶段

相比于传统成本管理方法，其特点可总结为以下七点。

（1）目标成本法是一种战略性利润和成本管理的过程。

（2）以价格为引导。

（3）以顾客为重心。

（4）以设计为中心。

（5）跨越多个职能部门。

（6）以产品生命周期为导向。

（7）以价值链为基础。

相比于传统成本管理方法，目标成本法具有明显优势，但在大量的实践分析中，笔者发现这套系统同样存在问题，具体如下，企业应在实施过程中加以注意。

1. 全员参与，而非仅仅是采购部门

在目标成本方案中，推进目标成本法的重点部门在于产品设计部门，他们需要根据产品定价和利润，开发出符合成本要求的产品设计。除了设计部门外，还有工程工艺、品质、生产等部门进行协同。

因此，在实施目标成本法时，企业必须激励各个岗位参与，真正发挥目标成本法全过程、全方位、全人员的成本管理作用。

2. 注意供应商之间的沟通

为了确保时间进度并降低成本，企业通常会给供应商施加过大压力，此时，相互之间的合作关系也可能遭受损害。

事实上，目标成本法的核心在于目标成本的制定，这就必须以市场为导向，对消费市场、物料市场进行充分调研，并据此改进产品设计，以满足目标成本要求，而非通过给供应商施加压力，以缩减成本。

在实施目标成本法时，企业在产品设计阶段就应与合作商进行充分沟通，确定所需物料的供应和价格，一旦成本不符合要求，企业应该与供应商充分沟通，共同挖掘成本潜能。

3. 注意成本目标的可行性分析

目标成本的定位应是未来市场，而非当今市场。作为一个预测结果，目标成本的可行性分析也十分重要。其内容主要包括：

（1）可行性原则。立足于企业现有资源和技术水平，目标成本可以通过主观努力实现，并符合市场竞争需要。

（2）先进性原则。目标成本需要反映企业现有条件下可挖掘的内部潜力，也即通过加强企业管理能够提升实现的成本水平。

（3）科学性原则。目标成本的制定，需要广泛收集一切必要的资料，基于可靠的数据信息，运用科学的技术方法进行测定。

（4）弹性原则。目标成本应具有一定弹性，根据未来客观条件的变化，能够随时进行相应的调整。

5.4.9 善用合约

方案简述：为防止物价波动导致企业的成本增加，企业选择合适的价格与供应商通过合同约定或者期货结算价格的一种方式。

合约内容涉及物料价格、品种、规格、日期、有效期等多项内容。合约的签订，也是供需双方权益的有效保障。

事实上，合约也是一种规避采购成本（降本的另一种形式）的有效方法。例如当长期需求的物资处于历史低价水平时，企业可以考虑签订"期货合约"的方式，在未来产生需求时，以当前的较低价格采购物资，从而降低未来的采购成本。

格力、海尔等空调产品，大量使用铜材料，但铜材料受到国际期货市场的波动，使企业产品成本不可控。于是，企业通常会以周期采购量的50%左右购买期货的方式，来对冲未来一段时间的可能出现铜材料价格上涨的成本增加影响。（这里经常有学员问道："购买期货后价格下跌怎么办？"其实企业是依据期货价格来确定未来一段时间的空调价格的，故就算铜材料下跌，空调价格也不会波动。同时依据期货与现货对半采购来对冲可能导致的铜材料价格高的影响。）

在采购中，根据采购需求的不同，企业也要善于选择不同类型的合约，具体如下。

1. 善用短期合约保持灵活性

短期合约类似于一次性交易，依靠短期合约，企业可以在满足自身采购需求的同时，保持极大灵活性。

然而，短期采购的不稳定性，也会影响采购谈判的效果，出现价格治谈、交易及服务等方面的不足。因此，短期采购主要适用于如下情况：

（1）非经常消耗物品，如机器设备、车辆、电脑等。

（2）补缺产品，由于供求关系变化，当长期采购出现供货中断情况时，为保障正常经营需要以短期采购作为及时补充。

（3）价格波动大的产品，对于此类产品，无论是供应商或是采购商，都不希望签订长期合同，以免价格波动导致利益受损。

（4）质量不稳定产品，如农产品、试制新产品等，由于每批次产品质量不稳定，故需选择短期采购或一次性采购。

2. 善用长期合约实现双赢

长期合约，是由买方承诺在某段时间内，向卖方采购一定数量的物料的合约。长期合约的签订，不仅能够帮助企业降低采购价格，也是供需双方信任的基础。

长期合约的签订，有利于供需双方建立双赢性合作关系。

然而，长期采购也存在不足，如价格调整困难、合同数量固定、供应商变更困难等。因此，在长期采购之前，必须选定最合适的供应商，并确保合同内容足够完善，以免因条款限定，而在目标物的价格、数量或质量等问题上陷入被动。

3. 善用采购框架协议

在JIT准时采购中，企业与供应商之间存在多批次、小批量的采购交易。然而，企业不可能为每笔交易签订合约，而由于采购数量和时间的不确定，长期合约内容的确定也存在困难。

此时，采购框架协议（Purchasing Framework Agreement）则是很好的选择。当供需双方存在许多小批量的重复交易时，双方可签订一个特殊的合同机制覆盖此类需求，将每笔交易作为一个框架进行运作。而根据每笔交易的特殊性，企业也可根据协议进行具体操作。

如此一来，企业就可以在获取长期合约效益的同时，确保物料采购的灵活性。

5.4.10 开发新供应商

方案简述：通过引入新供应商，引入良性竞争，淘汰落后供应商，实现供应商体系优化升级，降低采购成本的方式。

通过扩大供应商选择范围引入更多的竞争、寻找上游供应商等来降低采购成本是非常有效的战略采购方法，它不仅可以帮助企业寻找到最优的资源，还能保证企业资源的最大化利用，以提升企业的水准。

当企业已有稳定合作的供应商时，是否还需要开发新供应商呢？开发新供应商在许多企业看来是成本与精力的浪费，但借助开发新供应商，企业同样可以实现降低采购成本的目的。

戴尔公司的商业运行模式一直令业界惊叹，其快速反应能力展现在采购、生产、配送等各个环节，而这一切都源自其出色的供应商管理能力。

在零配件采购中，戴尔公司建立了一个组织严密的供应商网络，包括30家大型供应商和20家较小型供应商，其超过95%的物料来自该网络。但该供应商网络的成员并非一成不变。

在选择供应商时，戴尔就会从成本、技术、运送、持续供应能力等各方面对供应商进行评选。即使供应商入选之后，戴尔公司仍会持续对供应商进行评估，并采集其他意向供应商信息。

当合作供应商多次评估不合格之后，戴尔公司则会启动退出程序，并迅速将新供应商纳入供应商网络当中，确保物料的持续供应。

供应商的竞争力包括适当的价格、快速的响应、合适的质量和完善的服务。即使经过层层筛选和持续维护，供应商的竞争优势也不可能由此固化。

事实上，供应商管理如果一成不变，也必将走向僵化，不利于增强供应链竞争力。因此，在维系现有成熟供应商体系的同时，引入新的供应商，能够达到"鲶鱼效应"：通过引入外界的竞争者，往往能激活内部的活力。

与此同时，定期适当地淘汰供应商，也是企业发展的功能性需求。否则，供应商管理也可能因此陷入困局，全面采购成本管理也无法顺利推行。

5.4.11 开发新技术、新工艺、新材料替代

方案简述：通过设计开发新技术提升功能、供应商新工艺提升新品品质与效率、新材料替优物料成本等手段，降低采购成本的方式。

上文提到在目标成本法中，采购成本降低的核心就在于产品设计部门。通过开发新技术、新工艺或新材料，企业可以从产品设计环节，实现采购成本的降低。相比于采购环节的成本控制，这种方法无疑能够实现"治标又治本"的效果。

借助新技术、新工艺或新材料，企业完全可以在生产中实现成本节约。

云南白药在新材料替代方面就获得了成功。由于防伪纸物理指标用于原来的蓝芯纸，项目组与生产和质量开展了大量的测试工作，最终证明用 375 克覆膜芯层防伪纸完全可以替代原来 395 克的覆膜蓝芯纸。同时还解决了原来小克重规格的纸盒挺度过剩造成上机适应性不好、影响生产效率的问题。纸张利用率提高了 5.06%，成本上升空间只剩下 2.41%。

到底何谓新技术、新工艺或新材料？

（1）新材料，指新近发展的或正在研发的、性能超群的一些材料，其具有比传统材料更为优异的性能。

（2）新技术，泛指根据生产实践经验和自然科学原理而发展成的，各种新的工艺操作方法与技能，或者在原有技术上的改进与革新。

（3）新工艺，就是利用生产工具对各种原材料、半成品进行增值加工或处理，最终使之成为制成品的新的方法与过程。

开发新材料、新技术、新工艺的作用，不仅在于减少物料损耗，以新技术、新工艺或新材料为基础的产品研发，也能够从根本上，减少物料需求，降低采购成本。

5.4.12 简化内部流程或缩短 L/T

方案简述：通过优化内部管理流程，缩短前置时间，实现差异化快速决策降低管理成本、提高运营效率并降低采购成本的方式。

购买一支铅笔的流程与购买一台设备的流程是一样的，注定是一个缺乏差异化的管理流程。

"购买这个产品至多 3 小时，走流程却要 3 周！"这是笔者在企业做项目咨询的时候经常听到的一句抱怨，其实这是一个需要优化的流程。

什么是流程管理？简而言之，流程管理是指企业为了控制风险，提高工作效率以及对市场的反应速度，最终提高顾客满意度，实现企业战略竞争力一种管理措施和手段。

从定义中可以看到三点：

（1）流程管理是为了控制风险而非为了权利，但在不少企业笔者看到是"为了权利"的一种表现。

（2）流程管理志在提高效率而非改变流程本身，即客户满意度为流程的最终决定方向。

（3）流程不是为了流程而流程的，而是实现企业的战略竞争力。

很多人认为，走流程就是管理形式，是领导的管理意志。由于这种错误的认识，流程执行必然大打折扣。当然，存在这种认识极可能是流程管理出现问题所致，但流程是企业战略实现手段与支撑工具，也是一切工作开展的依据。

因为企业战略是实现企业在宏观层次通过分析、预测、规划、控制等手段，实现充分利用该企业的人、财、物等资源，以达到优化管理，提高经济效益的目的。而实现其目的，需要流程去管控，也是实现所有职能战略的基本保障。

因此，流程必须包括以下四方面内容：

（1）明确管理现状。

（2）贯彻战略目标。

（3）识别经营风险。

（4）管控流程绩效。

流程管理为贯彻、实施和支持企业战略与业务战略而在企业特定的职能管理领域制定的手段。如何卓有成效地开展工作的问题，提高企业资源的利用效率，使企业资源的利用效率最大化？采购流程等内部流程的简化，无疑能够极大降低采购成本的支出。

在企业实际运营实践中，笔者发现很多企业流程确实存在很多问题，流程管理与优化的内容是 OTEP 模型非常重要的内容，它决定企业竞争力与效率，为此分享以下四点要求供读者去优化。

1. 流程基于公司战略

流程是支撑企业竞争战略，为竞争力服务的。一个不属于企业竞争战略的流程可以取消，就可以优化。

2. 先有流程，后有组织

很多企业往往是先搭建组织架构，然后再做流程的。然而，"先组织、后流程"通常会导致"因岗设事"，而"先流程、后组织"会产生"因事设岗"的效果。企业参与市场竞争，而市场情况千变万化不说，企业的管理调整，甚至调整流程变化以适应新的竞争需要，流程优化必然出现组织调整是重复必要的。所以，流程和组织的先后关系与优化之间的关系非常明显。

3. 流程是管理方案，而非资源

在流程设计的时候，优秀的管理者非常清楚，流程管理的是方案，即做事的类型，而非具体的问题。

就如一个路口经常发生交通事故，交警不是去设定一个处理路口交通事故的流程，即处理"问题"，而是设置预防路口发生交通事故的流程，即管理方案。

4. 流程是动态的，而非静态的

所有的流程，随着市场变化、交易条件、管理需要等原因，需要进行优化，持续改进。

在流程执行过程中，根据其重要性与绩效性，需要对流程定期检讨，一旦发现企业流程背离企业设定目的，即需要对其进行优化。

简化内部流程主要使用 ECRS 方法，即取消（Eliminate）、合并（Combine）、调整顺序（Rearrange）、简化（Simplify）。而其重点内容就在于简化企业管理流程，通过优化供应商接口，提高企业间的信息与处理通道，从而提高效率，降低成本。

5.4.13 改善供应商绩效

　　方案简述： 供需双方都是价值链的参与者，通过对价值链传导关系的供应商进行绩效评估，改善成本、质量、交付、服务及技术等各方面工作，实现采购成本的下降。

从企业外部环境着手，同样可以实现降低采购成本的目标，尤其是在对供应商的优选和改进中，当企业与供应商结成利益联盟时，双方也能够在成本、质量、交货等多个环节实现双赢。

某企业在改善供应商绩效时，制定了详细的制度流程（该流程在第三章已有记述），如图5-16所示。

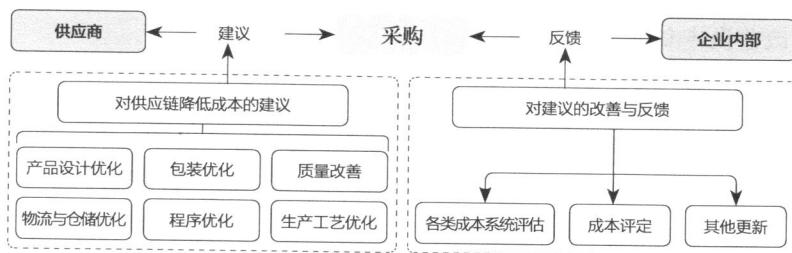

图5-16 某企业改善供应商绩效图

在该结构图下，供应链各环节都会投入降低采购成本的努力中，供应商会主动提出降低成本的建议，包括产品设计优化、包装优化、质量改善、物流与仓储优化、程序优化、生产工艺优化等内容。

当采购部门获悉供应商的建议之后，也会反馈到企业管理层。此时，企业内部会根据供应商建议对各类成本系统进行评估，并在成本评定中进行流程、制度等各方面的更新，从而实现降低供应链成本的目的。

当然，该流程并非单向的，在合作过程中，如果企业内部和供应商有何建议，也可按此流程进行建议并获取反馈。

每个企业都会对供应商进行绩效管理，其中一个内容就是改进采购外部成本。只有在这样的过程中，通过不断优化供应商成本结构，企业才能降低供应链成本，并确定是否需要协助供应商改进或更换新供应商。

然而，正如企业内部绩效管理一样，供应商绩效管理内容与导向同样需要及时更新与改善，从而推动供应商供应能力的提升和成本的降低。

1. 供应商成本绩效评估

供应商成本绩效评估需要了解供应商的全部成本，包括直接物料成本、人工成本、管理成本、营销成本等运营成本以及总的制造费用成本。

这方面需要收集到成本方面的信息，如供应商是否清楚自己的成本要素，是否有成熟的成本核算体系等，同时，在市场行情与竞争情况下，供应商对报价是否有一定价格分析等。

通过对价格表现、成本分析等识别供应商成本绩效表现情况，然后针对性地提供改善方案建议。

2. 改善供应商绩效

根据供应商成本评估结果，企业应对供应商绩效进行系统的改善，获得持续的绩效改进，包括成本、质量、交货、服务及技术合作等方面的改善。

一般而言，供应商成本绩效涉及面很多，包括战略决策、供方管理、绩效评估等内容，如图 5-17 所示。

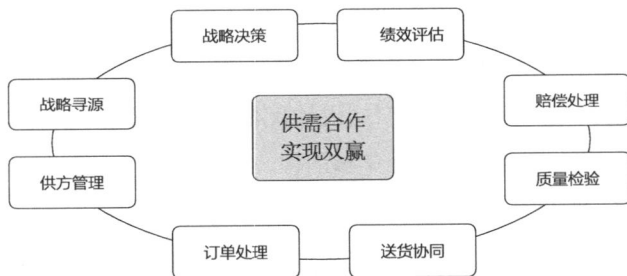

图 5-17 供应商绩效管理

3. 建立供应链双赢机制

供应商能力的提升，不仅需要采购方绩效管理的推动，也需要供应商自身的主动提升。因此，企业也要鼓励供应商进行自我检查，以不断改善其自身流程以及合作流程。

为了实现这一目的，企业需要不断地与供应商进行信息交流，建立共享机制，实现双赢的供应关系。

5.4.14 弹性的地域供应

方案简述：利用供应商地域成本差异实施采购，以期达到降低成本

的方法。

改革开放以来，中国就是利用地域差异发展起来的，国际资金利用中国的各种优惠政策被吸引到国内投资，优惠的税收、土地成本、人工成本等必然使其产品的成本降低，从而获得购买者的热捧。

故，在采购外部环境的分析中，不仅需要选择优质供应商并持续改进，也需要关注政策因素，通过弹性的地域供应，避免政策因素的限制，并获取相应的政策红利。

在国内汽车市场，很多热门车型的产生之初，其实都源自公车采购制度。最初，捷达、桑塔纳是公车采购的主要品牌；此后，以奥迪为主的官车则造就了奥迪在国内市场的突出地位。

但随着中国汽车市场的不断发展，各地区公车采购也呈现出明显的差异性。各地政府开始与本地车企合作，以实现采购成本的降低。例如河南大批量采购哈弗 H6 作为地质勘探用车，吉利帝豪、北汽绅宝则开始进入警务用车采购行列。

之所以公车采购走向了多样化，除了质量提升之外，也是因为在国内汽车制造业的发展中，国产车企大多能够获得当地政府的税收补贴与优惠。这些车企在本地区也更具竞争力，主要体现在价格、运输成本等方面。

企业在选择供应商时，同样要关注当地的政策红利，并根据政策变动，选择合适地域的供应商。一般而言，有竞争力区域的评价要素主要包括。

（1）人力成本。

（2）土地成本。

（3）行政成本。

（4）环保成本。

（5）税收成本。

（6）公共成本。

5.4.15 招投标

方案简述：公平、公正、公开地按照规定程序进行，通过招标、投标、开标、评标、中标等程序，从中择优选定项目的中标人的行为采购方法。

据统计，在国际上通过招标采购能够节约 25%~40% 的采购成本。我国自2000 年 1 月 1 日正式实施《中华人民共和国招标投标法》以来，其过程透明、流程规范、客观公正，吸引越来越多的企业采用招标采购方式来节约成本。

相对于传统的货比三家的方式，招投标过程更加简单，企业也更容易拿到较好的供应条件。与此同时，在完善的招投标程序和严格的程序监督下，企业也能够有效避免贿赂、回扣等责任风险。

招投标的流程如图 5-18 所示。

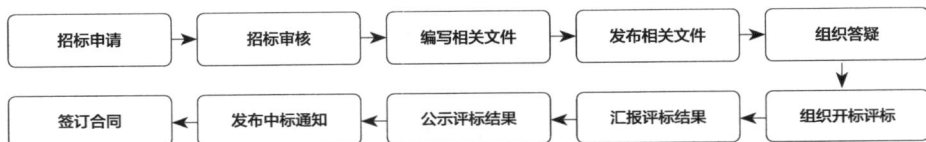

图 5-18 招投标流程

具体来说，招投标流程包括以下内容：

（1）组建工作组，制订招标工作计划。

（2）编制招标文件，建设评标标准。

（3）发布公告（邀请招标无此项内容，而是直接发预审合格通知和投标邀请书）。

（4）投标人报申请，购买招标文件。

（5）现场考察与答疑。

（6）投标文件的编写。

（7）投标书的送达，投标。

（8）开标。

（9）评标（按照评标要求）。

（10）评标原则和要求。

（11）评标报告。

（12）定标。

（13）中标通知书。

（14）签订合同。

招投标虽然是降低采购成本的有效方法，但完整的招投标流程也需要耗费大量时间和成本。因此，在采购管理中，企业应对招投标程序进行具体分析，制定严格的招投标制度，明确招投标采购的适用范围和流程。

5.4.16 自制或外包

方案简述：在战略、能力、成本等维度，企业可根据自身情况选择自制或外包。即企业根据企业未来战略，且生产、品质等能力是否具备等要素，按照成本高低等维度，选择成本最低的方式以降低成本的采购方法。

在物料采购中，企业通常会面临自制或外包的选择题。如果企业拥有自制物料的条件，是否还需要外包给供应商呢？

此时，企业首先要明确自制和外包的优势所在，从而确定选择原因。笔者将之归纳为表 5-5 所示的原因。

表 5-5 自制或外包的原因

自制的原因	外包的原因
较低的生产成本 供应商不可靠 供应商数目不多 较高的合约监管成本 较容易及较佳的管理 较佳的品质控制 平衡生产 避免供应商勾结 保障设计不会外泄 维持或扩充企业规模 对整个生产过程有更多的了解 更能够掌握整个生产的技术	需求量不高或不稳定 标准而较简单的物料 较低的获取成本 保留供应商的合作 获得技术援助 没有足够生产容量或技术 避免过量的投资 建立互惠关系 集中主要业务，减少管理成本

在降低采购成本的需求下，无论是自制，还是外包，都有其优势所在。因此，企业必须根据具体物料和企业情况进行选择。对此，笔者建议企业制作逻辑树以进行科学分析，如图 5-19 所示。

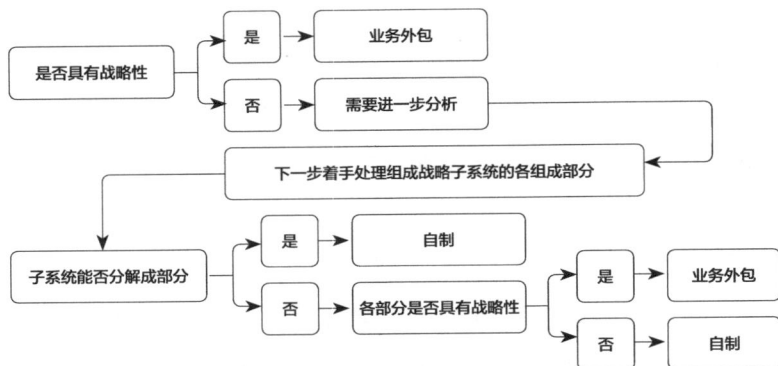

图 5-19 自制或外包分析逻辑树

物料外包是将物料生产交由专业的供应商，从而降低物料的获取成本。这是重要的企业战略，但该方式也可能导致企业机密的泄露。因此，世界级企业通常禁止下列三项内容的外包：

（1）产品成功的关键因素，包括客户可感知到的重要产品特性。

（2）需要专业的设计、制造技术或装备以及有能力并可信赖的供应商数目很有限。

（3）与企业核心竞争力密切联系或者企业为实现战略考虑并有可能实施自制。

除上述三项内容之外，企业则可以根据自身的物料需求逻辑，进行具体分析，以合适的手段确保采购成本的降低。

5.4.17 利用学习曲线

方案简述：在劳动密集型行业，随着客户的订单产品数量增加，员工的作业技能与经验提高，即由于采购数量增加导致生产效率提升与管理成本下降，从而以产品成本节约的方式而使采购成本下降的方式。

学习曲线（Learning Curve），有时也称为"改善曲线"。学习曲线所描绘的是生产数量与生产这些数量所需工时之间的经验关系。简单来说，就是熟能生巧，当工作者不断重复某项工作，或工厂大量生产某种产品时，单位产品所需的工作时间会大幅下降，成本也会随之降低。

学习曲线将学习效果数量化并绘制于坐标纸上。横轴代表学习次数（或产量），纵轴代表学习效果（单位产品所耗成本），这样绘制出的一条曲线，就是学习曲线。如图 5-20 所示。

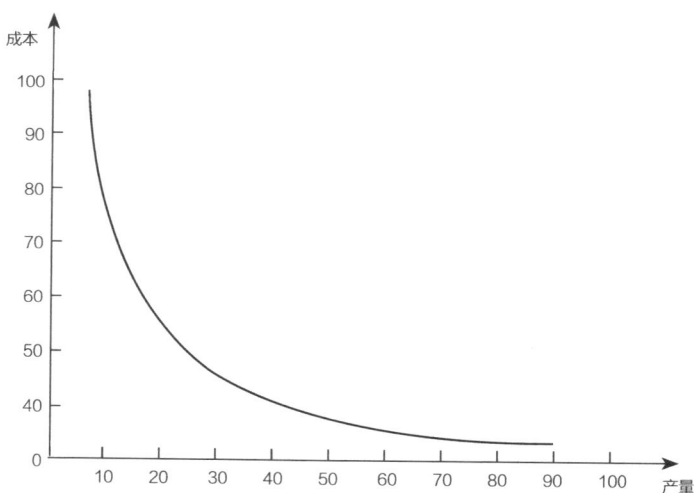

图 5-20 学习曲线模型

学习曲线源自第二次世界大战时期的飞机工业。人们发现，当产量上升时，生产每架飞机的时间会极大下降。此后，在关于该现象的研究中，美国波士顿咨询公司也提出了学习率的概念，也即每次产量翻倍时劳动时间，与之前所用劳动时间的比率。

通过长期的研究分析，美国宇航局计算出下列学习率数字：航天 85%；造船 80%~85%；用于新模型的复杂数学工具 75%~85%；重复性的电子制造 90%~95%；重复性的机床或冲床操作 90%~95%；重复性的电气操作 75%~85%；重复性的焊接操作 90%；原材料 93%~96%；采购零件 85%~88%。

学习率能够直观地表现出学习曲线的效果，如图 5-21 所示。

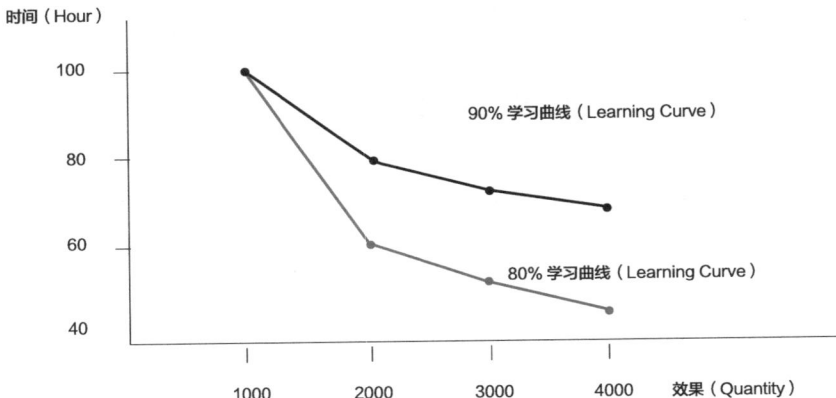

图 5-21 学习效果

图 5-21 展现出两条学习曲线：如果生产数量每加倍一次，每一千个的工时就降低 10%，我们说这是 "90% 的学习曲线"；如果每一千个的工时能够降低 20%，则我们说这是 "80% 的学习曲线"。

学习效果受多种因素影响，在不同的物料中，其也呈现出不同的效果。综合来看，学习曲线最适合用于重复制造的复杂产品。采购人员可利用学习曲线，来分析学习对每单位成本的影响。

当然也不是所有的产品都适合学习曲线，其应用的范围是：

（1）劳动密集型生产类型，如果供应商是机械设备生产，则没有这方面的提升。

（2）新产品上线前期阶段，如果一个产品在企业生产了多年，有学习曲线的空间也基本挖掘完毕。

5.4.18 价值工程 / 价值分析

方案简述：通俗地讲就是 "将钱花在刀刃上" 的分析。即通过团队智慧对产品可靠性功能分析，使产品在生命周期的范围内以最低的总成本实现提高产品的综合价值，提升产品竞争力。价值 V ＝功能 F ／ 成本 C。

"二战"之后，由于各类原材料供应短缺，采购工作常常陷入困境。在长期实践中，麦尔斯发现一些相对不太短缺的材料，可以发挥很好的替代作用。这种解决采购问题的方法不断被扩散到其他领域。最终，当这一方法与日本的全面质量管理相结合时，就形成了一套成熟的价值分析方法，并沿用至今。

价值工程（VE）与价值分析（VA），在实际中常常被企业混淆，其实两者还是有些差异的：价值工程 VE 主要用于新产品的研发，对新产品价值进行分析；价值分析 VA 是产品已经研发了，用于产品制造领域或作业过程进行价值检讨的方式。当然这两者是降低成本、提高效益的有效方法。

根据公式"价值 V= 功能 F/ 成本 C"，提高价值的方法，如表 5-6 所示。

表 5-6 提高价值的方法

方案序号	价值 V	功能 F	成本 C	类型
1	↑	功能提升↑	成本下降↓	升级型
2		功能提升↑	成本不变→	发展型
3		功能不变→	成本下降↓	节约型
4		功能大幅提升↑	成本小幅上涨↗	成长型
5		功能小幅下降↘	成本大幅下降↓	成本型

故所谓 VE/VA，其实就是通过对产品或服务进行功能分析，使其以最低的总成本，可靠地实现产品或服务的必要功能，从而提高产品或服务的价值。其主要思想在于：通过对选定研究对象的功能及费用分析，提高对象的价值。这里的价值，指的是反映成本与功能之间的比例，用数学比例式表达即是：价值 = 功能 / 成本。

VE/VA 方法的实施步骤大体可分为以下几步：

（1）选定对象。一般而言，VE/VA 的对象需要考虑企业生产经营的需要，且对象本身具有提升潜力，如占成本比例大的原材料部分等。

（2）收集情报。根据对象特性，收集所有相关情报，包括用户需求、市场行情、科技技术、企业能力等。情报收集一定要确保准确、及时和全面。

（3）功能分析。此时，则要对对象进行进一步分解，对产品或服务功能进行定义、分类、整理和评价，并筛选出最优方案。

（4）制订计划。基于最优方案，制订具体的实施计划，包含工作内容、进度、质量、标准、责任等各方面内容，以确保计划妥善进行。

（5）成果鉴定。计划完成后，企业仍需对 VE/VA 成果进行鉴定。

为了进一步理解 VE/VA 的实施步骤，我们可以尝试对一台咖啡壶进行分析，我们采用上表格降本序号 1 的方法，即成本下降，功能提升的方案。

第一，根据咖啡壶各组成部件，我们对其部件的成本与部件成本与总成本的占比进行分解罗列。假设咖啡壶的总成本 100 元，每个配件的成本与总成本占比如表 5-7 所示。

表 5-7 咖啡壶的功能成本分析

部件	功能	成本金额	成本 / 总成本
冲泡杯	过滤咖啡	￥15	15%
水壶	盛咖啡与保温	￥16	16%
保温器模块	自动感应保温	￥10	10%
研磨壶体	研磨和盛水结构主体	￥5	5%
加热器模块	自动感应烧水	￥4	4%
显示板模块	设置时间，显示设备关键信息	￥50	50%
综合		￥100	100%

第二，为了验证上面的成本花费是否花在消费者需求的"刀刃"上，此刻，我们要明确顾客想法，即需要设计功能需求调查表的方式来调查与统计，如表5-8所示。

表 5-8 咖啡壶的顾客功能需求调查表

客户功能需求	不重要→很重要					评分	与总分占比
味道像蒸馏咖啡一样好喝	1	2	3	4	5	5	20%
壶体易于维护、清洗	1	2	3	4	5	3	12%

续表

客户功能需求	不重要→很重要					评分	与总分占比
精致美观	1	2	3	4	5	2	8%
容量在5杯以上	1	2	3	4	5	3	12%
预约时间开机	1	2	3	4	5	4	16%
适合煮不同的咖啡豆	1	2	3	4	5	1	4%
保温功能	1	2	3	4	5	4	16%
自动关机	1	2	3	4	5	3	12%
总分						25	100%

第三，根据产品功能和顾客需求，我们则需要将消费者关注需求与产品的部件分配，制作产品的功能部件分配矩阵，如表5-9所示。

表5-9 咖啡壶的功能部件分配矩阵

客户功能需求	冲泡杯	水壶	保温器模块	研磨壶体	加热器模块	显示板模块	评分
像蒸馏咖啡一样好喝	50% ▲				50% ▲		5
壶体易于维护、清洗	30% ●	10% ○		60% ▲			3
精致美观				60% ▲		40% ●	2
容量在5杯以上		50% ▲	50% ▲				3
预约时间开机						100% ▲	4
适合煮不同的咖啡豆	30% ●					70% ▲	1
保温功能		20% ○	80% ▲				4
自动关机						100% ▲	3

在上表中，▲●○表示设计参数和顾客需求的相关性，分别代表强相关、中度相关和弱相关；评分表示消费者对表5-8功能的评分。

第四，在部件功能开发矩阵中，可进一步计算每一个部件对顾客需求的贡献率，而后纵向相加，结果即为该部件消费者认同的成本比例，如表5-10所示。

表 5-10 每一组件对顾客需求的贡献率

客户功能需求	冲泡杯	水壶	保温器模块	研磨壶体	加热器模块	显示板模块	评分占比
像蒸馏咖啡一样好喝	50%×20%				50%×20%		20%
壶体易于维护、清洗	30%×12%	10%×12%		60%×12%			12%
精致美观				60%×8%		40%×8%	8%
容量在 5 杯以上		50%×12%	50%×12%				12%
预约时间开机						100%×16%	16%
适合煮不同的咖啡豆	30%×4%					70%×4%	4%
保温功能		20%×16%	80%×16%				16%
自动关机						100%×12%	12%
消费者的成本占比	14.8%	10.4%	18.8%	12%	10%	34%	100%

第五，计算各部件价值指数，对比原来成本占比并明确相应的成本行动，如表 5-11 所示。

表 5-11 咖啡壶的价值指数

部件	原来金额/总成本	调查后消费者认为占比	行动
冲泡杯	15%	14.8%	维持
水壶	16%	10.4%	降成本
保温器模块	10%	18.8%	增加成本
研磨壶体	5%	12%	增加成本
加热器模块	4%	10%	增加成本
显示板模块	50%	34%	降成本

第六，根据各部件价值指数，由于电子显示板所占成本较高，我们着重尝试降低该部件成本，即交由研发、工程、生产等部门制定成本项目下降计划与行动方案。

5.4.19 JIT 或 VMI 采购法

1. JIT（Just In Time）采购

JIT 采购又称为准时化采购，它是由精益生产 LPD 的准时化生产（Just In Time）管理思想演变而来的：将合适的产品，以合适的数量和合适的价格，在合适的时间送达到合适的地点，以零库存为目标精简了采购作业流程，提高效率并实现综合采购成本下降的方案。

通过 JIT 采购实现与传统采购完全不一样的绩效结果，如表 5-12 所示。

表 5-12 JIT 采购与传统采购对比

对比项目	传统采购	JIT 采购
供应商的选择	短期合作、多源供货	长期合作、大行业外竞争
合作方式	价格导向压制	培养与发展供应商
管理策略	关注自身利益，信息屏蔽	联合决策合作双赢，高度共享
采购批量	大批量、送货频率低	小批量、送货频率高
检查工作	收获、点货、质量验收	免检、甚至共线生产
协商内容	获得最低价格	长期合作关系质量和合理价格

很多企业提出要实施 JIT 采购法，但笔者通常会给其"泼点冷水"：相对于 JIT 采购法和传统的采购方法的一些显著差别，降低库存、降低采购成本，提高采购效率是很多企业实施 JIT 采购的原因。其实，企业要实施 JIT 采购模式，需以以下四点为前提：

（1）企业在供应链上有足够的市场影响力。这就决定了并非所有企业都可以用 JIT 采购法，很多企业只能对部分竞争物料采用 JIT 采购法，这也是为什么现在成功实施 JIT 成功的企业都是大型企业的原因。

（2）供需企业距离企业不能太远。由于需要及时响应采购商的供应要求，故供应商在附近须有厂区或中转仓，以满足需求方的动态物料需求。

（3）需求方的年采购额度占比供应商 50% 甚至以上年销售额度，即采购方是供应商的大客户，供应商才有全方位的服务基础。

（4）畅通的信息化系统。JIT 是管理思想，而实现的平台是信息化看板系统（KANBAN），其轻松地实现上下游信息共享。

2. 供应商管理库存 VMI（Vendor Managed Inventory）

这是一种库存管理策略打破了传统的各自为政的库存管理模式，以用户和供应商双方都提高交付、降低成本为目的，在一个共同的协议下由供应商管理库存，使库存管理得到持续改进的合作性策略以及降低供应成本的方式。

VMI 的产生基于市场动态竞争与需求不确定，一方面不需要的物料库存高涨而另一方面需要的物料停工待料。如何缓解供给与需求的矛盾？

传统的做法是企业依据安全库存、预测需求或者设定准确需求，由采购部门下单给供应商，供应商接到订单后启动订单评审、计划生产、采购等一系列生产活动，而市场需求经常发生变化，这种变化往往不会及时传递给供应商，时间差传递与反馈效率导致牛鞭效应，结果导致要物料没有，不要的物料偏来的局面，如图 5-22 所示。

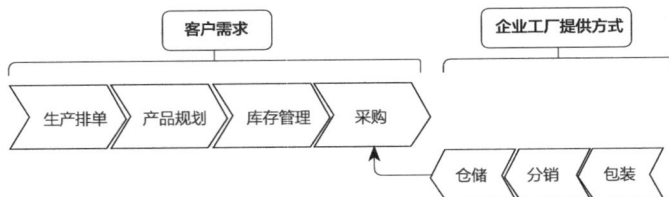

图 5-22 供应商对采购负责制

为缓解供需之间的问题，供需双方的交付逻辑由"对采购订单负责"转为"对采购方库存负责"，需求方的个性库存数据共享给供应商，供应商根据需求方的库存消耗动态情况，自我决策、自动补充库存，维持不断料、不囤料的低库存运营，如图 5-23 所示。

图 5-23 VMI 的逻辑图

　　需要特别指出的是很多朋友把 VMI 跟"寄售制"等同起来，VMI 是通过合同约定，依据数据共享达成的优化库存管理，以提升供应链竞争力。寄售制以某种程度上讲是转移库存给供应商的一种业务操作手段。

　　当然，VMI 在供应链管理中还带来一系列变革。来看一个药品纸制品包装 VMI 管理模式探索和实践案例。

　　随着 2011 年云南白药新产业区的投入使用，以前分散生产的车间集中到一起生产，制造中心仓储配送压力日趋严重。为有效解决仓储配送问题，将包装材料进行分类管理，借鉴了传统制造行业 VMI 管理和 JIT 配送管理，以人力、物力管理投入大的印刷类包装材料为试点，满足云南白药企业管理规范的同时实现部分物料零库存的目标。

　　印刷包材 VMI 管理实施前的情况，如图 5-24 所示。

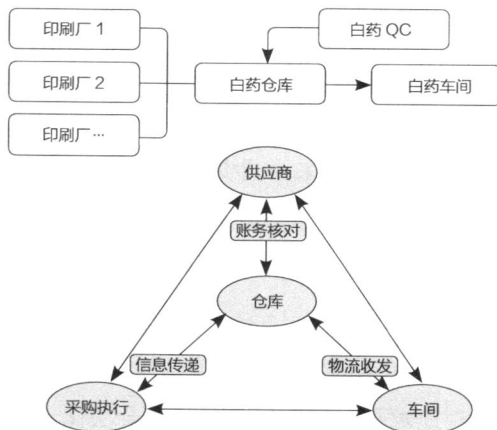

图 5-24 印刷包材 VMI 管理实施前

印刷包材 VMI 实施后的情况，如图 5-25 所示。

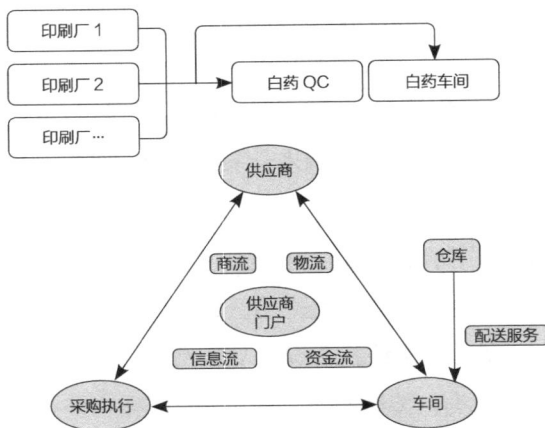

图 5-25 印刷包材 VMI 实施后

云南白药 VMI 管理项目实施后，减少了中间环节，同时减少了参与人员，也减少了实体仓库的需求，实现了成本节约；使得供应链的节点更合理，沟通效率提升，同时解决了产品入厂检验周期造成的库存问题，实现了零库存管理；供应商安排送货，大大提升了物流作业效率，参与各方收效显著；每年为公司节省的仓库面积达到 2.8 万多平方米；减少检验频次约 3000 多次；降低入库频次 30%；减少仓库搬运人员 4 名；供应链相应周期缩短了 5~7 天。

质量部门积极推动仓储管理的合规性，由于制药企业的仓储管理规范有行业特殊性，因此不能照搬成熟的 VMI 经验。通过跨部门的项目合作，其创新性地推出了质检前移的理念，主动邀请云南省药监部门对供应商库进行备案管理，帮助供应商提升仓库管理水平，将供应商代管库合法化，开创了制药企业库存管理的先例。

该项目从单一项目层面看似增加了供应商的运营成本，但是从供应链整体优化角度来看，由于上游纸张统一后建立了纸制品的价格模型，纸张涨价不再由印刷厂消化成本压力，保证了印刷厂的合理利润。通过色彩管理项目帮助印刷厂提升了产品一次合格率和生产效率，降低了质量成本，因此后端推行 VMI 和 JIT 并没有遇到实质性的阻力，并且已经顺利实施了五年。这是供应链整体优化的一个典型案例。

5.4.20 供应商质量改善

方案简述：供需双方基于客户满意度，以供应商质量管理（SQE）质量改善为基础进行的一系列改善活动，以提高产品合格率，最终降低综合采购成本的方法。

云南白药统一用纸后产品质量有一定的提升，但是由于色差等问题，其印刷质量缺陷仍表现突出。如图 5-26 所示，为云南白药统一用纸后遇到的问题。

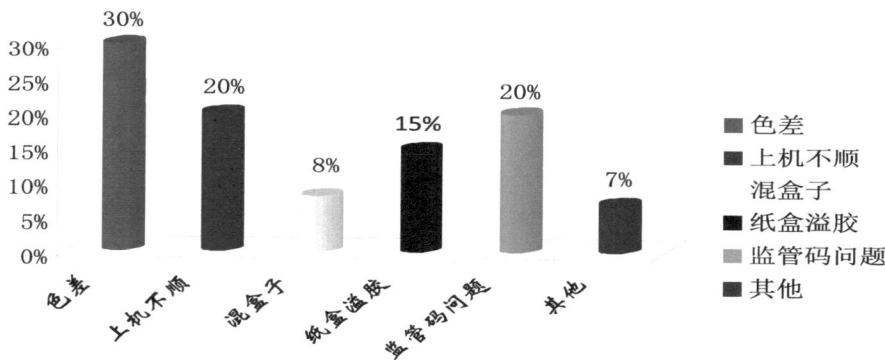

图 5-26 云南白药统一用纸后遇到的问题

于是云南白药在国内制药企业建立了数字化的印刷品产品标准，同时帮助下游纸盒供应商建立了色彩管理标准和操作规范，如图 5-27 所示。

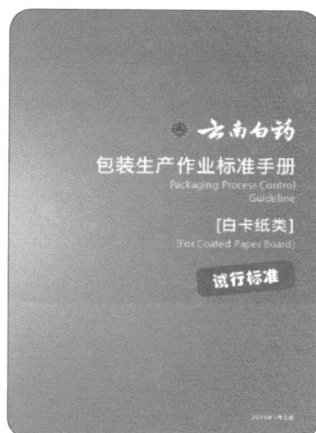

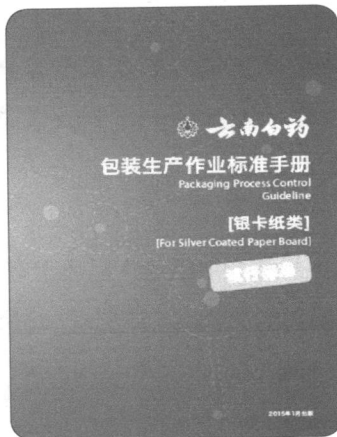

检验项目	检验标准	检测用仪器	缺陷类别			OK
			A 级	B 级	C 级	
纸张参数	纸张厚度与标准的偏差超过 ±0.03mm	最小刻度为 0.01mm 的千分尺				
	纸张厚度与标准的偏差超过 ±0.02mm	最小刻度为 0.01mm 的千分尺				
	纸张的克重与标准的偏差大于 ±3%	最小刻度为 1g 的称重计				
	纸张颜色与标准之间的色差 △ E$_{2000}$ > 1	PressSIGN+Techkon SpectroDrive				
	上产品装填机之前测量，包装品纸张含水高于 10% 或低于 5%	针扎式水分测试仪				
	纸张类型、厚度、克重与要求明显不符	目视检查，加最小刻度为 0.01mm 的千分尺测量，最小刻度为 1g 的称重计				
	纸张参数未出现以上情况	目视检查				
文字和图案	与签样一致	目视检查				
	与签样不符，说明文字套印不准，漏色、模糊	目视检查				
纸纹方向	纸纹方向与产品的短边方向平行	目视检查				
	纸纹方向与产品的长边方向平行	目视检查				

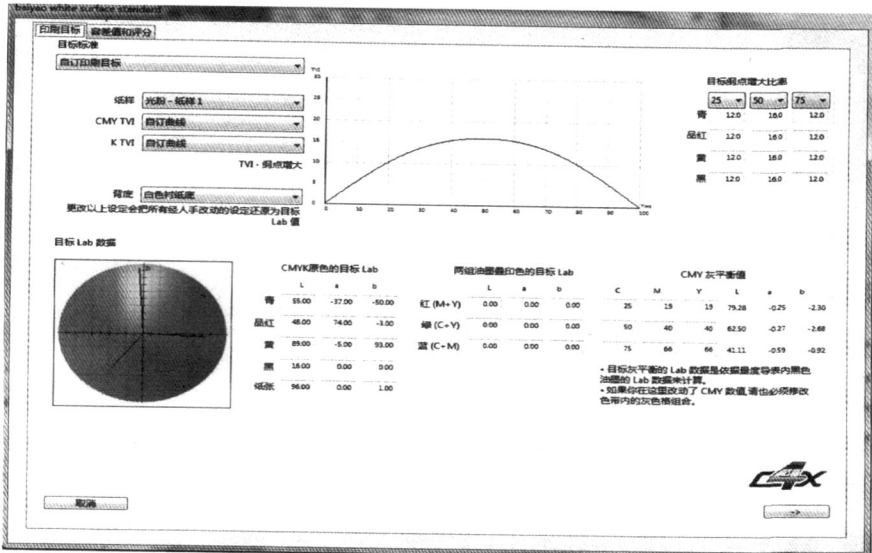

图 5-27 云南白药建立了数字化的印刷品产品标准

从上面的项目实施前后三年的偏差数据统计可以看出，标准实施后产品质量和稳定性大幅度提升，色差等印刷质量缺陷明显降低，产品上机适应性也大幅提高，产品质量由原来的感官标准全部量化为数字标准。供应商建立标准化规范后，废品率大幅降低，对产品质量的控制由原来的依赖个人经验到按规范操作，产品一次合格率大幅提升。不同供应商，不同批次，不同时间生产的同一产品的色差完全在可控范围内。供应商实实在在地感受到色彩管理带来的好处，不仅应用在白药的产品上，也应用在其他客户的产品上。通过色彩管理项目不仅有效改善和提升了云南白药公司的产品质量，也帮助供应商进行了整体提升和改善，增加了企业竞争力。本案例通过引入外部技术力量，在统一质量、技术标准的同时，实现了产品质量的提升，达到了供应链前端的质量管理优化、降低采购成本目标。如表 5-13 所示，为白药印刷供应商 2014~2016 年质量偏差统计表。

表 5-13 白药印刷供应商 2014~2016 年质量偏差统计表

工艺	问题	印刷厂1			印刷厂2			印刷厂3			印刷厂4			印刷厂5			印刷厂6			印刷厂7			印刷厂8		
		2014	2015	2016	2014	2015	2016	2014	2015	2016	2014	2015	2016	2014	2015	2016	2014	2015	2016	2014	2015	2016	2014	2015	2016
印中	色差	2	1		2	1		1	1					2	7		1	4		1		1			
	脏点	1							1	1				3			4			1	1		2	1	
	漏印	2	1													1		2			2		3	2	
	滑盒																			1					
覆码	覆码	3	2		2			2	1		3	1		4		1	2	1		1					
模切	模切	1	2					1	2				2	2	1		4	2		3	2		2		1
粘盒	溢胶	2	1		1	3	1	3	2		1	2		3			2			2	1				
	开胶	2	1					1			4			2	1		1						2	2	1
装箱	装箱				1			2			1	1		3	1			1		1	1	1			
统计		13	8	1	6	4	1	10	7	2	9	6	0	19	11		15	11		11	8	3	9	5	2

5.4.21 产品生命周期成本法

方案简述：降低成本分两个方面展开，具体如下。

（1）在购买固定资产或者需要长期使用的某个产品时，采购者不仅需要关注产品的购买成本，还应该关注产品整个生命周期为此付出的总成本。

家庭购买代步车的时候，会考虑品牌、内饰、空间等个体化的需求，也会考虑油耗、维护配件、修理等使用成本。因为行业人士指出，购买一台 15 万元左右的汽车用到报废需要为此付出 45 万元左右的费用，即购买成本是 15 万元，而使用成本是 30 万元。显然，购买汽车的时候需要考虑产品生产周期付出的总成本，而非当前购买价格。

笔者曾经在某企业担任常年顾问，采购部购买电火花机，同样的品牌 A、B 系列分别报价 12 万元和 8 万元。当时的采购直接购买了 2 台 8 万的 B 系列，理由很简单，相对 A 系列来说，购买 B 系列节约 4 万元/台。但细想才知道，A 系列与 B 系列价格相差的原因是 A 系列智能化程度高，操作 A 系列设备的员工只要简单培训就能胜任工作，而 B 系列设备需要高技能、经验丰富的员工操作方可，就两者操作员工的薪资差异是 2500 元/月。显然，这是一个很失败的采购决策。

无论在成本企划、价值工程，还是成本工程中，产品生命周期成本法都是行之有效的方法。尤其是在价值工程中，其核心就在于以最低的成本实现可靠的产品或服务的必要功能，而这里的成本正是指产品生命周期成本。

产品生命周期成本指产品在整个生命周期中所有支出费用的总和，包括原料的获取,产品的使用费用等,即是企业生产成本与用户使用成本之和,如图5-28所示。

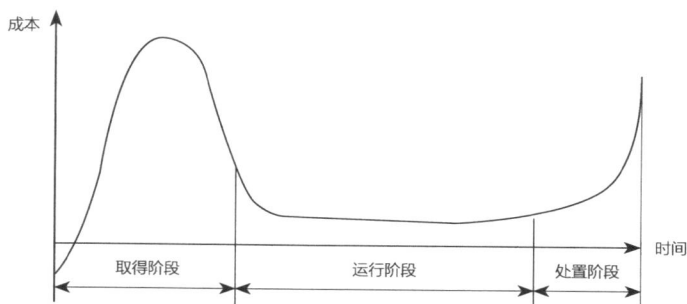

图 5-28 产品生命周期成本

具体而言，产品生命周期成本主要包括：

①初始投资成本。
②运行维护成本。
③处置成本。

（2）对于不同产品生命周期阶段，根据产品导入期、成长期、成熟期和衰退期四个生命周期，降低成本的层级与角度也不一样，将差异化成本降低贯穿产品生命周期。

因为我们知道，产品生命周期成本法的计算内容涉及产品生产前、生产中、生产后三个阶段，也即生产、使用和报废等全过程。因此，由于产品所处生命周期不同，企业也需要采取相应的方式以降低采购成本。

例如产品在导入期，关注度成长速度，由于快速占领并引导市场的获利远远大于节约产品成本的收益，故引入供应商共同开发设计；而产品到了成熟期，则是全面检讨产品采购成本、制造成本等要素成本。

①导入期 (Emergence)：新技术的制样，或产品开发阶段。供应商早期参与、价值分析、目标成本法以及为便利采购而设计都是可以利用的手法。

②成长期 (Growth)：新技术正式产品化量产上市，且产品被市场广泛接受。采购可以利用需求量大幅成长的优势，通过杠杆采购获得成效。

③成熟期 (Maturity)：生产或技术达到稳定的阶段，产品已稳定地供应到市场上。价值工程、标准化的动作可以更进一步地找出不必要的成本，并达到节省成本的目的。

④衰退期 (Decline)：产品或技术即将过时或将衰退，并有替代产品出现，因为需求量已在缩减之中，此时再大张旗鼓降低采购成本已无多大意义。

5.4.22 总成本法

方案简述：总所有权成本 TCO (Total cost of ownership)，有时简称为总成本法，是在一定时间范围内识别所有成本要素在内的总体成本，然后各个击破，消除成本要因降低成本的方案。

所有权总成本管理在于实现总成本的最小化，而不只是采购环节的成本降低。因此，无论采用何种成本降低方法，企业都必须融入总成本法，从全局角度对成本进行分析，以免顾此失彼。

尤其是在某个采购项目进行的初期，由于企业对于可能需要投入的成本尚不明确，总成本法则为企业提供了一种强有力的成本估算方法。具体而言，总成本法的内容如图 5-29 所示。

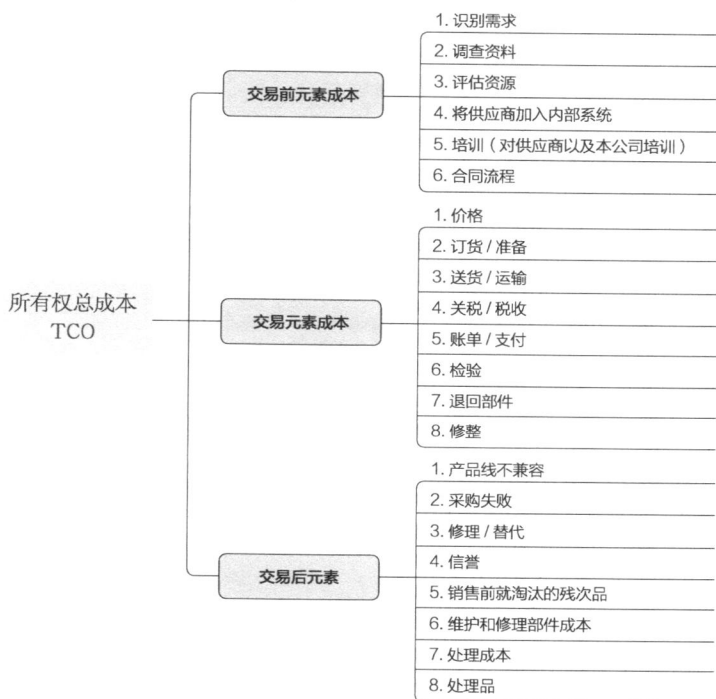

图 5-29 总成本

总成本的内容十分丰富，涉及采购交易前、中、后等各环节的各类元素。因此，为了使总成本更加准确，企业应当在平时就对各类数据进行收集和整理，并将年度总成本作为企业管理的重要指标。

只有，基于完善的总成本数据，识别总成本包含的所有成本要素，企业才能对当年年度成本控制效果进行准确评估，并据此制定更加准确的次年年度目标。为此，企业则可以采用金字塔结构透视法，进行总成本管理，如图5-30所示。

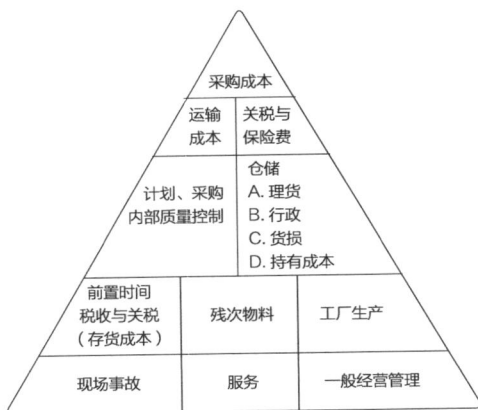

图 5-30 金字塔结构透视

5.4.23 供应商先期参与

方案简述：是指在产品设计开发前期与初期，选择建立了伙伴关系的供应商参与新产品开发过程，利用双方各自优势与智慧参与到新产品开发及持续改进中，供需双方都可以从中受益，从而降低采购供应成本的方法。

对于传统的产品研发，供应商大多被置于产品设计研发之后。只有当项目研发完成时，企业才会根据项目需求制定完善的采购计划，并与供应商进行交流和沟通，通过筛选供应商，采购所需物料并投入生产。

然而，在这种模式下，很多采购难题也可能被后置于采购环节。此时，企业不得不耗费大量的时间和精力寻找合适的供应商，甚至可能需要对产品进行重新设计。在这个过程之中，大量成本被无形消耗，企业战略节奏也会因此被打乱。

因此，供应商先期参与（Early Supplier Involvement，ESI）的方法，则能够达到降低采购成本的目的。

在产品设计初期，选择伙伴关系的供应商参与新产品开发小组。通过供应商早期参与的方式，使新产品开发小组依据供应商提出的性能规格要求，尽早地调整战略，借助供应商的专业知识来达到降低成本的目的。

与传统方式相比，供应商先期参与的 ESI 架构，具有截然不同的运作模式，如图 5-31 所示。

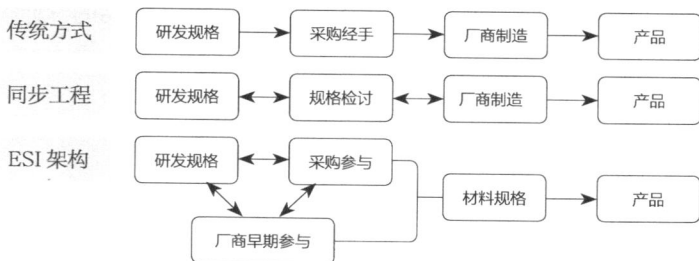

图 5-31 ESI 架构与传统方式对比

根据供应商先期参与程度的不同，ESI 也被分为不同层次：

（1）最低层次的 ESI，仅仅停留于企业基本信息，如生产能力、物流状况等相关信息的相互沟通。

（2）中等层次的 ESI，在交互中，供应商可以为设计团队提出各种建议，主要集中于成本或质量改进等方面。

（3）最高层次的 ESI，即在某一产品或产品某一部分、某一零件的设计中，供应商全程参与并负责，具体包括概念提出、产品设计、产品生产制造等，如图 5-32 所示。

在最高层次的 ESI 下，采购、供应商、研发设计（R&D）三部门将协同作用，利用供应商的专业技术知识以及经验，共同设计开发出合适的产品，以有利于后期的批量性制造与采购。

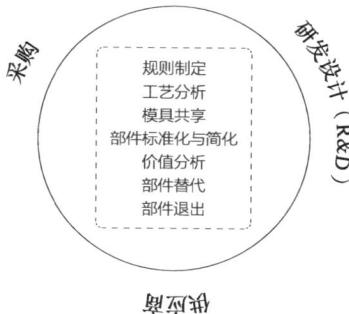

图 5-32 最高层次的 ESI

5.4.24 为便利采购而设计

方案简述：产品能设计出来，不一定能采购到，就算能采购到，亦需付出高昂的代价。故在产品的设计阶段，充分考虑采购信息利用协作供应商的标准制程与技术，以及使用工业标准零件、模具、工装夹具等，提高了产品的可获得性，方便了原物料的取得，同时减少了自制所需的技术支援，也降低了采购成本的方案。

在实施 ESI 策略时，降低采购成本的目标也被前置于产品的设计阶段。此时，企业则要融入为便利采购而设计（Design for Purchased, DFP）的思维。也就是在产品设计时，就考虑到如何便利后期采购的问题。

为便利采购而设计主要包含以下两大内容。

1. 融入标准化思维

标准化是降低采购成本的重要手段，而在产品设计阶段，设计人员也要考虑到技术、零件的标准化问题。为了提升 ESI 效率，设计人员可与供应商充分沟通，利用供应商的标准制程与技术，减少自制所需的技术支援，从而降低生产所需的成本，以及工业标准零件，也便于产品生产和物料采购。

2. 建立协作供应商沟通与合作关系

所谓协作供应商，就是指相互通谋而分担实施各部分之行为，或相互通谋而协力完成某一行为的合作关系。协作供应商主要是给企业提供配套产品的，由于其较强的配套能力，通常拥有相关类似的产品、近似的模具、可调整的结构件等，通过信息沟通有无，直接使用现成或稍微修改即可达成要求，节约时间，也降低采购成本。

当然建立数据流量分发平台也要预防被独家供应商独家控制的局面。

5.4.25 作业成本导向法

方案简述：部分带有技术型劳动密集型产品，其产品的成本的主要来源是作业成本，即产品凝聚了劳动者长时间的技术劳动与作业活动，因此基于作业活动的减少以降低采购成本的方法。

对于大多数采购成本来说，供应商物料成本下降是采购成本下降的主要原因。但也有某些技术劳动密集型产品，如一位艺术工作者在一款 A4 纸张大小的普通树皮上经过3天的雕刻，一幅美丽的画卷呈现在大家面前，其价格显然不低。此时价格不低的树皮成本显然不是树皮本身的原因，而是凝聚了一个艺术工作者3天的作业活动。如果要降低成本应该基于作业活动降低，如采用电脑雕刻等。

此时，单纯以物料成本为导向去降低采购成本，则难以实现总成本 TCO 的降低。在这种情况下，作业成本导向法 (Activity-Based Costing Management, ABCM) 由此诞生，并逐渐发展成熟，被应用到更多国际知名企业的成本管理中。

与传统的成本管理方式不同，作业成本导向法是一种基于作业的成本管理方式。运用数理统计方法，通过统计、排列和分析，作业成本导向法能够对作业成本进行更加精准的定量管理。

经过全球各大企业的实践应用，在精确成本信息、改善经营过程等各方面，作业成本导向法都发挥了突出作用。基于该方法的成本计算，其也能够为企业资源决策、产品定价及组合决策提供更加完善的信息。

作业成本导向法的指导思想是：作业消耗资源，产品消耗作业。其是指以作业为核算对象，通过成本动因来确认和计量作业量，进而以作业量为基础分配间接费用的成本计算方法，如图 5-33 所示。

图 5-33 作业成本导向法

在作业成本导向法下，成本分配主要基于资源耗用的因果关系：根据作业活动耗用资源的情况，将资源耗费分配给作业；再依照产品或服务消耗作业的情况，把作业成本分配给成本对象。该成本管理过程主要包括以下四大内容。

1. 资源

资源是企业生产耗费的原始形态，也是成本产生的源泉。资源的形式主要包括人力、物力、财力三大部分，也即直接人工、直接材料、间接制造费用等。

2. 作业

作业指企业为了某一目的而进行的耗费资源动作，它是作业成本计算系统中最小的成本归集单元。作业贯穿产品生产经营的全过程，在这一过程中，每个环节、工序都可视为一项作业，如产品设计、原料采购、生产加工等。

3. 成本动因

成本动因也称为成本驱动因素，是指成本发生的诱因。成本动因也是作业成本导向法成本分配的依据，一般分为资源动因和作业动因。在同一成本动因下，相应的资源耗用也得以归集，如质量检查次数、用电度数等。

4. 作业中心

作业中心指构成一个业务过程的、相互联系的作业集合，企业可据此对业务过程及其产出的成本进行进一步归集。通过这种归集，企业能够对一组相关作业产生更明确的认知，从而进行相应的作业管理，以及项目设计与考核。

与传统的成本计算方式不同，作业成本导向法是基于作业成本法的新型集中化管理方法。这种方法将成本计算深入作业层次，以作业为核心，确认和计量耗用企业资源的所有作业，并将耗用的资源成本准确地计入作业，再进行成本分配，其计算过程如图 5-34 所示。

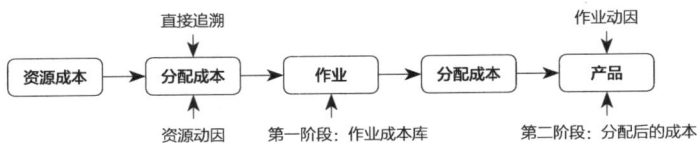

图 5-34 作业成本计算过程

作业成本导向法的指导思想是：成本对象消耗作业，作业消耗资源，通过将直接成本和见解成本同等对待，这种成本计算方法也将更加真实准确。因此，许多国际性大型制造和 IT 企业，如惠普公司等，都已实施了该方法。

作业成本导向法的主要步骤分为：

（1）作业调研：了解企业的运作过程、收集作业信息。

（2）作业认定：掌握作业流程并分解归并。

（3）成本归集：汇集和分析相关成本和成本动因。

（4）建立成本库：按照同质的成本动因将相关的成本入库。

（5）设计模型：建立作业成本核算模型。

（6）应用软件：选择／开发作业成本实施工具系统。

（7）运行分析：作业成本运行和结果分析。

（8）持续改进：开展相关改进工作以实现增值作业。

在作业成本管理中，企业以作业成本为对象，以每一作业完成及销售资源为重点，以成本动因为基础，能够及时、有效地提供成本控制所需的相关信息。

5.4.26 电子采购／电子竞价

方案简述：对于标准化或者协商标准的产品采购，邀请三家以上通过专业的采购电子平台电子招标、封闭电子竞价的方式，选择质优价廉供应商合作的降低采购成本的方法。

在信息时代下，随着电子商务的不断发展，采购交易也开始由线下走到线上，形成电子采购模式。一般，人们将电子采购理解为网上招标、网上竞标、网上谈判等内容。

这些虽然是电子采购的重要组成部分，但却并非电子采购的全部。电子采购（E-Procurement）是由采购方发起的一种采购行为，也是电子商务和采购概念的延伸。在电子采购中，信息和网络技术得以全面融入采购的各个环节，从而整合企业资源、降低采购成本，进而提升企业核心竞争力。

自某网电子采购系统平台成立以来，其一直致力于实现电子采购与供应链管理的"云化"处理。目前，该平台通过推出招标、竞价、询价、订单跟踪、供应商管理及合同编制等多种电子采购项目，推动企业采购的一体化、网络化。

平台网的招投标系统，是基于招投标相关法规建立的。该系统将采购招标流程电子网络化，以更加标准化、流程化的业务模式，帮助企业节约招标成本、简化招标过程。该系统也支持多种招标模式，如公开、邀请等多种形式，单轮、多伦等多种手段，以及专家评标、单价决标及总价决标等多种决标方式。

与一般的电子商务或传统采购对比，电子采购有本质上的区别。电子采购的核心就在于借助信息和网络技术，对采购各环节进行科学管理，以有效控制成本、提高效率、增加效益。

具体而言，电子采购的内容包括：

（1）利用互联网将生产信息、库存信息和采购系统连接在一起，可以实现实时订购，企业可以根据需要订购，最大限度降低库存，实现"零库存"管理。

（2）通过互联网实现库存、订购管理的自动化和科学化，可最大限度减少人为因素的干预，同时能以较高效率进行采购，节省大量人力和避免人为因素造成的不必要的损失。

（3）通过互联网可以与供应商进行信息共享，帮助供应商按照企业生产的需要进行供应，同时又不影响生产和增加库存产品。

（4）通过在互联网上发布求购信息和"实时视频会议"系统，可以让全球的供应商报价与竞价，从而企业可以选择综合成本最低的供应商。

5.4.27 第三方采购／非核心采购外包

方案简述：第三方采购也即渠道采购，将企业采购量小、技术品质要求高、能力管控力弱、计划性差的品项物料采购委托给专业的第三方机构以降低采购成本的方法。

第三方采购／非核心采购外包是指企业在接到销售订单后，部分或全部并不自主生产或提供服务，而是将其外包给外部渠道公司进行采购的方式。

据国外经验表明，与企业自主采购相比，第三方采购能够提供更多价值和采购经验，企业能够借此集中精神于核心竞争力。例如，美国地方政府采购联盟作为一家第三方采购组织，内含超过7000家的政府企业，使得采购成本直接降低了15%以上。世界零售巨头沃尔玛也有相当一部分产品交由第三方采购，以节约综合采购成本。

然而，第三方采购也存在一系列弊端：

（1）通过第三方采购，企业只能与供应商构成机会型联盟，一旦订单消失，彼此之间的利益关系也随之中断，难以长时间维持。

（2）第三方采购很可能泄露企业的重要信息，使企业失去竞争优势。尤其是在产品设计环节，如果未曾对供应商进行筛选，一旦设计信息被泄露给竞争对手，也必然会对企业利益造成重大损害。

因此，在采取第三方采购时，笔者建议企业采用非核心采购、成熟模块、标准化产品等实施外包模式，即通过把低效资产或流程转交给第三方，以提高采购价值，但第三方必须能够提供更大的规模经济、流程效率和专业知识。

5.4.28 采购窗口期

方案简述：产品价格随国际市场波动、供需行情变化而上下波动、企业促销行为、季节差囤货等，在低价时期实施采购行为以降低采购成本的方案。

窗口期的概念最先诞生于医学界。在广泛使用中，这一概念的内涵也不断被延伸，并被用于商业环境。在商业层面，窗口期的概念与医学界类似，即边界风险／收益的时限最大预估值。

在日常生活中，"双十一"估计是很多朋友个人采购活动的窗口期。企业往往根据市场的波动价格曲线，依据经验进行采购决策，也包括季节性囤货：农产品加工企业会在生产旺季囤货的方式以产出淡季需求的供给与价格压力。

由此来看，企业在采购层面引入窗口期的概念，同样可以帮助企业确定采购边界风险／收益的时限最大预估值，从而根据时限要求做出正确的采购决策，以免采购不及时错过市场机会，采购成本还居高不下。

具体而言，根据采购窗口期的时间长短，企业可采用的采购策略分为以下四种。

1. 即期购买

如果采购价格窗口期较短，企业评估成本后其综合成本在允许的范围之内，那么，企业可采取即期购买的策略，降低采购成本。

2. 超前购买

如企业存在长期物料需求，且市场出现较好的价格机会，此时，即使当前物料足够，企业也可借助超前购买，把握市场机会，提前采购物料。

3. 波动购买

如果采购窗口期不定，波动购买则是更好的策略选择。在波动购买中，采购人员可实时关注市场波动，达到预定价格则抓住价格低点进行采购。

4. 期货保值

将期货当作转移价格风险的场所，利用期货合约作为将来在现货市场上买卖商品的临时替代物，对其现在买进准备以后售出商品或对将来需要买进商品的价格进行保险，企业可通过期货保值的形式，与供应商约定价格和供应日期等信息，从而达到保值目的。

来看一个案例，就能更容易提升采购窗口期采购分析的能力。

采购分析看似与供应链成本管理无关，其实是一只无形的手，指引着供应链优化的方向，通过数据收集、整理、分析，发现规律，寻找潜力，一方面帮助采购寻源判断价格合理性，另一方面通过寻找规律，帮助企业制定采购策略，确定采购节点。

因此，在为寻源公司进行咨询项目时，我们专门设立了专职采购分析岗位，对供应链上游资源、市场价格、供求关系、宏观政策、基于工艺分析和财税务分析的价格分析等相关信息与数据，开展长期持续性的数据收集、整理和分析，帮助寻源公司建立了关键物料的价格模型，并不断验证其合理性。寻找大宗物料的价格走势规律，提供采购策略制定的依据，促进采购成本的持续优化，提升集团产品成本竞争优势。

（1）成功抓住金属铋的市场价格低点，进行储备性采购，单品物料年节约成本过百万。

（2）成功判断蔗糖价格走势，帮助制定结算节点和结算量，避免资金成本的损失。

（3）建立纸制品价格模型，并且经过多年的合理性验证，目前纸制品实现了我方自主定价。

（4）建立了几十个关键物料的价格模型，在物料普涨的大环境下，帮助寻源公司合理确定了涨价幅度并且建立了与关键物料的价格联动机制。

5.4.29 本土化与国际化

方案简述：本土化采购即利用国内基础生产资料成本低以降低采购成本的方式，同时随着经济全球化发展和供应链管理的普遍实施，企业充分利用全球资源、降低生产成本、增强核心竞争力、获取最大利润的采购方案。

随着经济全球化的不断推进，采购也不再局限于本地市场或国内市场，在企业国际化的发展进程中，本土化与国际化采购也成为降低采购成本的重要方法。

近年来，中国企业在海外的采购规模不断扩大，但由于缺乏了解和正确的引导，企业对国际化采购成本与技术应用得不是很理想，故其主要采购范围也大多局限于国内。因此，掌握国际采购规则及采购策略的高级专业从业人士，也成为中国企业的紧缺人才。

本土化采购相对比较成熟，而国际化采购需要注意以下几点。

1. 做好采购计划，在时间上要预留空间

国际采购交付周期长，不可控风险较多，计划管理成为国际采购的一个重点工作。

2. 市场信息调研和行情分析

国际采购受国际政治、军事、经济、环境、偶发事件等影响非常明显，市场信息日新月异，采购人需要对行情进行充分分析。

3. 供货商资信调查

国际采购涉及不同国家的法律差异、追讨风险等因素，在启动商务程序之前，选择诚信、合格的供应商，是保障合同顺利履行的前提条件。从某种意义上说，这比采用严格的合同条款更为重要。

当中国在全球经济市场中的地位稳步上升时，企业的采购与供应环境也随之发生改变。如果熟悉国际采购规则及采购策略，也能够帮助企业以国际采购的方式实现成本降低的目标。

国际采购是指利用全球资源，在全球寻找供应商，寻找符合质量要求、价格合理的产品（货物与服务）的活动。尤其是在电子采购模式的新兴中，国际采购的成本大大降低，效率也随之提高。

为了解决传统采购方式、渠道单一的问题，本土化采购与国际采购相结合的采购方法，使得企业可以在全球市场范围内，寻找最合适的供应商。尤其是随着个性化、定制化成为国内消费市场的主流需求，国际采购也更能满足企业的采购需求。

来看一个国产本土化与国际化采购的案例。

云南白药 2011 年搬迁至新产业区，在生产环境改善、产能提升的同时，公司也引进了大量进口机器设备。进口机器设备在性能方便，明显优于国产的机器，因而其价格比国产的贵很多，但是更复杂的是后期的配件购买。由于涉及出口相关环节工作，采购周期也要 90 天左右，这样就严重影响了机器设备的正常运行。

为了提高采购效率，缩短采购周期，减少备货成本，非生产采购团队实施了进口设备配件优化项目，通过围绕整个设备供应链寻找突破口，进行了以下尝试：

（1）通过相关的进出口代理商、展会，查找设备相关生产信息，直接从设备生产厂家的上游寻找配件供应商，并开展相关合作，直接与配件原始生产厂商合作，绕开中间商，降低产品成本，实现了快捷沟通。

（2）充分利用第三方资源开展修复、替代。当机器设备出现故障时，第一时间要求采购与公司动力、机修车间介入，及时判断能否修复，并提供处理意见，并决定是否外购配件。同时，与具备实力的当地企业开展合作，寻求相关帮助，加快了解决问题的速度。

（3）国产化的推进。 进口设备引入调试初期要求公司工程、动力、机修、采购等人员全程参与，及时了解设备的状况，熟悉设备的性能。并要求采购人员对出现的问题和配件进行统计分析，联合公司现有资源和外部公司，尽早推进配件的国产化。

开展以上工作以来，云南白药公司每年都可以节约 200 万 ~300 万元的采购成本，而且有效地保证了各生产单元的设备综合效率（OEE）。

5.4.30 反向拍卖与竞价

方案简述：对于技术成熟、标准统一需求明确的产品，邀请多家供应商按照透明规范程序进行"货币拍卖"的方式（反向拍卖），采购方按照一定的条件选择价优的供应商合作以降低采购成本的方法。

反向拍卖（Reverse Auction Technology,RAT）也叫"拍卖"或"逆向拍卖"，是为买方采购的一种革命性采购方式。在传统的询价采购和招标采购中，企业确实能够在供应商渠道扩大和公平竞争中，享受到"货比三家"的成本控制效应，但也存在明显的弊端，具体如下。

1. 采购方式要求高

招投标对于大型工程、个性化采购方面确实有比较好的采购方式，但招标采购需要按照《中华人民共和国招标投标法》与《中华人民共和国招标投标法实施条例》等约束，而且在评标过程中存在人为要素等，在效率与公平性方面无法得到更多保证，故在实践中背离企业的采购目标。

2. 询价、招标采购过程想对较长

询价采购大多需要经过多轮谈判，耗费大量时间和精力，招标的时间周期更长，反向拍卖相对时间短。

3. 招标采购效果有限

在招标采购中，存在封闭且一次性出价原则，供应商的心理往往是"报出能够中标的最高价格"，也即在确保中标的同时争取价格最高。这种心理也使得采购降价空间缩小、效果有限。

4. 非信息对称博弈

在传统采购方式下，企业难以有效分析供应商的成本区间，难以明确供应商的条件底线，竞争因而难以彻底。

针对传统采购方式的局限性，反向拍卖则能最大限度地满足企业降低采购成本的需求，其改变传统的"面对面"或"只投一标一价格"机制，在一对多的价格激烈竞争中，引导供应商逐级竞价直到最低价时成交，采购方始终能够保持主动地位。

在反向拍卖中，由采购方提供希望得到的产品的信息、需要服务的要求和可以承受的价格定位，由卖家之间以竞争方式决定最终产品提供商和服务供应商，从而使采购方以最优的性能价格比实现购买。

至此，本书内容已讲解结束。但笔者还想补充几句。

依据供应商与需求方的相互介入程度差异，采购成本下降的空间也不尽相同。下面是美国密执安大学研究结果：

序号	降低采购成本的方式	成本可降低的比例
1	改进采购过程及价格谈判	11%
2	供应商改进质量	14%
3	利用供应商开展即时生产（JIT）	20%
4	利用供应商的技术与工艺	40%
5	供应商参与产品开发	42%

通过上面的研究结果，我们发现，与供应商相互渗入越深，成本空间越大。

降低成本是一场持久战，当降到临界点时，不是产品更新就是技术变革，于是出现新一轮成本下降的循环……